청년 이건희

삼성 신경영을 구상하다

청년 이건희

현직 삼성 출입기자가 밝히는
청년 이건희의 모든 것

명진규 지음

팬덤북스

시작하며

청년 이건희,
신경영을 구상하다

2007년 애플이 아이폰을 내놓았을 즈음 가진 지인 몇몇과의 저녁 자리에서 삼성과 이건희 회장에 대한 얘기가 나왔다. 삼성전자를 출입하고 있을 때이니 당연한 화제이기도 했다. 시종일관 대화는 스티브 잡스와 이건희 회장에 대한 비교로 흘러갔다. 아이폰을 만들어 낸 스티브 잡스는 그의 무한한 능력을 평가받으며 사랑을 받았다. 이건희 회장에 대한 평가는 냉대에 가까웠다. 인텔을 따라 하고, 소니를 모방하고, 애플과 가장 비슷한 제품을 만들어 내놓는 삼성의 수장이면서, 임직원들에게 '복종'과 '빨리빨리'를 외치는 무능력한 총수 등의 이미지가 그려졌다.

2년이 흘러 그들과 다시 저녁 식사를 함께했다. 스티브 잡스는 이제 인문학과 기술을 결합시킨 21세기 최대의 창의적인 천재로 평가받았다. 반면 이건희 회장에 대한 평가는 예전보다 냉랭해졌다. 이번에는 정부, 이동 통신사를 마음대로 주무르며 애플 아이폰의 출시를 방해하는 주역이라는 얘기가 나왔다.

이건희 회장은 미움을 받고 있었다. 삼성은 철학이 없는 회사였고, 그 원인은 이건희였다. 이건희 회장의 이미지는 꽉 막힌 우리의 아버지 세대와 맥을 같이했다. 창의적인 인재들을 뽑아서 삼성이라는 관리의 틀에 가둬 버리는 대기업 총수, 1등과 천재만 선호하는 편견, 모든 것을 바꾸라며 자신의 도덕성을 남달리 강조하는 아집 등이 이건희 회장에 대한 이미지였던 것이다.

그로부터 4년이 지난 현재 삼성은 영원히 왕좌에서 내려오지 않을 것 같던 노키아를 끌어내리고 세계 휴대폰 시장 1위를 차지했다. 애플과 벌인 스마트폰 전쟁에서도 1, 2위를 다투고 있고, 전자 제조업 사상 최대 실적을 기록하고도 있다.

여기에서 의문이 생긴다. 남들을 잘 따라 하는 것만으로 1등을 할 수는 있다. 다만 1등을 계속 지켜 내기는 어렵다. 지켜 내기 위해서는 남들보다 앞서야 한다. 인문학과 철학이 없는 삼성은 그저 남을 잘 따라 하는 카피캣copycat에 머물러야 할 것이다. 지인들의 말처럼 예전 정부의 비호와 국민 눈속임 아래 삼성이 지금과 같은 성공을 거뒀다면 더 이상의 성공은 없어야 한다.

그런데도 삼성은 눈부신 성공을 거두고 있다. 반도체를 시작으로 디스플레이, TV, 휴대폰, 냉장고, 2차 전지 등의 전자 관련 사업에선 세계 1위를 차지하는 품목이 20여 개에 달한다. 호텔, 의류, 건설 등에서도 삼성은 업계 1, 2위를 다투고 있다. 글로벌 브랜드 순위에선 도요타, 디즈니를 제치고 10위권 안에 진입하여 9위에 오르기도 했다.

풀리지 않는 의문 속에서 이건희 회장의 어린 시절을 쫓으며 그의 삶과 철학에 대해 공부하기 시작했다. 수많은 자료와 삼성 관력 서적들을 읽고, 삼성 경영진과 임직원들을 만나서 이야기해 본 뒤 이건희 회장에 대한 결론을 내릴 수 있었다.

이건희 회장은 창의적인 인재였다. 스티브 잡스가 디지털 기기와 플랫폼을 연계한 창의적인 사고를 발휘해 애플을 세계 최고의 IT 회사로 만들었다면, 이건희 회장은 다방면에 걸쳐 자신의 재능을 유감없이 발휘했다. 이건희 회장이 가진 통찰력의 원천은 끊임없이 생각하는 '생각의 힘'이다. 그가 항상 자신이 생각하는 일을 가리켜 '연구'라고 표현하는 이유다.

꼬리에 꼬리를 무는 사고와 '무한탐구無限探求'의 정신, 그리고 무엇인가를 이해하기 위해 방대한 지식을 습득하는 과정은 우리에게 시사하는 바가 많다. 발상의 전환 대신 가장 상식적인 방법을 고민하고 해답을 내놓는 과정은 우리가 흔히 결론을 내리는 방법과는 사뭇 다르다. 나무가 아닌 숲을 보고 있기 때문에 오히려 가장 상식에 가까운 방법으로 해결책을 내놓을 수 있었던 것이다.

이건희 회장에 대한 평가는 새롭게 매겨져야 한다. 대기업 회장이 아닌 한 사람의 인간으로서 이건희 회장을 조명한 이유는 그 때문이다. 《청년 이건희》는 이건희 회장의 경영 이론을 담거나, 그의 행보에서 경영 법칙을 찾아내는 책은 아니다. 이건희 회장 개인의 삶을 통해 어떤 소양을 갖추게 되었는가, 또 그것이 신경영과 지금에 이르러 어떻게 발현되었는가를 보여 주기 위해 다양한 에피소드들을 취재해서 담았다.

바야흐로 창조경제의 시대다. 발상 하나가 세계를 바꾼다. 자본의 힘이 아니라 생각의 힘이 가장 중요한 시대가 됐다. 어떻게 생각하고, 어떻게 행동할 것인가? 《청년 이건희》가 그에 대한 조그만 길잡이라도 되길 바란다.

2013년 6월, 명진규

contents

시작하며 청년 이건희, 신경영을 구상하다 / 4 /

chapter 1
지식사회의 해답, 청년 이건희에게서 찾다

지식사회, 그리고 청년 이건희 / 14 /
이건희의 비밀, '무한탐구' / 24 /
이건희 '천재론'의 재해석 / 30 /
삼성가 교육 철학, 어떻게 다른가? / 35 /
父 이병철, "스스로 깨우쳐라" / 46 /
母 박두을, 엄하지만 자유 의지를 존중한 현모양처 / 53 /
인문학+신기술의 접점을 찾다 / 57 /
삼성가 3대에 걸친 '인문학 사랑' / 65 /

chapter 2
소년 이건희, 장난감에서 사물의 구조를 연구하다

"나는 줄곧 혼자였다" / 80 /
과묵한 외톨이, 초등학생 이건희 / 88 /

전쟁의 불안, 공포 속에서 사색의 창을 열다 / 96 /

경영상의 난제를 '숙려단행'으로 풀어내다 / 101 /

이건희 회장의 독특한 습관, 3개의 집 그리고 똑같은 방 / 110 /

누군가에게는 장난감, 이건희에게는 연구 대상 / 116 /

반도체 전문가, 이건희 회장에게 한 수 배우다 / 123 /

이건희의 혁신, '상식을 깨라? 상식대로 생각하라!' / 133 /

이건희 회장의 지하 작업실 / 141 /

"업의 본질을 이해하라" / 146 /

chapter 3
영화에서 사람, 스포츠에서 삶을 배우다

열두 살의 나이에 낯선 땅 일본을 밟다 / 156 /

지긋지긋한 일본, 하지만 평생의 목표가 된 일본 / 163 /

평생을 함께한 애견, 그리고 진돗개 / 169 /

어린 나이의 타향살이, 지역전문가 제도의 시작 / 178 /

영화에 빠져들다, 그리고 사람에 대해 연구하다 / 185 /

"나는 사람에 대한 연구를 가장 많이 한다" / 193 /

누군가를 이해하려면 함께 점심을 먹어라 / 201 /

레슬링 10단 이건희, 그가 배운 삶 / 208 /

스포츠맨십에서 배운 삶과 인생, 끝없는 투지와 끈기 / 216 /

chapter 4
청년 이건희, 세계로 향하다

"건희야, 선진국을 배우고 와라" / 228 /
끝나지 않은 공부, 미국에서의 새 삶 / 235 /
6년의 유학 생활, 이건희의 위기의식 / 241 /
이건희의 경영 동반자, 일본 경제단체연합회 / 248 /
평생의 스승 홍진기, 평생의 멘토 홍라희와의 만남 / 256 /
방송으로 시작한 경영 활동 / 265 /

chapter 5
경청과 목계의 비밀

순탄치 않았던 형제들과의 경쟁, 그리고 경영 승계 / 276 /
경청, 목계의 비밀 / 285 /
이건희의 결심, '나는 삼성의 메기다' / 294 /
잭 웰치 그리고 도요타 / 302 /
은둔의 경영자 / 310 /
"삼성 제품은 저 구석 창고 앞으로 가보세요" / 320 /
"이럴 수가, 삼성은 3류였다", 후쿠다 보고서 / 328 /
양적 성장의 부작용, 몰래카메라 경영 / 336 /

chapter 6
신경영 선언

프랑크푸르트 선언, "마누라, 자식 빼고 다 바꿔라!" / 344 /
끊임없는 경영 혁신, 7.4제와 정보 관리 / 354 /
말로 안 될 때는 행동으로, '휴대폰 화형식'으로 보여 준 충격 요법 / 363 /
"여직원들 근무복 없애라" / 371 /
"고객님, 삼성의 이건희입니다. 사과드리겠습니다" / 379 /
이건희 회장의 호통, 그리고 IMF / 387 /
탱크가 점령한 러시아, "삼성은 러시아를 떠나지 않습니다" / 397 /
삼성자동차의 실패 / 404 /
"정치는 4류, 행정은 3류, 기업은 2류" / 410 /

chapter 7
청년 이건희, 창의적 인재를 찾다

삼성 교육의 산실 인력개발원 / 420 /
SBC와 '신경영 달걀' / 427 /
이건희 회장의 인사 철학 / 435 /
"회장님, 3년만 시간을 더 주십시오" / 441 /
발렌베리와 삼성 / 449 /
"가난의 대물림 해결, 삼성이 나서 보자" / 455 /
이건희 회장의 남겨진 숙제 / 463 /

chapter 1

지식사회의 해답,
청년 이건희에게서 찾다

지식사회,
그리고 청년 이건희

미래학자 앨빈 토플러가 지난 1980년에 쓴《제3의 물결》에는 우리가 살고 있는 현시대가 그대로 펼쳐져 있다. 농업혁명에 의한 '첫 번째 물결'을 지나고, 산업혁명에 의한 '두 번째 물결'을 지난 인류가 맞은 '제3의 물결'은 지금까지 거친 두 번의 혁명과는 비교가 되지 않는다. '제3의 물결'은 이미 1950년대 후반부터 시작되었다. 산업사회는 빠르게 정보사회로 변화되기 시작했다. 탈대량화, 다양화를 비롯해 지식을 기반으로 한 생산과 변화는 해마다 속도를 빠르게 붙여 갔다. 예전 산업사회처럼 선형화된 구조로 발전하던 문명은 비선형화되어 거꾸로, 앞으로, 옆으로 발전하기 시작했다. 모두 토플러가 예견한 대로다.

하지만 토플러도 지식사회가 이렇게 앞당겨질 줄로는 생각하지 못했을 것이다. '지식'이라는 매개체는 모든 사회 구조와 산업 구조를 송두리째 바꿔 놓았다. 인터넷과 모바일로 촉발된 제4, 제5의 물결이 정보혁명을 앞당기며 생긴 현상이다. 인터넷이 전 세계에 개방되면서 인류는 그 어느 때보다도 진일보한 정보혁명을 체감하고 있다. 트위터를 통해 전파된 누군가의 제보는 1~2시간이면 전 세계를 뒤흔드는 스캔들로 비화된다. 전쟁의 참사를 실시간으로 방송과 인터넷을 통해 전달받고, 기업의 활동은 실시간으로 감시받는다.

인터넷 초창기 정보 교류를 가로막았던 언어의 장벽도 그리 큰 문제가 되지 않는다. 수많은 인터넷 사용자들이 집단 지성을 발휘하면서 소수 민족의 언어도 인터넷에서 많이 사용되는 영어 등의 언어로 실시간 번역이 되고 있다. 기술의 발전으로 아예 번역자가 필요 없는 자동 번역기도 등장하여, 인류의 정보 교류를 막던 마지막 언어 장벽도 수년 내에 완전히 걷힐 것으로 예상된다.

새로운 문화의 전파 속도도 눈에 띄게 달라졌다. 오늘 한국에서 발표된 인기 가수의 노래는 발표와 함께 인터넷으로 전기 신호화되어 전 세계 곳곳에 전달된다. 심의 문제로 볼 수 없었던 책과 영화도 인터넷을 통해 손쉽게 구할 수 있다. 예전에는 절판된 책을 구하기 위해 고서점을 들러야 했지만, 지금은 무한대로 복제가 가능한 전자책이 종이책의 자리를 넘보고 있는 처지다.

인터넷이 소수가 차지하고 있던 지식을 전 세계 불특정 다수로 전파하는 데 일익을 담당했다면, 모바일은 시공간을 초월하는 역할을 하고 있다. 모바일 시대 이전만 해도 인터넷에 접속하기 위해 PC 앞에 앉아야 했지만, 지금은 그럴 필요가 없다. 손바닥 안에 들어오는 작은 스마트폰 하나면 전 세계의 어떤 정보라도 즉시 확인 가능하다. 더 이상 술자리에서 내 말이 맞다고 우기는 사람도 사라졌다. 스마트폰의 전원을 켜고 검색어만 집어넣으면 가장 최신의 정보를 확인할 수 있기 때문이다.

기록하기를 좋아하는 인간들의 습성에 따라 인터넷에는 수많은 사람들의 정보와 삶의 흔적이 남아 있다. 스마트폰을 들고 몇 시간만 검색한다면 내가 오늘 만난 사람이 어떻게 살아왔는지, 어떤 생각을 갖고 있는지도 쉽게 알 수 있다.

과거에는 대규모 농경지를 가진 지주들이 부를 장악했다. 대항해 시대로 바뀌며 신대륙과 교역을 담당한 무역상들이 부를 축적하기 시작했고, 산업화가 빠르게 진행되면서 공장을 소유한 자본가들이 돈을 벌기 시작했다. 지식사회가 되면서 모든 것이 바뀌었다. 애플, 구글, 아마존, 페이스북 등을 비롯한 글로벌 IT 기업들을 살펴보면 공장 없이도 최첨단 스마트폰을 만들어 내고, 오프라인 상점 없이도 전 세계 모든 사람들이 이용할 수 있는 서점과 쇼핑몰을 운영한다. 지식 기술자들에 의해 지식 산업이 탄생하고 지식 근로자들이 태어나는 것이다. 경영학자 피터 드러커 교수는 이를 두고 경제의 중심이 산업사회에서 지식사회로 바뀌고 있다는 점을 의미한다고 주장해 왔다.

피터 드러커의 말처럼 지식사회는 복잡 다변화된 사회로, 과거 한 명의 경영자가 모든 업무를 통합 관리하는 시스템은 불가능해졌다. 소비자들은 인터넷을 통해 얻은 정보를 통해 기업의 우위에 서 있으며, 특정 산업에 고유한 기술 영역도 사라졌다. 반도체에 생체 기술이 접목되는가 하면, 전자 업계가 이종 산업과 경쟁하면서 적과 친구의 구분도 불명확해지고 있다.

지식사회에는 새로운 경영 스타일이 주목받는다. 과거 기술사회에서는 특정 분야의 전문가와 자본을 바탕으로 한 양적 팽창이 경영자의 주된 자질이었다. 지식사회에선 나무를 보고 숲을 볼 수 있는 통찰력을 필요로 한다. 하루에도 쉴 새 없이 쏟아지는 수많은 지식들을 일목요연하게 정리하여 하나의 해답을 내놓을 수 있는 사람을 필요로 하는 것이다. 즉, 여러 가지 지식들을 나누고 쪼개어 다시 융합하고 합쳐 놓는 과정에서 하나의 해답을 발견할 수 있어야 한다. 이것은 상상력과 창의력의 산물이다.

월가의 전설로 불리는 피터 린치는 쇼핑을 즐기는 세 딸의 얘기를 들으며 유행과 인기 제품에 대한 정보를 얻었다. 백화점에 들러 실제 딸들이 얘기한 회사가 인기를 끌고 있다는 점을 확인한 피터 린치는 그 회사의 주식을 사들였다. 바로 '갭GAP'이 그 주인공이다. 그는 청소년들에게 최근 인기를 끌고 있는 브랜드라면 곧 대중화될 것이라고 여겼다. 딸들의 이야기를 대수롭지 않게 여겼거나 자신의 판단 기준으로 재해석했다면 선뜻 투자에 나서기 어려웠을 것이다.

오마하의 현인이라고 불리는 워렌 버핏 역시 지식사회에 적응한 상상력과 창의력을 가진 인재 중 하나로 풀이할 수 있다. 버핏은 의식주와 관련된 주식의 가치를 눈여겨보다가 투자를 단행한 뒤 이익이 극대화될 때까지 기다린다. 주식 투자를 하는 사람이라면 보통 일순간 얻은 이익에 혹해 해당 주식을 매도하거나, 주위의 소문에 휩쓸려 터무니없는 가격에 손을 털고 나오기 마련이지만, 버핏은 꾸준히 자리를 지킨다. 특정 종목이 아닌 글로벌 경기를 눈여겨보고 연구한 결과에서 비롯된 자세이다.

워렌 버핏은 지난 2004년 한국 주식 시장에 처음 투자할 당시, 70세가 넘은 나이에도 불구하고 원화 환율 변동 사항부터 금융 용어까지 모두 새롭게 배웠다. 총 25개 종목에 대한 연구를 마친 버핏은 마침내 투자를 시작했다. 버핏은 첫 거래에 겨우 100주를 살 정도로 마지막까지 신중했다. 자신의 모든 지식을 정리하고 융합하고 연구와 기다림을 거쳐 마침내 실행에 옮긴 것이다.

지식사회에 적절하게 적응한 인재들은 IT 기업에서도 손쉽게 찾을 수 있다. 애플의 CEO였던 스티브 잡스는 지식을 매개체로 하는 플랫폼 사업으로 세계 IT 시장을 뒤흔들었다. MP3 플레이어의 탄생을 본 스티브 잡스는 음반 회사들이 매출 감소를 우려할 정도의 위력을 가졌다는 점에 착안해 디지털 음악 시장 '아이튠즈'를 만들었다. 처음에는 음반 매출 감소를 우려하던 음반 회사들은 보안이 잘 갖춰진 아이튠즈라는 디지털 음악 시장에 정착했고, 소비자 역시 CD를 사는 대신 음악을 다운로드받는 일에 익숙해졌다. 전 세계를 대상으로 한 음악 시장 아이튠즈는 기술과 문화, 인터넷에 대한 넓고 방대한 지식을 하나로 융합해 만들어진 것이다.

스마트폰의 경우는 조금 사정이 다르다. 스마트폰 시장은 마이크로소프트와 팜Palm, HP 등의 회사들이 먼저 진출했지만, 대중화시키는 데 계속 실패를 거듭하고 있었다. 스티브 잡스가 만든 아이폰은 기존 기술들의 집대성에 가깝다. 이미 모든 기능들은 과거 PDA 시절부터 구현되었던 기술들이다. 그런데도 소비자들은 아이폰을 새로운 정보 혁명이라며 한껏 추켜세웠다. 사용하기가 편리했기 때문이다.

일반 휴대폰보다 더 다양한 기능을 가진 스마트폰을 사람들이 사용하지 않았던 이유는 불편한 인터페이스였다. 아이폰은 처음 스마트폰을 접하는 사람이라 해도 손쉽게 사용할 수 있도록 빠르고 직관적인 인터페이스를 채용했다. 지금은 거의 모든 스마트폰을 손쉽게 사용할 수 있는 시대가 되었지만, 불과 10여 년 전만 해도 스마트폰은 많은 기능만큼 사용하기 불편하고 어려운 또 다른 디지털 기기였던 것이다.

우리나라에서도 일찌감치 지식사회를 예견하고 미리 준비를 해 온 인물이 있다. 바로 삼성전자의 이건희 회장이다. 이건희 회장이 삼성전자의 덩치를 불려 온 과정을 살펴보면 흥미로운 면이 있다. 산업의 전환점을 정확하게 짚어 냈다는 점이 그것이다. 이건희 회장은 반도체에 대한 미래가 불확실했을 때 '가까운 미래에는 모든 전자 기기에 반도체가 탑재된다'고 예견하고 사운을 건 막대한 투자를 단행했다. 휴대폰이 등장하자 '1인 1휴대폰 시대가 세상을 바꿀 것'이라며 사업화를 지시했다. 당시 지식사회를 관통하는 이건희 회장 특유의 통찰력을 엿볼 수 있는 점이다.

이건희 회장은 많이 듣고, 깊게 연구하고, 결정은 단호하게 한다. 항상 어떤 사안에 대해 결정하기 위해서는 끊임없이 연구를 거듭한다. 입은 현재를 얘기하면서도 머릿속은 늘 10년 뒤를 바라본다. 창의력과 상상력의 산물로 연구를 거듭하고 현재에 대해 얘기하는 것이다.

우리나라 대기업과 벤처 기업들을 잘 비교해 살펴보면 한 가지 재미있는 사실을 알 수 있다. 흔히 대기업을 두고 소수의 엘리트가 지배하는 회사라고 여기는 경우가 많은데, 실상은 신생 벤처 업체들을 우리가 엘리트의 기준으로 삼는 사람들이 지배하는 경우가 많다. 오히려 대기업의 경우 학력, 성별 등의 역차별이 적은 편이다.

특히 삼성그룹은 여성 인력 양성에 앞장서고, 고졸 출신 사원들에게 취업의 문호를 활짝 여는 등 인사상에서 임직원들에게 많은 기회를 주고 있다. 최근에는 고졸 공채를 비롯해 인문학적 교양 지식을 갖춘 인문학도들을 선발해 소프트웨어 개발자로 양성시키는 새로운 인사 실험에도 나서고 있다. 이처럼 삼성그룹이 다양한 인사상의 실험을 하고 있는 까닭은 '창의적인 인재상'을 찾기 위해서다. 다시 말해 지식사회를 이끌어 갈 인재를 찾기 위해서다. 이건희 회장이 입만 열면 '종합적인 사고를 갖추라'고 조언하는 것과 같은 맥락이다.

지식사회에선 특정 분야의 전문가도 중요하지만, 여러 가지 사안을 놓고 종합적으로 판단하고 사고하는 능력이 더욱 중요해진다. 이건희 회장이 창의적인 인재를 찾아 나선 멀고 긴 여행을 떠난 까닭은 분명하다. 본인을 닮은 인재상을 찾기 위해서다. 많이 듣고 많이 연구한 뒤 연구의 결과를 축약해 꺼내 놓을 수 있는 인재, 지식사회에 가장 적합한 지식 경영인을 찾기 위한 여행에 가깝다. 그렇다면 창의적인 인재상은 어떻게 만들어질까? 그 방법은 이건희 회장의 어린 시절에서 찾을 수 있었다.

주변을 둘러보다 보면 아이들에게 생각할 시간이 턱없이 부족하다고 느낄 때가 많다. 초등학생은 눈을 뜨자마자 학교에 가서 잠들기 전까지 각종 숙제와 밀린 공부를 해야 한다. 때론 멍하니 생각할 시간이 필요한 아이들에게 부모들은 또다시 책과 연필을 쥐어 준다. 남는 시간에는 부모들이 시험에 나올 책들을 골라 읽힌다. 독서의 즐거움은 이미 사라진 지 오래다. 영화도 논술 문제를 풀기 위해 꼭 봐야 할 영화만 골라 보는 것이 지금 아이들의 현실이다. 최근 우리 아이들에게 창의력이 부족하다는 지적들이 이어지자 아예 창의력 개발 프로그램을 들고 나온 학원들도 있다. 말하기보다 먼저 듣고, 들은 다음 생각해야 할 시간마저 뺏은 뒤 억지 교육으로 창의성을 집어넣겠다는 것과 같다.

  지식 경영인 이건희 회장의 삶은 그리 순탄치 않았지만, 아주 비범하지도 않았다. 그저 남들보다 호기심이 많았고, 생각할 시간도 많아 사물과 인간에 대한 본인 나름대로의 연구를 거듭해 온 것뿐이다. 그렇게 얻은 통찰력으로 그는 변방의 작은 전자 회사를 세계 최고의 전자 회사로 만들어 냈다. 이제 그의 삶을 따라가 보는 여행을 통해 인간 이건희를 이해하고, 지식사회에 대해 다시 한 번 생각해 보는 시간을 가지려 한다.

이건희의 비밀,
'무한탐구'

2013년 4월 6일, 이건희 삼성전자 회장의 전용기가 김포공항에 도착했다. 지난 1월 11일에 부인인 홍라희 리움미술관장과 함께 하와이로 출국한 이후 석 달 만의 귀국이었다. 이건희 회장의 귀국을 맞이하기 위해 나선 삼성그룹 수뇌부와 이건희 회장을 취재하기 위한 취재진, 길을 가던 사람들까지 북새통을 이뤘다.

 석 달 만의 귀국. 요양을 위해 선택한 하와이행이었지만, 그 사이 두 차례에 걸쳐 방문한 일본으로 삼성그룹 수뇌부를 불러 비즈니스 현안을 챙겨 온 만큼 이건희 회장의 귀국은 큰 관심사였다.

잠시 후 입국장에서 걸어 나오는 이건희 회장의 모습은 장기간의 출장으로 다소 지친 기색이 역력했다. 본인 스스로 다리가 좀 불편하다고 말할 정도로 걷는 모습도 불편해 보였다. 하지만 눈빛만은 1993년 신경영을 선포하던 그때 그대로였다. 쉴 새 없이 터지는 카메라 플래시 사이로 걸어 나오는 이건희 회장에게 질문이 쏟아졌다. 취재진이 가장 궁금해하던 것은 단 하나였다.

"3개월 동안 무엇을 하며 지내셨습니까?"

"새로운 경영 전략은 무엇입니까?"

쏟아지는 질문 세례를 조용히 듣던 이건희 회장이 마침내 입을 열었다.

"사람도 많이 만나고, 여행도 많이 하고, 미래 사업 구상도 많이 했더니 석 달이 금방 갔습니다. 20년이 되었다고 안심해서는 안 되고, 항상 위기의식을 가져야 합니다. 더 열심히 뛰고, 사물을 깊게, 멀리 보고 연구해야 합니다."

석 달 만에 귀국한 이건희 회장의 입에서 가장 먼저 나온 화두는 '위기'와 '연구'였다. 삼성그룹 회장으로 취임한 후 20년 동안 이건희 회장은 단 한 해도 거르지 않고 '위기'를 강조해 왔다. '연구'는 그가 어린 시절부터 갖고 다니던 영원한 화두이다.

평생의 경영 이념으로 삼아 온 연구. 그 뒤에는 삼성그룹을 상징할 뿐더러 지금의 삼성전자를 만들기도 한 '무한탐구無限探求'가 배경으로 자리 잡고 있다. 호암 이병철 선대 회장의 휘호이자 그의 아들인 이건희 삼성전자 회장이 평생의 경영 이념으로 삼아 온 '무한탐구' 네 글자에는 삼성의 성공 비결은 물론, 우리가 이건희 회장의 청년 시절로부터 찾고자 하는 창의적인 인재상의 비밀이 숨어 있다.

삼성과 이건희 회장에 대해 관심이 있는 사람이라면 무한탐구라는 네 글자를 한 번쯤은 들어 봤을 것이다. 하지만 무한탐구의 '구' 자가 '究(연구할 구)' 자가 아니라 '求(구할 구)' 자라는 사실은 아마 처음 들어보는 사람이 많을 것이다. 네 글자의 뜻을 풀이해 보자. 보통 우리가 아는 무한탐구는 '궁극에 달할 때까지 연구하라'는 뜻이지만, 삼성가에 전해 내려온 무한탐구의 뜻은 '궁극에 달할 때까지 찾아라'는 것이다.

이건희 회장의 일생은 탐구로 점철되어 있다. 사물에 대한 탐구, 사람에 대한 탐구는 지금도 그칠 줄 모른다. 단순히 연구하기만이 아닌, 궁극을 찾기 위한 이건희 회장의 '구함'은 지금도 끝이 없는 것이다.

남들은 단순히 떠나는 여행길에서도 이건희 회장은 탐구를 거듭한다. 여행지에 가기 전에 이건희 회장은 그 나라의 경제, 역사,

문화, 철학 등을 상세히 연구한다. 정작 여행지에 가서는 여행지와는 다소 무관한 질문들을 일삼는다. 예를 들어 경제 상황이 어려운 나라를 가면 경제와 문화가 어떻게 연관되어 있는지, 그 나라의 역사와 철학은 현 경제 상황과 어떻게 연관되어 있는지를 질문한다.

언뜻 보면 관계가 없는 여러 질문을 하지만, 이건희 회장의 질문을 따라가면 그가 무엇을 탐구하고 있는지 알 수 있다. 수많은 지식들을 종합해 사고하는 습관 때문이다. 처음에는 이건희 회장의 질문에 '왜?'라고 의구심을 표현하는 사람도 곧 '아!' 하는 감탄사를 자아내는 이유이다. 모든 개별적인 지식은 커다란 지식의 강으로 흘러 들어간다. 이건희 회장은 수많은 물줄기를 보고 강을 연상하고 바다를 상상하는 식으로 항상 사고하는 것이다. 삼성의 한 고위 간부의 이야기를 들어보자.

"이건희 회장이 하는 질문을 듣다 보면 종잡을 수가 없을 정도입니다. 때로는 그 나라의 인구 얘기를 하다가 갑자기 역사에 관한 질문을 던집니다. 그 뒤에는 그 나라의 경제 상황이 인구, 역사, 문화와 어떤 관계가 있는지 질문을 하는 식입니다. 질문을 받는 사람 입장에서도 놀랄 때가 많습니다. 각각은 숫자와 연표에 지나지 않는 단순한 정보지만, 그 모든 것이 연관돼 있다는 점을 깨달았을 때 이건희 회장이 왜 세상 모든 것을 연구한다고 표현하는지를 알 수 있었습니다."

무한탐구에는 또 하나의 뜻이 숨어 있다. 선대 회장부터 내려온 '무한'이라는 두 글자에는 한계를 두지 말자는 삼성의 꿈이 들어 있다. 이 네 글자로 인해 이병철 선대 회장은 대구에서 개업한 삼성상회를 시작으로 초기 물류 사업을 일으켰다. 본인이 경영 이념으로 삼은 '무한(세계화)'을 위해 이병철 선대 회장은 삼성전자를 설립한다. 수출을 통해 외화를 벌어 오기 위해서는 부가가치가 높은 최첨단 전자 산업을 일으키는 길밖에 없다고 판단한 것이다.

세계화를 꿈꿨지만 미처 이루지 못한 이병철 선대 회장은 세계화의 꿈을 이건희 회장에게 넘겼다. 이건희 회장은 '무한'의 뜻을 더욱 깊게 이해해 삼성전자를 세계적인 기업으로 일구었다. 삼성전자는 반도체, 디스플레이, TV, 휴대폰 등 각 사업 부문마다 세계 1위를 기록했다. 지금도 의료 기기를 비롯한 새로운 사업들을 또 다른 세계 1등으로 올려놓기 위해 막대한 투자와 노력을 단행하고 있다. 잠시도 쉬지 않고 '탐구'하는 것이다.

지난 2012년 삼성전자는 세계 휴대폰 시장에서 1위를 차지하며 매출 201조 1,000억 원, 영업이익 29조 500억 원을 기록했다. 전 세계 브랜드 순위에서는 9위를 차지했다. 한때 넘을 수 없는 벽으로 여겨졌던 인텔(8위)의 뒤를 바짝 쫓고 있다. 도요타(10위), 벤츠

(11위), BMW(12위) 등 유수의 자동차 기업은 물론 디즈니(13위), 노키아(19위), 아마존(20위), 나이키(26위) 등의 브랜드보다 크게 앞서고 있다. 현재 삼성전자는 글로벌 1등 가전 회사로 자리 잡았다.

이건희 회장은 아무리 세계 1등 품목을 많이 만들어도 '아직 멀었다'고 답한다. 그의 탐구는 끝이 없다. 세계 최고의 회사를 만들기 위해 끊임없이 구하고 노력하라는 뜻이 '무한탐구'였다면, 이제는 세계 최고의 자리를 지키기 위해 다시 구하고 노력하라는 뜻으로 귀결된다. 이건희 회장의 1등주의는 바로 이 네 글자에서 시작된 것이다.

삼성전자가 세계 굴지의 전자 기업으로 자리 잡으며 한국 기업에 대한 평가도 달라지고 있다. 수년 전만 해도 '재벌'이라는 단어로 한국의 대기업들을 조롱하던 해외 언론들은 '한국식 가족 경영'에 대한 장단점을 분석하기에 바쁘다. 특히 삼성에 대한 관심은 상당하다. 이건희 회장 대에 이르러 '한국식 가족 경영'은 오너가 결정과 책임을 맡고 전문경영인들이 탁월한 역량을 발휘하는 강력한 '이건희식 가족 경영'으로 회자되고 있다.

이건희 '천재론'의 재해석

이건희 회장의 인재관은 '천재론'으로 대표된다. 1994년 이 회장은 공무원을 대상으로 한 특강에서 "21세기에는 1명의 천재가 1만 명을 먹여 살린다"면서 작게는 기업, 크게는 나라 전체를 위해 천재를 육성해야 하며, 리더라면 인재 확보에 주력해야 한다고 강조했다. 지난 2002년 6월에는 사장단 회의에서 '핵심 인재 경영 가속화'를 선언했다. 이 회장은 사장단에게 인재 확보를 위해 직접 발로 뛰어 달라고 주문했다.

지금까지 이건희 회장의 '천재론'은 수없이 회자돼 왔다. 취임 이후 지난 25년 동안 집요하게 강조했던 '1등주의'와 연결 지어 지극히 독재적인 발상 속에서 천재론이 나왔다고 비하한 발언도 있고, 이건희 회장이 실상 평범한 어린 시절과 학창 시절을 보냈다는 점에서 천재론을 언급할 자격이 없다는 비아냥거림도 있었던 것이 사실이다. 최근에는 천재론을 폐기해야 한다는 주장까지 등장했다. 결론부터 내리자면 이건희 회장의 천재론은 맞다. 다만 이건희 회장이 말하는 천재와 우리가 생각하는 천재에는 큰 차이가 있다는 점을 생각해 봐야 한다.

우리는 흔히 학창 시절부터 1등을 놓치지 않고 공부 잘하는 학생을 천재라고 부른다. 미디어를 통해 소개되는 천재들은 아예 혀를 내두르게 한다. 수백 명의 이름이 적힌 종이를 단 한 번 보고 줄줄 외우거나, 수백 자리의 곱셈도 암산으로 뚝딱 해내는 도깨비방망이 같은 존재들을 보며 감탄사를 자아낸다.

삼성그룹과 삼성전자를 출입하며 만나 본 경영진 상당수는 이런 천재들과는 거리가 멀다. 경영진 중에는 태어난 천재가 아닌 노력형 천재에 가까운 사람들이 많다. 집안과 학력이 화려한 엘리트가 아닌 경영진도 더러 있다. 우리는 천재라고 칭하지 않지만 이건희 회장에게는 천재였던 것이다. 그들을 바라보며 천재론에 대해서도 다시 한 번 생각하게 되었다.

그렇다면 이건희 회장이 천재라고 표현했던 이들은 어떤 사람들일까? 이런 질문에서 출발한 이건희 회장에 대한 취재는 과거 청년, 유년 시절까지 거슬러 올라갔다. 어린 시절의 이건희 회장은 우리가 소위 천재라고 부르는 사람과는 거리가 멀다. 그저 남들보다 많이 부유했고, 생각할 시간이 많았던 아이였을 뿐이다. 10대에는 재벌가 2세라는 점도 알아채기 어려울 정도로 평범했고, 20대에는 조용하고 생각이 많은 사람이었다. 30대에는 실패와 좌절의 시기도 겪는다. 40대부터 이건희 회장은 탁월한 통찰력을 발휘해 가며 삼성전자를 글로벌 전자 산업의 거인으로 일궈 냈다. 예전에는 주목받지 못했던 인물이 대기업을 맡으며 자신의 능력을 발휘한 것이다.

어떻게 이런 일이 가능할 수 있을까? 삼성가 특유의 교육 덕분일까? 이건희 회장의 사적, 공적 일화들을 수집하고 정리하면서 비로소 천재의 의미를 깨달을 수 있었다. 이건희 회장이 말했던 천재의 의미를 그동안 재벌에 대한 부정적인 식견을 가지고서 단순히 엘리트 집단이라 여긴 실수 때문이다. 이건희 회장이 천재라 부른 사람들은 다름 아닌 창의적, 종합적인 사고를 지닌 인물들이었다. 따라서 이건희 회장의 천재론에는 '천재=창의적 인재'라는 등식이 추가되어야 마땅하다.

삼성전자의 역사를 살펴보면 1명의 창의적인 인재들이 1만 명은 물론 수십만 명에 달하는 삼성그룹 전체를 먹여 살리고 있다. 반도체 사업에선 '1인 1PC 시대'를 예견하고 자칫하면 회사 전체가 위험할 정도의 대대적인 투자를 단행해 성공을 이끌었다. TV 시장에서는 브라운관에서 LCD로 전환하는 시점을 겨냥해 세계 TV 시장 1위의 신화를 써 내려갔다. 스마트폰 역시 뒤늦게 시장에 참여했지만, 모두들 실패할 거라고 여겼던 패블릿(스마트폰+태블릿) 시장에서 한 획을 그었다. 모두 종합적, 창의적인 사고를 갖췄기 때문에 가능했던 일이다.

빌 게이츠가 PC를 보고 향후 소프트웨어가 하드웨어 사업을 앞설 것이라 예견했고, 스티브 잡스가 MP3 플레이어의 등장을 보고 온라인 음악 시장을 예견했듯이, 이건희 회장은 반도체가 PC를 넘어 전원이 연결되는 모든 가전제품에 쓰일 것이라고 예견했다. 이건희 회장은 모든 사람이 개인 PC를 갖거나, 모토로라가 처음 휴대폰을 출시한 이후 사람들이 언제, 어디서나 휴대폰을 이용해 연락을 주고받는 시대를 예견하고 상상해 왔다.

삼성전자의 성공 뒤에는 전환기를 겨냥한 혜안을 지닌 이건희 회장과 그가 찾은 창의적 인재상인 전문경영인들이 있다. TV 사업의 경우 브라운관에서 LCD와 PDP로 대표되는 평판 TV로 넘어

가는 시절에 이건희 회장은 LCD에 사운을 걸었다. 막대한 투자비가 들어가는 상황에서 LCD에 올인한 삼성전자는 세계 TV 시장 1위와 TV용 LCD 패널 시장 1위를 동시에 거머쥐었다. 휴대폰 역시 일반 휴대폰에서 스마트폰으로 전환되는 시기를 집요하게 노려 성공을 거뒀다. 삼성전자의 성공은 단순히 세계 시장의 트렌드를 주도면밀하게 살피고 편승한 데 있지 않다. 경쟁사들이 주저하고 있을 때 과감하게 먼저 투자하고 시장을 주도하기 위해 앞장섰기 때문에 지금의 삼성전자를 만들 수 있었던 것이다.

  이건희 회장의 유년 시절과 청년 시절에는 인문학적 통찰력과 예술적 감수성을 바탕으로 한 소양이 자리하고 있다. 말하기보다 먼저 듣는 법을 배우고, 말할 나이가 되었을 때는 다시 한 번 생각하는 법을 배웠다. 경영자가 된 뒤에야 말을 하기 시작한 이건희 회장의 어린 시절에는 스스로 그토록 찾고자 하는 천재, 다시 말해 창의적이고 종합적인 사고를 지닌 인재상이 숨어 있다. 지금도 "10년 뒤 삼성의 모든 주력 사업이 사라진다. 한시바삐 새로운 사업을 찾아야 한다"면서 경영진들을 독려하는 이건희 회장의 집요한 인재관은 자신과 닮은꼴을 찾아가는 긴 여행길이었던 것이다.

삼성가 교육 철학,
어떻게 다른가?

이건희 회장에게 평생의 스승이 누구냐고 물으면 서슴지 않고 두 사람을 꼽는다. 바로 선친인 호암 이병철 선대 회장과 장인인 고 홍진기 전 중앙일보 회장이 그 주인공이다. 홍진기 전 회장에 대해선 후에 다시 소개하기로 하고 호암 이병철 선대 회장의 교육 철학을 먼저 짚어 본다.

"어떤 인생에도 낭비라는 것은 있을 수 없습니다. 실업자가 10년 동안 무엇 하나 하는 일 없이 낚시로 소일했다고 합시다. 그 10년

이 낭비였는지 아닌지, 그것은 10년 후에 그 사람이 무엇을 하느냐에 달려 있습니다. 낚시를 하면서 반드시 무엇인가 느낀 것이 있을 것입니다. 실업자 생활을 어떻게 받아들이고 어떻게 견뎌 나가느냐에 따라서 그 사람의 내면도 많이 달라질 것입니다. 헛되게 세월을 보낸다고 하더라도 무엇인가 남는 것이 있을 것입니다. 문제는 헛되게 세월을 보내는 데 있는 것이 아니라, 그것을 어떻게 받아들여 훗날 소중한 체험으로 살리느냐에 있습니다."

호암 평전 《인생은 흐르는 물처럼》에서 소개한 호암 이병철 선대 회장의 위 말은 삼성가의 교육 철학을 그대로 보여 준다. 누가 봐도 인생을 낭비한 듯한 사람에게도 그 인생은 낭비가 아니라는 말은 진한 울림이 되어 삼성가 후손들을 통해 전해지고 있다. 오히려 인생 낭비도 해봐야 소중한 것을 알 수 있다고 해석해도 무방할 정도다. 단순히 짜인 인생을 살아 내기보다 세월을 겪으며 자기 성찰을 통해 깨달음을 찾는 것이 앞으로 살아가야 할 삶에서 더 중요한 순간을 맞는다는 점에는 절로 공감이 간다.

흔히들 삼성가의 교육 철학에 대해 '제왕학'을 떠올리는 경우가 많다. 이건희 회장이 어린 시절부터 수많은 사람 위에 군림하기 위한 지식을 주입받으며 자라 왔기 때문에 배려보다는 능력을 중요시한다고 생각하는 사람들이 많다. 하지만 삼성가의 교육 철학은 제왕학과 가장 거리가 멀다. 스스로 깨우쳐 행하게 하는 '동기 부여'와 자신의 능력과 한계에 대해 냉철히 판단하는 '자기 성찰'이 주를 이루고 있다. 이 모든 것에 앞서는 것은 '인성'이다. 인성이 갖춰지지 않으면 스스로 깨달을 수도 없고, 자기 자신을 냉철하게 돌아보는 일도 불가능하기 때문이다.

  초등학생 시절부터 줄곧 우등생을 놓치지 않던 우수한 학생이 입시에 실패하거나, 대학교에 입학한 뒤 학업 수행 능력이 현저하게 떨어지는 경우가 있다. 자기 동기 부여에 실패해서다. 어린 시절에는 부모와 뭇 어른들의 칭찬이 좋아 시키는 대로 열심히 하지만, 성장하면서 그 정도의 칭찬으로는 기뻐지지 않는 자신을 발견하곤 한다. 왜 해야 하는지 모르는 공부, 되고 싶은 롤모델이 없는 미래에 지쳐 결국 학업에서 손을 놓는 경우다. 스스로 왜 공부를 해야 하는지, 지금 하는 일은 왜 해야 하는지에 대한 동기 부여 없이는 발전도 없다. 즉, 스스로 깨우치고 동기를 갖게 만들지 않는 이상, 몇 년은 내다볼 수 있어도 10년 이상은 내다볼 수 없다. 바로 이것이 삼성가 교육 철학의 요체인 셈이다.

  이건희 회장은 아주 어린 시절에는 아버지와 떨어져 살아야 했고, 같이 살게 된 시절부터는 이병철 선대 회장이 사업으로 바빠

식사 시간 외에는 거의 함께 자리하지 못했다. 초등학교 5학년 때부터 3년 동안은 일본으로 유학을 떠나는 통에 어린 시절부터 호암 앞에서 재롱 한 번 못 부려 보고 투정도 할 수 없던 처지였다. 매일같이 안고 어르며 자식들과의 따뜻한 감정 교류가 가장 중요하다고 여기는 지금과는 사뭇 다른 분위기다.

이병철 선대 회장의 훈육은 '가르치기보다는 스스로 깨우치고 동기를 갖게 만들라'는 것이다. 자식들이 스스로 생각하고 행동하기를 원했다. 괜히 시간을 낭비하고 있다고 남들이 혀를 찰 때도 이병철 선대 회장은 그 속에서 배우는 경험이 더욱 중요하다는 생각으로 동기 부여에 가장 큰 의미를 뒀다. 흔히 삼성가의 교육 철학에 대해 '제왕학'을 떠올리는 사람들이 많지만, 오히려 제왕학과는 가장 거리가 먼 교육 방침을 택한 것이다.

이병철 선대 회장으로 시작되어 이건희 회장까지 이어진 삼성가의 교육 철학은 크게 3가지로 대변된다. 첫째, 인성 교육. 둘째, 입체적 사고. 셋째, 능력과 한계에 대한 냉철한 판단이 그것이다.

삼성가가 인성 교육을 첫 번째로 내세운 까닭은 풍부한 감수성이 경영의 밑바탕이 된다는 점을 일찍부터 깨달았기 때문이다. 경영을 이해하기 전에 사물과 인간에 대해 먼저 이해하는 것이 중요하다는 의미이다. 인성이 바탕이 되지 않은 사람은 누군가에게 감동을 줄 수 없다. 감동을 줄 수 없다는 얘기는 남들에게 동기 부여를 할 수 없다는 말과도 같다. 어린 시절 우리가 위인전을 읽고 감명을 받는 이유는 그 사람의 삶에 감화를 받아 동기가 부여되었기 때문이다. 삼성가가 인성 교육을 가장 먼저 앞세우는 이유이다.

말하는 법을 가르치기 전에 듣는 법을 먼저 가르치는 점도 삼성가 인성 교육의 핵심 중 하나다. 중국 고사 성어에 '복수불반覆水不返'이라는 말이 있다. 이미 잘 알려진 얘기지만, 이에 얽힌 고사를 잠시 소개해 본다.

중국 주나라 시절 태공망 여상(강태공)은 어려운 가정 형편을 돌보지 않고 책만 읽는다. 아내인 마 씨는 결국 견디지 못하고 여상을 버리고 도망가고 말았다. 부인 마 씨가 떠난 여상의 삶은 더욱 고단해졌다. 집 근처 위수 강가에서 때를 기다리며 빈 낚시를 드리우며 세월을 낚는 것이 일이었다. 그러다 여상은 어느새 나이 일흔이 되어 버렸다.

어느 날 주나라를 세운 무왕의 아버지로 나중에 문왕이란 시호를 듣게 되는 서백이 위수 강가에서 여상을 만나 자신의 스승으로 등용한다. 여상은 문왕과 그의 아들 무왕을 도와 은나라 주왕을 몰아냈다. 그 공로를 인정받아 여상은 봉토를 받고 제후에 봉해진다.

제후가 된 여상에게 자신을 버리고 도망갔던 부인 마 씨가 찾아와 다시 받아 달라고 요청했다. 여상은 그릇에 물을 떠오게 하더니, 그 물을 쏟아 버리고는 다시 주워 담으라고 했다. 마 씨가 당황하자 여상은 "한번 엎지른 물은 다시 그릇에 담을 수 없듯이 한번 떠난 아내도 돌아올 수 없소"라고 말했다.

태공망 여상에 얽힌 고사에는 호암이 말한 '인생에서 낭비란 없다'는 점과 한번 내뱉은 말과 행동은 돌이킬 수 없다는 두 가지 교훈이 들어 있다. 삼성가 사람들은 말을 많이 하는 대신 많이 듣는다. 이건희 회장의 화법도 듣기에 특화되어 있다. 상대방과 대화를 하면서 자신의 말을 하는 대신 '왜?'를 던진다. 상대방의 생각을 끌어내기 위해서다. 여러 번의 '왜?'를 통해 상대방의 이야기를 충분히 들은 뒤 자신의 생각을 정리하여 이야기를 한다. 말하기 전에 충분히 듣고 수많은 경우의 수를 생각한 다음 자신의 생각을 정리해 대답하는 것이다.

경영자는 한번 내뱉은 말을 취소할 수 없다. 경영자만이 아니다. 첫사랑에 실패하거나, 가장 친했던 친구와 이별하는 원인의 대부분이 한번 내뱉은 말을 주워 담지 못해서라는 점을 생각하면 왜 삼성가가 '말'을 중요시 여기는지 알 수 있다.

두 번째로 삼성가가 교육에서 중요시하는 것은 입체적인 사고다. 한 가지의 사안을 특정 관점에서만 바라보면 자기기만에 빠질 수 있다. 어떤 일이 벌어졌을 때 다양한 관점에서 바라보고 입체적으로 사고하다 보면 창의적인 사고와도 연결된다. 나무 한 그루를 놓고 잎, 가지, 뿌리 등 다양한 모습들을 살펴보면 그 나무 한 그루, 한 그루가 모여 이루는 숲을 상상할 수 있다. 그처럼 여러 가지 관점을 하나로 종합해서 볼 때 새로운 사실을 발견한다는 점을 알고 있었던 셈이다.

이건희 회장은 어린 시절 장난감 기차 등을 뜯어 보며 사물이 동작하는 겉과 속에 큰 차이가 있다는 것을 깨달았다. 끊임없이 철로 위를 달리는 장난감 기차의 바퀴가 돌아가는 원리는 안에 내장된 건전지와 모터 때문이며, 철로 위를 달리는 까닭은 바퀴가 철로를 벗어나지 못하도록 만들어졌기 때문이다. 누군가에게는 그저 장난감일 뿐이어도 이건희 회장은 직접 뜯어 보면서 건전지와 모터의 존재를 알게 되었다. 이처럼 사물의 본질을 파악하는 데 충실했던 것이다.

사람도 마찬가지다. 다시 자세히 설명하겠지만, 이건희 회장은 영화를 통해 삶과 인간에 대해 공부했다. 영화는 수많은 사람들이 만든다. 이건희 회장은 배우들의 관점에서 벗어나 제작자의 관점에서도 영화를 본다. 영화를 보며 영화 만드는 사람을 이해하고, 결국 영화 산업에 대해 이해하는 격이다. 하나의 사안을 놓고 입체적으로 사고하면서 이건희 회장은 통찰력을 갖게 되었다.

삼성종합기술원장과 삼성인력개발원장을 지낸 손욱 서울대 융합과학기술대학원 교수는 최근 펴낸 저서 《삼성, 집요한 혁신의 역사》에서 이건희 회장이 지닌 통찰력의 원천은 '왜?'라는 질문이라고 전했다.

"회의에 소집된 이들이 각자 조직의 전체적인 상황 분석, 문제 인식, 해결 방안 등을 정리해 두지 않으면 아무 얘기도 꺼낼 수 없었다. 지엽적인 문제를 말하면 경영자로서의 자질이 없는 것으로 판단했다. '이러이러한 문제, 과제가 있습니다'라고 얘기하면 경상도 사투리로 '와 그렇노'라는 질문이 돌아온다. 이에 대해 단편적으로 답해서는 합격점을 받을 수 없다. 적어도 다섯 번 정도는 '와 그렇노' 소리를 들어야 그 질문이 끝났다. 문제의 본질과 심층적인 원인까지 알고자 하는 의도였다."

입체적인 사고는 입체적인 행동으로 이어진다. 삼성전자 경쟁력의 원천은 융합에 있다. 지난 1990년대 다른 기업들이 연구 센터들을 세우느라 난립하고 있을 때 이건희 회장은 복합 연구 단지를 만들었다. 단순히 연구 단지뿐만 아니라 삼성그룹이 진행하고 있는 사업들도 융합을 이루고 있다. 제일모직은 처음 의류 사업에서 벗어나 소재 사업을 본격화하는 중이다. 미래 의류 사업에서는 옷을 만들기 위한 신소재가 가장 중요하게 작용할 것으로 내다봤기 때문이다. 개발된 신소재는 옷을 만드는 데부터 시작해 반도체 등 최첨단 부품을 만드는 데도 사용된다. 최근 제일모직은 스마트폰 케이스를 비롯한 IT 기기 액세서리 사업까지 진출하고 있다.

마지막으로 삼성가가 교육에 있어 가장 중요하게 다루는 부분은 능력과 한계에 대한 냉철한 판단이다. 가족 기업으로서의 한계를 넘어서기 위한 가장 중요한 가르침이다. 흔히 기업의 오너들은 자신의 능력과 한계를 냉철히 판단하지 못해 오판을 하는 경우가 많다. 모두 회사를 위한 일이라고 자위하거나, 내 회사니까 내가 책임진다는 자세로 경영에 임한다. 하지만 삼성그룹 같은 대기업의 오너들이 자신의 한계를 파악하지 못한다는 것은 재앙에 가깝다.

삼성전자는 매년 수조 원에 달하는 투자를 집행한다. 삼성전자의 성장 과정에서 이건희 회장은 어려운 시기에 투자하고 좋은 시기에 지금까지 투자한 이상의 성과를 내는 것으로 회사를 키워 왔다. 투자 시기를 놓치거나 성급하면 피해가 막대해진다. 회사의 근간마저 흔들리게 된다. 그렇다고 보수적으로 움츠려 들기만 해서는 성장의 기회를 잡을 수 없다. 오너 스스로 본인의 능력과 한계에 대해 냉철하게 판단하고, 전문경영인에게 맡겨야 할 영역은 믿고 맡기는 것이 필요하다.

종합적으로 사고하고 냉철하게 한계를 인지하는 경영인은 일견 보기에 무모할 정도로 과감하다. 오너가 전문경영인의 의견을 충분히 듣고 시장 상황을 종합적으로 파악한다면 승률은 높아질 수밖에 없다. 여기에 더해 스스로의 능력과 한계에 대한 냉철한 판단이 주어진다면, 밖에서는 무모해 보이는 투자도 회사 내부에서는 확신을 갖고 집행할 수 있게 된다.

삼성전자가 반도체 시장에 진출할 때 이건희 회장은 사운을 걸고 투자를 지시했다. 당시 삼성전자의 반도체 사업을 모두가 말렸는데도 이건희 회장이 투자에 나선 배경에는 반도체 시장에 대한 확신이 있었다. 이건희 회장은 향후 모든 전자 기기에 반도체가 사용될 것이라고 확신했다. 일본 유학 시절에 전자 업계를 면밀히 살폈고, 미국에서의 유학 생활을 거치며 변화를 감지한 것이다. 이후 경영을 맡게 된 이건희 회장은 반도체 없이는 우리나라 전자 산업의 미래도 없다는 생각을 하게 되었다.

당시 삼성전자는 반도체와 관련한 기술이 전혀 없었지만, 이건희 회장은 PC용 D램 개발에 세계 각국이 뛰어들고 있는 지금이 아니면 영원히 전자 산업에서 2류에 머물고 만다는 판단을 했다.

이건희 회장은 미국과 일본의 반도체 기술자들과 접촉했다. 예상 외로 반도체와 관련된 기술을 갖고 있는 한국인들이 상당했다. 그들이 삼성전자로 합류해 준다면 반도체 불모지였던 한국에서도 가능성이 있다는 결론이 내려졌다. 무모하다고 여겨졌던 반도체 투자는 10여 년에 걸친 시장 변화를 감지하고 당시 삼성전자의 능력을 냉철하게 판단했던 이건희 회장의 확신이 바탕이 되었다. 그 결정이 지금의 글로벌 삼성을 만든 것이다.

父 이병철,
"스스로 깨우쳐라"

호암 이병철 선대 회장은 직접 가르치는 선생님 역할을 하는 대신 항상 숙제를 내주는 방식으로 이건희 회장을 단련시켰다. 집안에서는 엄한 가풍을 유지했던 아버지였지만, 잘못한 일이 있다 해서 무작정 혼을 내고 꾸중한 적은 거의 없었다. 자식들에게도 속내를 전부 털어놓지 않았다. 그저 자신의 모습을 보여주면서 자식들이 스스로 생각하고, 스스로 행동하게 했을 뿐이다. 대기업을 대물림할 인물을 찾기 위해 경영 능력을 시험한 탓도 있겠지만, 스스로 깨닫지 못하고 무심코 배운 지식은 쓸모가 없다는 생각을 갖고 있었기 때문이다.

　이건희 회장은 어린 시절 이병철 선대 회장과의 교류가 거의 없었다 해도 과언이 아니다. 아주 어린 시절에는 양친 모두와 떨어져 살아야 했고, 함께 살기 시작한 이후에도 이병철 선대 회장은 바쁘기만 했다. 어린 시절 이건희 회장이 이병철 선대 회장과 함께 찍은 사진을 보면 어려워하는 기색이 역력하다. 존경과 경외의 대상임에도 어렵기 만한 아버지였다. 앞에서 성큼성큼 걸어가는 아버지의 그림자를 쫓아가는 어머니, 그 어머니의 손을 붙잡고 힘겹게 따라가는 아이 모습이 예전 우리가 아버지에게서 느끼는 감정이었다. 이건희 회장의 어린 시절 이병철 선대 회장도 그런 의미였다.

　유교적인 관습에 따라 호암은 자녀들과는 겸상도 허락하지 않을 정도로 무섭고 어려운 아버지였다. 이병철 선대 회장에게 골프를 가르쳤던 한장상 한국프로골프협회 고문은 한 언론 인터뷰에서 호암의 장충동 자택에 초대받았을 때를 회상하며 다음과 같이 말했다.

　"말로만 듣던 장충동 집을 두리번거리며 들어갔더니 안방에 큰 자개상이 차려져 있었다. 이 회장과 나, 두 사람만의 겸상이었다. …… 한 가지 특이했던 점은 자녀들이 함께 식사를 하지 않고 아버지의 식사 시중을 드는 것이었다. 이 회장의 엄격한 가정 교육 방식이었던 것 같다."

엄격한 분위기에 눈치가 보여 한장상 고문이 머뭇거리자 이병철 선대 회장은 "니는 내 신경 쓰지 말고 많이 먹어라"라고 말하며 권유했다고 한다. 한 고문은 한동안 이병철 선대 회장의 장충동 자택을 드나들었는데, 그때마다 이병철 선대 회장의 엄격한 가정 교육이 인상 깊었다는 후문이다.

이건희 회장은 어렵기만 한 아버지였지만 뛰어난 경영자이자 스승으로 이병철 선대 회장을 받들었다. 후일 이건희 회장은 한평생 최고의 스승으로 이병철 선대 회장을 손꼽는다. 자신의 삶을 통틀어 가장 큰 영향을 주었고, 지금의 통찰력을 가질 수 있도록 인도해 준 인물이 바로 이병철 선대 회장이기 때문이다.

이병철 선대 회장은 이건희 회장의 어린 시절부터 항상 숙제를 던졌다. 앉혀 놓고 이런저런 설명을 통해 자신의 생각을 교육하는 방식이 아니라, 그저 보여 주고 앞에서 행동했다. 때로는 이건희 회장 앞에서 실수도 하고 성급한 모습을 보이기도 했다. 그 모든 것이 교육이었다. 자신의 모습을 보고 옳은 결정을 했을 때는 '타산지석他山之石' 삼아 배우고, 실수를 했을 때는 '반면교사反面敎師' 삼아 역시 배워야 한다고 생각했다. 이건희 회장에게 무언가 궁금한 것이 생기면 스스로 깨우칠 수 있도록 시간과 금전적 지원을 아끼지 않았다. 명령하기보다는 동기를 갖게 만들고, 이건희 회장에게 질문을 해 스스로 생각하게 만들었다.

이병철 선대 회장의 가르침은 이건희 회장이 성년이 된 뒤 본격적인 경영 수업으로 이어졌다. 경영 수업에서도 이건희 회장은 아버지의 말과 행동을 보고 들으며 스스로 배우고 스스로 생각해야 했다. 이병철 선대 회장은 성년이 된 이건희 회장을 경영 일선에 늘상 데리고 다녔다. 그러면서도 자세하게 설명해 주거나 말하지 않았다. 살아 움직이는 회사를 경영한다는 것은 수많은 기회와 위기에 노출되어 있는 것과 같다. 어떤 결정이든 정답도, 오답도 없다. 때문에 상황에 따른 해결책을 이건희 회장에게 직접 알려 주지 않고 스스로 어떻게 대처할지를 생각하도록 한 것이다.

25년 동안 삼성그룹의 자문 역할을 맡았던 이창우 성균관대 명예 교수는 그의 저서 《다시 이병철에게 배워라》에서 "이병철 선대 회장은 이건희 회장을 교육시킬 때 2세 경영인으로서 상황 변화에 대처하는 '어떻게'의 개념을 심어 주기 위해 끊임없이 노력했다"면서 "이건희 회장은 문제가 생길 때마다 해결 방법을 듣는 것이 아니라, 스스로 어떻게 대처할 것인가를 물으며 사고를 키

경영 수업에서도 이건희 회장은 아버지의 말과 행동을 보고 들으며 스스로 배우고 스스로 생각해야 했다.

워 나갔다"고 말했다.

이병철 선대 회장의 교육은 여기에서 그치지 않았다. 가끔 예상치 못한 질문을 던져 이건희 회장을 당황하게 만들었다. 이건희 회장이 제대로 된 대답을 해도, 잘못된 대답을 해도 이병철 선대 회장은 그에 대해 추궁하지 않았다. 질문에 맞춰 대답을 해도 정답을 공개하지 않은 것이다. 아니, 정답 자체는 처음부터 없었을 것이다. 자신이 마음속으로 생각하고 있는 정답을 맞히기보다 스스로 생각해 내놓은 대답이 더 중요하기 때문이었을 것이다.

아들에게는 불친절한 아버지였지만, 이병철 선대 회장은 함께 일하는 전문경영인에게는 항상 자신의 의도를 명확하게 설명하고 그들의 얘기를 경청했다. 이건희 회장은 훗날 언론과의 인터뷰를 통해 당시를 이렇게 회상했다.

"아버지와 함께 경영 현장에 나서면서 마치 풀 수 없는 퍼즐을 매일같이 대하는 것 같았다. 하지만 계속되는 질문과 숙제 속에서 어느덧 경영 현장을 보고 '어떻게' 경영할 것인가를 생각하는 나를 발견하게 되었다."

이병철 선대 회장은 오랜 기간 투자와 노력을 통해 이건희 회장에게 이 같은 깨달음을 일깨워 줬다. 이건희 회장은 항상 스스로 문제에 대해 고민했고, 필요하기에 해답을 만들어 내야 했다. 끊임없이 창의적인 사고를 발전시킨 것이다.

  이건희 회장은 아들인 이재용 부회장에게도 같은 교육을 되풀이하고 있다. 이재용 부회장은 아주 어린 시절부터 아버지와 함께 경영 일선으로 다녔다. 이재용 부회장이 성인이 되어 삼성전자에 근무하기 시작하면서부터는 전 세계 주요 경영인, 정부 관계자 등과 만날 때마다 항상 대동했다. 이재용 부회장은 이건희 회장을 묵묵히 보좌할 뿐이었지만, 이병철 선대 회장이 이건희 회장을 가르쳤던 방식처럼 이건희 회장의 숙제를 통해 성장할 수 있었다.

母 박두을,
엄하지만 자유 의지를 존중한
현모양처

이건희 회장의 어머니인 박두을 여사는 사육신 박팽년의 후손이다. 호암과 박 여사의 결혼은 중매를 통해 급작스럽게 진행되었다. 18세의 호암은 서울에서 학교를 다니다 부친으로부터 편지 한 통을 받고 자신의 결혼 소식을 알게 되었다. 박 여사 역시 얼굴 한 번 보지 않고 부모가 정해 준 대로 혼인길에 나서야 했다. 아들 없이 딸만 다섯이 있던 집안의 네 번째 딸이었던 박 여사는 엄격한 유교적 가풍에 따라 자식들을 훈육했다.

박 여사는 평생을 호암과 자식들의 그림자로 살아왔다. 유교를 숭상하는 가문에서 자라 바깥 활동은 삼가고 집안일에만 전력했다. 호암에게 시집을 온 박 여사의 삶은 고생길 그 자체였다. 호암이 대구에서 삼성상회를 창업하며 상당한 부를 쌓아 올렸지만, 박 여사는 막 낳은 이건희 회장을 의령에 있는 시집에 맡겨 두고 대구에서 새우잠을 자야 했다.

당시 호암은 박 여사와 자녀 인희, 맹희, 창희, 숙희와 함께 삼성상회 귀퉁이 방에서 새우잠을 잤다. 갖고 있는 돈을 전부 삼성상회에 쏟아부어 생활이 넉넉하지 못했기 때문이다. 이로 인해 박 여사는 이건희 회장과는 생이별을 하게 되었다. 훗날 이건희 회장이 의령에 계신 할머니를 어머니로 착각하고 자랐다는 얘기를 하게 된 이유이기도 하다. 이건희 회장은 자신의 유치원 시절 소풍날을 이렇게 기억한다.

"어느 날 어머니가 다른 형제들보다 김 다섯 장과 삶은 달걀 하나를 더 넣어 주셨다. 그날은 바로 내 생일이었는데, 특별히 배려해 주신 것이다."

이건희 회장의 유치원 시절은 호암이 대구에서 삼성상회와 조선양조 사업을 크게 성공시켰을 당시였다. 부를 얻었어도 박 여사는 근검절약의 자세로 살아간 것이다. 외부에 자신을 드러내는 것도 피하고 사회 활동도 꺼렸다. 대신 어려운 사람들에게 남몰래 자기 저금통을 전해 주거나 익명으로 기부하며 자식들에게 항상 어려운 사람들을 도와야 한다는 마음가짐을 솔선수범해 보여 줬다. 한 번도 언론에 등장한 적이 없던 박 여사는 1986년에 잡지 〈주부생활〉을 통해 유일하게 인터뷰를 했다. 인터뷰에는 박 여사의 소소한 일상이 드러나 생전 풍모를 간접적으로라도 짐작할 수 있게 한다.

1986년 2월, 호암의 77세 희수 기념 및 자서전 출간 축하 행사에 모습을 나타낸 박 여사는 틈틈이 말을 이어 갔다. 며느리 생일까지 챙기시냐는 질문에는 '그저 생활비 아껴 조그만 선물을 해주는 정도'라고 답했고, 댁에서 호암의 식사를 직접 해주느냐는 질문에는 '얼마 전까지만 해도 직접 했는데, 지금은 딸들하고 며느리들이 더 잘한다'면서 '좋아하는 음식을 일러 주고 소홀하지 않게끔 당부한다'고 말했다. 행사 소감을 묻자 '축하는 회장님이 받아야지, 내가 뭐라고 할 말이 있나'라며 한발 물러섰다. 평생을 뒤에서 내조로 일관해 온 박 여사의 성품이 드러나는 대목이다.

인자하고 배려심 많은 어머니였지만, 박 여사는 자식 훈육만은 엄격했다. 가정을 중요시하고 부모와 손윗사람을 공경해야 한다고 자식을 교육했다. 가정 교육에 엄했던 박 여사는 한편으로 신

지식에 누구보다도 높은 관심을 보인 인물이기도 했다. '품 안의 자식'보다는 널리 바깥을 보고 새로운 세상에 대해 깨우치기를 원했다. 호암 역시 평생의 숙원인 일본을 넘어서기 위해 아들들에게 일본 유학을 권했다. 이건희 회장을 포함한 아들 셋은 모두 일본으로 유학을 다녀왔고, 딸들은 모두 대학을 다녔다. 당시에는 재벌이라 해도 흔치 않았던 일이다.

엄격하면서도 인자했던 박 여사는 자식들의 자유 의지를 존중했다. 모든 아들과 딸들은 자신의 적성에 따라 원하는 분야를 직접 선택해 공부했다.

인문학+신기술의 접점을 찾다

_{청년 이건희}

　　　　최첨단 기술을 자랑하는 IT 분야에서 인문학을 강조하기 시작한 지가 어제, 오늘이 아니다. 기술은 단순한 기술로 자리할 수 있지만, 세상 밖으로 나서기 위해서는 인문학적 통찰력과 예술적 감수성이 가장 중요하다. 그 인문학의 범주는 폭이 넓다.
　애플의 디자인에는 불교와 도가에서 시작된 '선禪'의 철학이 녹아 있다. 애플의 제품은 극단적으로 단순함을 추구하고, 직관적인 인터페이스를 제공한다. 선을 수행하는 사람들이 추구하는 바와 닮아 있다. 선은 스티브 잡스의 인맥, 개인적인 삶과 경영에도 녹아들어 있다. 심지어 직원들을 채용할 때에도 스티브 잡스는 선문답을 주고받곤 했다. 조계종은 스티브 잡스 타계 후 애도문을 통해 "스티브 잡스는 평소 직관과 단순함이라는 선불교의 정신으로 IT 산업의 새로운 미래를 선도해 왔으며, 시공을 초월한 네트워크 구축이라는 소통의 신문명을 인류에게 선물했다"면서 "이제 스티브 잡스의 육신은 우리 곁을 떠났지만, 그가 남긴 생태적 세계관과 죽음마저 삶의 최고의 발명품으로 받아들이는 그의 선사적 삶은 우리 안에 소중한 울림으로 남아 있을 것이다"라고 밝혔다.

이처럼 한 회사를 이끄는 리더의 철학은 제품에 녹아들고 경영을 통해 투영된다. 인문학 없이는 최첨단 기술도 단순한 기술로 남고 만다는 사실을 스티브 잡스의 삶이 극명하게 보여 준다.

전 세계 10억 명이 사용하는 인터넷 커뮤니티 페이스북의 성공 배경에도 인문학이 자리 잡고 있다. 페이스북 창업주인 마크 주커버그는 하버드 대학교에서 컴퓨터공학과 심리학을 복수 전공했다. 마크 주커버그의 삶에 큰 영향을 끼친 쪽은 오히려 심리학이다. 다시 말하자면 기술에 가까운 컴퓨터공학과 심리학을 통한 인문학적 통찰력이 페이스북을 만든 것이다.

마크 주커버그가 만들어 낸 서비스인 페이스북의 세계는 놀랄 만큼 단순하다. 그는 페이스북을 놓고 "지구상의 모든 사람은 연결되고 싶어 한다. 그래서 나는 지구상의 모든 사람을 연결할 수 있는 서비스를 만들었다"고 말했다. 그의 설명에 따르면 모든 사람을 하나로 연결할 수 있는 서비스를 만든 뒤, 그 사람들이 원하는 서비스를 계속 추가로 제공하다 보니 현재의 페이스북이 되었다는 것이다. '지구상의 모든 사람들은 무엇을 원하는가?'에 대한 질문을 컴퓨터공학으로 대답한 셈이다.

최근 기업들에게 인기를 끌고 있는 분야가 하나 있다. 바로 '빅데이터Big Data'가 그것이다. 빅데이터란 데이터의 생성 양이나 주기, 형식 등이 지나치게 커서 기존의 방법으로는 수집, 저장, 검색, 분석이 어려운 방대한 데이터를 말한다. 인터넷상에서 쏟아져 나오는 어마어마한 데이터를 정리하고 분석해 유용한 정보를 뽑는 데이터 마이닝Data Mining을 거친 빅데이터는 정치나 기업 경영, 문화 등에 활용되고 있다.

다음소프트 송길영 부사장은 저서《여기에 당신의 욕망이 보인다 : 빅데이터가 찾아낸 70억 욕망의 지도》에서 몇 가지 흥미로운 사례를 제시한다. 그중 하나를 살펴보면 '우울증 치료제는 주말에 팔린다'는 사례이다. 이와 같은 결과를 도출해 내기 위해 송길영 부사장은 인터넷상의 수많은 데이터를 분석해 한국인들이 요일별로 기분이 어떻게 변하는지를 살펴봤다.

한국인들은 보통 화요일부터 행복해지기 시작해 금요일에 절정에 이른다. 토요일과 일요일에는 휴식을 취하며 조금씩 우울해진다. 새로운 한 주로 접어드는 월요일이 코앞으로 다가왔기 때문이다. 월요일은 가장 우울한 날이다. 결국 우울증 치료제를 팔려면 토, 일, 월 3일 동안 광고를 해야 한다는 결론이 나온다. 모든 사람이 똑같은 행동 양식을 갖지는 않지만, 빅데이터를 통해 우리 인간의 삶을 연구하면 엇비슷한 추정이 가능해진 것이다.

삼성전자도 빅데이터를 이용해 솔리드스테이트 드라이브Solid-state Drive(SSD) 마케팅에 적용했다. 빅데이터로 마케팅 포인트를 찾은 사례이다. 하드 디스크를 대체하는 SSD의 기능 중 삼성전자가 가장 강조하는 부분은 속도다. 빅데이터를 분석한 결과 대다수의 노트북 사용자들이 느린 속도 때문에 가장 큰 스트레스를 받고 있었다. 삼성전자는 현재 다른 품목들로 빅데이터 적용을 늘리고 있다. 마케팅에서 벗어나 제품 기획과 개발 단계에서 빅데이터를 활용하고자 하는 움직임도 보이고 있다.

조금 다른 얘기를 해보자. 21세기 들어 가장 이슈가 된 빅데이터는 이미 1951년 한 소설가에 의해 그 개념이 정립되어 있었다. 현재의 빅데이터와는 다소 다른 수학의 확률 이론을 기반으로 하고 있지만, 개념 자체는 거의 다르지 않다. 세계적인 공상과학 소설가 아이작 아시모프의 소설 《파운데이션》에 등장한 심리역사학이 그것이다.

아시모프는 심리역사학을 수학적 개념을 사용하지 않고 사회적, 경제적 자극에 대한 인간 집합체의 반응을 다루는 수학의 분야로 정의했다. 사회적으로 발생할 수 있는 각종 변수와 경제적인 변수를 더하면 인간이 어떻게 행동할지를 예측할 수 있다는 것이 심리역사학의 기초적인 개념이다. 기체 분자의 경우 분자 개개의 행동은 예측 불가능해도 공기 전체의 움직임은 예측할 수 있다. 일기예보도 그래서 가능하다. 마찬가지로 인간도 개개인의 행동은 예측이 불가능하지만, 거대한 역사의 흐름은 예측이 가능하다는 것이다. 아시모프는 여기에 수학적인 확률을 더해 인간 모집단의 수가 늘어날수록 아무리 무작위적인 반응을 해도 이를 정확하게 예측할 수 있다고 설명했다.

《파운데이션》에는 심리역사학자 해리 셸던의 이름을 딴 '셸던 함수'가 등장한다. 공상과학 소설가의 공상에 불과했던 이 개념은 이제 빅데이터로 구현되고 있다. 빅데이터가 더욱 발전하게 되면 우리의 행동도 예측이 가능해질 것이다. 왜 인문학과 기술이 밀접하게 결부되어 있는지를 보여 주는 사례 중 하나이다. 상상은 현실 속에서 미래를 찾아내는 방법이기도 하다. 상상 속에서 그리던 미래는 곧 현실이 된다. 최첨단 기술 시대에 인문학이 필요한 이유를 여기에서 찾을 수 있다.

이병철 선대 회장을 비롯해 이건희 회장 역시 인문학을 중요시해 왔다. 이건희 회장이 인문학을 사용하는 법은 스티브 잡스나 마크 주커버그와는 사뭇 다르다. 자신의 인문학적 소양을 제품이나 서비스로 구현하는 대신 경영 그 자체에 도입하는 데 힘썼다.

잠시 디자인 경영에 대해 이건희 회장과 스티브 잡스를 비교해 보자. 스티브 잡스는 본인의 철학인 '선'을 애플 제품에 도입했다. 특히 디자인 면에서 스티브 잡스의 고집은 대단하다. 애플 제품은 극단적으로 단순함을 추구하고, 직관적인 인터페이스를 제공한다. 아이폰이 대표적이다. 아이폰의 디자인은 단순미의 극치다. 아이콘들은 정형화되어 있으며, 초기 개발된 인터페이스는 지금도 사용하고 있다. 사용자가 건드릴 수도 없게 만들었다. 스티브 잡스가 제품 디자인을 두고 인간이 만들어 낸 창조물의 영혼으로 표현한 점은 명언이라 할 만하다.

"대부분의 사람들에게 디자인이란 겉치장이다. 인테리어 장식이다. 커튼과 소파의 소재다. 하지만 내게 디자인이란 그것들과 거리가 멀다. 디자인은 인간이 만들어 낸 창조물의 본질적인 영혼으로,

제품과 서비스를 겹겹이 포장하며 드러나는 것이다."

이건희 회장은 지난 1993년 '아내와 자식만 빼고 모든 것을 바꾸라'며 신경영에 나서면서 디자인에 대해 강조했다. 잡스가 직접 제품 개발 과정에 참여하여 자신의 철학을 디자인으로 담아낸 것과 달리 이건희 회장은 삼성전자 임직원들의 생각 자체를 바꾸고자 했다. 이건희 회장은 1993년 6월, 이른바 프랑크푸르트 선언에서 다음과 같이 말했다.

"앞으로 세상에 디자인이 제일 중요해진다. 개성화로 간다. 자기 개성의 상품화, 디자인화, 인간공학을 개발해서……. 성능이고 질이고는 이제 생산 기술이 다 비슷해진단 말이야. 앞으로 개성을 어떻게 하느냐, 디자인을 어떻게 하느냐……."

다소 흥분한 어조의 이건희 회장의 프랑크푸르트 선언에는 고뇌와 답답한 심정이 잘 드러난다. 이건희 회장의 말처럼 이제 최첨단 스마트폰은 중국에 있는 공장에서 생산된다. 생산 기술은 이미 평준화되었다.

스티브 잡스는 자신의 디자인에 대한 철학을 제품에 담으려 했다. 이건희 회장은 디자인에 대한 철학을 임직원들에게 설파하고자 했다. 자신이 갖고 있는 인문학적 소양을 경영 철학에 담아 전 임직원으로 확대하고 싶었던 것이다. 이건희 회장은 1996년 1월 신년사를 통해 다시 한 번 삼성전자 임직원들에게 디자인에 대한 중요성을 강조하고 나선다.

"기업 디자인은 상품의 겉모습을 꾸미고 치장하는 것에서 한 걸음 더 나아가 기업의 철학과 문화를 담아야 한다. 마케팅 역시 과거 가치를 팔던 것에서 벗어나 철학과 문화를 파는 마케팅을 해야 한다. 단순히 좋은 제품을 파는 회사로는 부족하다. 전 세계 소비자들에게 사랑받는 브랜드는 그렇게 탄생한다."

삼성가 3대에 걸친
'인문학 사랑'

IT 기술이 고도화된 21세기에 인문학이 다시 주목받고 있다. 수십 년 전에 달을 왕복했고, 이제는 손바닥만 한 스마트폰으로 세상 모든 정보를 검색하는 시기에 사학, 철학, 문학, 종교, 예술 등 인문학이 주목받는다는 점은 인류가 가진 아이러니 중 하나라고 할 수 있겠다.

반대로 생각해 보면 인문학 없이 인류는 진일보하지 못한다. 기술에 수반하는 철학이 완성되지 못했다면 인류가 개발한 기술들은 스스로를 망치게 되었을 것이다. 사학 역시 중요하기 그지없다.

인류는 배경만 달라졌지, 같은 일을 되풀이하며 문명을 발전시켜 왔다. 문학이 없었다면 상상력도 없었을 것이고, 기술 발전도 지금처럼 눈에 띄게 빠르지는 않았을 것이다. 쥘 베른이 달나라 여행을 꿈꾸지 않았다면 우주 항공 기술은 지금처럼 발전하지 못했을 것이다. '일본 애니메이션의 아버지'로 불리는 데즈카 오사무가 로봇이 주인공인 애니메이션 〈아톰〉을 그리지 않았다면 일본의 로봇 기술도 발전이 없었을 것이다.

흔히 삼성을 두고 인문학적 통찰력과 예술적 감수성이 없다고 평한다. 삼성전자는 제조업을 기반으로 기업을 일군 원죄로 철저한 영업 중심의 회사로 평가된다. 삼성전자와 애플을 비교할 때도 그렇다. 스티브 잡스는 인문학과 IT를 연결한 세계 최고의 창조적 크리에이터고, 이건희 회장은 남의 기술과 철학을 베끼면서 물건만은 기가 막히게 잘 파는 장사꾼으로 치부된다. 기계적으로 조직화된 삼성은 인문학이 결여되어 애플, 구글, 페이스북 등 글로벌 기업의 상대가 안 된다며 평가 절하하는 사람도 있다.

하지만 삼성가를 자세히 들여다보면 호암 이병철 선대 회장부터 이건희 회장과 그의 아들인 이재용 부회장까지 인문학에 대한 폭넓은 이해를 갖고 있다는 사실을 알게 된다. 그들 역시 인문학을 사랑하며, 항상 기업 경영과 결부하여 왔다.

이병철 삼성 선대 회장은 평생을 걸쳐 유학과 종교에 대한 끊임없는 질문과 함께 자기 성찰을 거듭했던 인물이다. 고미술품에 심취해 많은 작품을 수집, 소장해 오다가 호암미술관을 건립한 것은 물론, 국악과 서예에도 큰 관심을 가졌다. 기업 경영에 있어 인문학과 예술적 소양이 가장 중요하다는 판단 때문이었다. 이병철 선대 회장의 선친도 항상 사랑방에 필묵을 준비해 놓고 방문객들과 시문을 문답하곤 했다.

　이병철 선대 회장은 바쁜 경영 도중에도 일주일에 두 차례씩 서예가 송천松泉 정하건 선생을 모시고 서예 공부에 힘쓰기도 했다. 정하건 선생은 1970년대 후반부터 7년 동안 이병철 선대 회장을 가르쳤다. 정하건 선생은 언론과의 인터뷰에서 당시를 회상하며 "매주 화요일 두 시간씩 글을 썼는데, 본인의 생일날에도 안 빠질 정도로 성실했다"고 말했다.

　당시 이병철 선대 회장은 태평로 삼성 본관 회장실에서 글씨를 공부했다. 정하건 선생과 인연을 맺은 뒤로 이병철 선대 회장은 사제지간의 예를 깍듯이 지키며, 서예가를 꿈꾸는 대신 경영을 위한 마음을 다잡을 목적으로 글씨를 쓰고 또 썼다. 이병철 선대 회장은 자서전《호암자전湖巖自傳》에서 정하건 선생과의 서예 공부에 대해 다음과 같이 회고했다.

"망중한의 집무실에서 오전 한때를 서예로 보내는 것도 최근 수년래의 습관이 되고 있다. 먹을 갈고 붓을 잡으면 온 정신이 붓끝에 집중되고 숙연해진다. 내가 어려서 글씨를 익힌 것도 펜이나 연필이 아닌 붓이었다. 붓은 손에 익은 터이나 글씨가 서투르다. 서예가 정하건 선생의 지도를 받으며 임서臨書를 해봤지만 여의치 않다. 특별한 서체도 아닌 어중간한 서체지만 무심히 그은 일획, 일점의 운필이 마음에 들 때의 희열이란 이루 형언할 수 없다. 글귀는 대개 경서에서 따고 있으나, 삼성 각사 사장들의 휘호 요청이 있으면 그 회사 특성에 맞는 성구도 써본다. 내가 아무리 정진 노력을 한들 남에게 자랑할 만한 글씨를 쓸 수 있을 리 없다. 다만 스스로 마음을 바로잡기 위해 글씨를 써볼 따름이다."

1985년 10월 송천 정하건 선생의 제3회 개인전에 이병철 선대 회장이 참석했다. 당시 삼성그룹에서 운영하던 신세계백화점 화랑에서 열린 정하건 선생의 개인전에 참석한 이병철 선대 회장은 직접 개막 테이프를 끊었다. 전시된 작품을 두루 둘러본 이병철 선대 회장이 다음과 말했다. 이병철 선대 회장은 글씨를 쓰고 예술을 공부하면서도 경영과의 연관성을 찾았던 것이다.

"송천 선생님, 대작들을 쓰시느라 수고 많으셨습니다. 하지만 작가도 모처럼 마련한 전시회에서 작품이 잘 팔려야 손해가 없는데, 너무 대작들만 만드셔서 저와 같은 사람도 부담을 느낀답니다. 가능하면 여러 애호가들이 부담 없이 작품을 사서 집에 걸어 두고 즐길 수 있는 작은 작품들의 비중을 높이면 선생님도, 선생님 작품을 감상하는 사람도 모두 이익이 될 것으로 생각됩니다."

남에게 자랑할 만한 글씨가 아니라고 겸양했지만, 이병철 선대 회장의 글씨는 오랜 시간 수련을 통해 다져진 담백하고 기품 있는 글씨였다. 2010년 신세계백화점 본점 갤러리에서 호암 탄생 100주년을 맞아 호암 이병철 서예전이 열렸다. 마침 시간이 되어 이병철 선대 회장의 글씨를 볼 기회가 있었다.

이병철 선대 회장은 붓을 들고 점을 찍고 획을 그을 때마다 온 힘을 기울여 반듯한 글씨를 썼다. 평생 정해진 시간에 붓을 들고 글씨 공부를 하던 이병철 선대 회장의 모습이 글씨에 그대로 담겨 있었다.

재미있는 것은 이병철 선대 회장이 써 내려간 휘호들이었다. 《논어》를 비롯한 고전에서 따온 글귀들도 제법 많았지만, 경영 철학과 생활신조를 짧은 경구로 만든 휘호들은 역시 경영인이라는 생각이 들게 했다. 아들인 이건희 회장에게 남긴 '가화만사성家和萬事成'이라는 작품에선 가족에 대한 사랑이 보였다. 경영권을 넘겨준 뒤 집무실로 불러 써준 '경청傾聽', '겸허謙虛'라는 글귀는 향후 이건희 회장의 경영에도 중요한 영향을 미쳤다.

'고객제일顧客第一'이라는 글귀에선 세계 제일의 회사를 만들고자 하는 이병철 선대 회장의 의지가 엿보인다. '인재제일人材第一'이라는 문구에서는 '사업=사람 경영'임을 강조했던 이병철 선대 회장의 경영 철학이 그대로 내비친다. 오늘까지도 삼성에서는 인사 원칙에 인재제일의 이념을 두고 있다.

기업 경영을 통해 널리 사람들에게 베푼다는 뜻의 '기업제민企業濟民', 수출을 늘려 나라에 기여해야 한다는 '수증보국輸增報國'에서는 글로벌 기업을 일궈 나라에 보답해야 한다는 이병철 선대 회장의 경영 철학이 그대로 담겨 있다.

서예와 한학을 공부하며 얻은 이병철 선대 회장의 인문학적 지식들은 삼성그룹의 근간을 이루었고, 아들인 이건희 회장과 손자인 이재용 부회장에게로 전해 내려오고 있다. 이건희 회장도 인문학에 관심도 많다. 부친인 이병철 선대 회장의 영향을 받아 유학에도 조예가 깊다. 이병철 선대 회장이 '내가 평생 가장 감명 깊게 읽은 책'이라고 평한《논어》는 이건희 회장 외에도 이재용 부회장 등 삼성그룹 주요 경영진들의 필독서처럼 여겨지고 있다.

공자와 제자들의 문답을 책으로 엮어 낸 《논어》는 한마디로 '인仁'을 기본으로 한다. '인'은 공자 사상의 핵심이다. 공자는 법이나 제도보다 사람을 중요시했다. 도덕을 기본으로 한 사람들이 사는 이상적인 사회가 공자가 꿈꾸던 세상이다. 공자는 사람을 통해 이상향을 구현하려 했다. '인'을 실천하는 지도자로 '군자'를 내세운 까닭이다. 군자의 본뜻은 군주의 자제라는 고귀의 신분을 뜻하지만, 공자에 의해 정립된 의미는 이상적 인격의 소유자라 할 수 있다. 군자는 '도道'를 얻기 위해 '예禮'로 자신을 절제하고, '악樂'으로 조화를 추구한다. 이건희 회장의 '인재제일주의'와 강도 높은 도덕성에 대한 고집은 여기에서 시작된 것이다.

이건희 회장은 전공으로 경제학을 공부했다. 서울대학교 사범대학 부속 고등학교를 졸업하고 일본 유학을 떠나 와세다 대학교 경제학부를 졸업했다. 미국 조지워싱턴 대학교 경영대학원에서는 MBA 과정을 수료했다. 비록 경제학을 공부했어도 이건희 회장의 관심사는 경제가 아닌 미디어에 있었다. 중학생 시절부터 버릇 들인 영화 감상은 평생의 취미가 되었다. 상영되는 영화는 지금까지도 빼먹지 않고 대부분 챙겨 본다.

영화는 다른 사람들의 삶을 이해하는 이건희 회장의 또 다른 창이다. 그 속에서 벌어지는 일과 인간 군상들의 모습에서 이건희 회장은 삶을 생각하고, 사람을 연구하고, 자신에 대해 생각했다. 이건희 회장은 일반적으로 인문학적 감성을 마주 대하는 것과 조금 다른 길을 걸었다. 어떤 현상에 대한 자신의 연구를 중요시한다. 똑같은 영화와 책을 봐도 이건희 회장은 연구를 통해 자신만의 답을 내놓는다.

이건희 회장은 독서도 좋아하지만, 잘 만들어진 다큐멘터리에 깊은 애착을 갖고 있다. 보고 듣는 것이 보다 이해하기 좋기 때문이다. 이건희 회장은 영화와 관련된 경험을 살려 사내 방송국을 세계적인 수준으로 만들기 위해 나서기도 했다. 양질의 다큐멘터리를 만들어 임직원들의 교육에 사용하기 위해서다.

이건희 회장의 인생에서 영화가 삶과 인간을 배우고 이해하는 데 결정적인 역할을 했다면, 책은 다양한 분야에 걸친 전문가적 지식을 쌓게 도왔다. 이건희 회장은 언어, 역사, 예술, 기술에 걸친 다방면의 지식을 갖고 있다. 특히 어떤 사업을 진행할 때는 그 분야에 대한 전문가적 소양을 갖추기 위해 몇 달씩 방에 틀어박혀 전문 서적을 읽고, 관련 비디오를 보고, 직접 전문가들을 불러 자신의 지적 욕구를 해소한다. 반도체 사업을 진행할 때는 전문경영인에게도 어려운 반도체 전문 용어들을 이해하기 위해 일본에서 가져온 반도체 관련 서적들을 탐독했다. 한 분야에 집중하면 전문가 수준까지 파고 들어가는 고집과 끈기는 이건희 회장이 가장 중요시하는 점 중 하나다.

영화와 다큐멘터리, 책 등으로도 해결이 안 되는 부분은 직접 배우기 위해 떠난다. 이건희 회장은 직접 일본에 머무르며 반도체 핵심 기술자들을 만나기도 했다. '백문 불여일견 百聞 不如一見'이라는 말이 있듯이 직접 가서 최고의 전문가들에게 물어보는 이상으로 좋은 방법은 없기 때문이다.

인문학과 이건희 회장을 연결하는 지점 한가운데에는 사람이 있다. 이건희 회장은 각 분야 최고의 사람을 초청해 가르침 받기를 원했다. 그 배경에는 이해력과 통찰력이 있다. 최첨단 기술을 일반인들에게 설명하기 위해서는 본인이 그 기술에 대해 가장 잘 이해해야 한다. 단순히 머리에 지식으로만 담고 있으면 남에게 가르치기가 여간 어렵지 않다. 이해하는 만큼 이야기하고 설명할 수 있다는 생각에 최고의 전문가를 스스로 찾아 가르침을 받은 것이다.

지금도 이건희 회장은 일본에 장기간 머무를 때면 각 분야의 최고 전문가들을 초청해 궁금한 사항들을 물어보며 환담한다. 사업과 관련된 사람도 많고, 기업 경영과 전혀 연관이 없어 보이는 사람들도 상당수이다. 몇 대를 이어가며 장사를 해온 초밥집 요리사부터 시작해 화가, 음악가들을 초청하기도 한다.

전문가들과 이건희 회장의 대화는 사뭇 흥미롭다. 이건희 회장은 전문가들을 만나 그들의 업적에 대해 질문하지 않는다. 이미 만나기 전에 그들이 이룩해 놓은 성과에 대해 별도의 비디오나 서적으로 공부해 둔다. 이건희 회장이 던지는 질문은 현재에서 과거와 미래를 넘나든다. 때로는 다른 분야와 연계된 질문도 쉴 새 없이 이어 나간다. 어떤 화가와 만나 그림 이야기를 한다면, 미술사는 물론 현재의 미술계와 향후 미술계의 화풍까지 종합적으로 사고하고 의견을 나누는 식이다.

이건희 회장의 이 같은 소양은 아들인 이재용 부회장으로 이어졌다. 이재용 부회장은 서울대학교 동양사학과를 졸업했다. 전공으로 인문학을 택한 배경에는 할아버지인 이병철 선대 회장과 이건희 회장의 의중이 강하게 반영되어 있다. 이병철 선대 회장은 '사업보국'의 신념을 손자에게도 전하고 싶어 했다. 부족할 것 없는 환경에서 자라나 자칫하면 자신만 생각하는 좁은 시야를 갖기 전에 인문학 공부를 통해 인류의 과거를 공부하고 미래를 꿈꾸기를 바랐던 것이다. 이건희 회장 역시 경영자의 가장 중요한 자질 중 하나가 '사람 공부'라는 신념 아래, 홀로 있기를 좋아했던 자신과 달리 밝고 명랑한 이재용 부회장은 인문학을 통해 사람에 대해 공부하기를 원했다.

이재용 부회장은 서울대학교를 졸업하고 일본 게이오기주쿠 대학교 대학원으로 유학을 떠난다. 일본에서 선택한 전공은 경영학이었다. 미국으로 건너가선 하버드 대학교 경영대학원을 수료했다. 인문학을 공부한 뒤 일본과 미국에서 본격적인 경영 공부를 한 것이다.

이재용 부회장은 최근 수년간 중국 사업에 큰 공을 들이고 있다. 글로벌 시장에서 선두 자리를 지키기 위해서는 13억 중국인들의 마음을 사로잡을 필요가 있다. 중국인들과의 비즈니스에서는 신의가 가장 중요하다. 중국인들은 스스로 '중화中華'라고 부르듯 역사에 대한 자부심도 대단하다. 동양사학을 전공한 덕분에 이재용 부회장은 중국 사업에서 빛을 발하고 있다. 이재용 부회장의 인문학적 지식은 상당한 수준이다. 중국인들의 역사와 삶에 폭넓은 지식과 이해를 갖고 있는 이재용 부회장을 중국 정부 관계자들이 높게 평가하는 이유다.

마지막으로 이병철 선대 회장부터 내려온 삼성가 3대가《논어》에서 찾은 지혜를 살펴보자. 송나라 시대의 목암선경睦庵善卿이 편찬한《조정사원祖庭事苑》에 '공자천주孔子穿珠'라는 고사가 있다. 글자 그대로 풀이하자면 '공자가 구슬을 꿴다'는 말이다.

공자가 어느 날 구슬을 하나 얻었다. 그 구슬은 구멍이 양쪽으로 나 있지만, 안으로 아홉 번에 걸쳐 굽어져 실로 꿸 수가 없었다. 수많은 방법을 동원해도 공자는 번번이 실패하고 말았다. 어떤 실을 사용해도 소용없었다. 그때 바느질하는 여인들이 공자의 눈에 들어왔다. 항상 바느질을 하는 사람들이라면 알 법하다 싶어 공자는 한 여인에게 방법을 물어봤다. 그 여인이 답했다.

"곰곰이 생각하십시오密爾思之. 생각을 조용히 하십시오思之密爾."

공자는 여인의 말을 듣고 잠시 생각하더니 곧 뜻을 깨달았다. 공자는 개미 한 마리를 잡아 허리에 실을 묶어 구멍에 밀어 넣고 반대편에 꿀을 발라 놓았다. 공자는 빽빽할 밀密 자에서 꿀 밀蜜 자를 깨달은 것이다.

꿀 냄새를 맡은 개미는 열심히 아홉 번의 굽이를 지나 반대편으로 실을 꿰어 놓았다. 어떤 방법을 써도 꿸 수 없던 구슬을 한마디 조언만으로 해결한 셈이다.

공자는 배움에 귀천이 없고, 누구나 스승이 될 수 있다고 가르쳤다. 《논어》 제5편 〈공야장公冶長〉에서는 '아랫사람에게 묻는 것을 부끄러워하지 말라'며 '불치하문不恥下問'이라고 가르쳤다. 배우는 일에는 항상 상하 귀천이 없다는 가르침이었다. 《논어》 제6편 〈술이述而〉에서는 '삼인행 필유아사三人行 必有我師', 즉 세 사람이 길을 가면 반드시 나의 스승이 있다고 가르쳤다. 이병철 선대 회장이 이건희 회장에게 평생을 지켜야 할 경영인의 자세로 '경청'을 가르친 이유인 것이다.

chapter 2

소년 이건희,
장난감에서 사물의 구조를
연구하다

"나는 줄곧 혼자였다"

삼성그룹에서 이건희 회장의 25주년을 맞아 내놓은 사진 한 장. 통통한 몸집에 훤한 이마와 큰 눈을 가진 소년이 웃고 있다. 이가 훤히 들여다보이도록 활짝 웃는 모습에선 카메라 건너편에 누가 있을까 궁금증까지 일어난다. 누군지 맞춰 보라는 홍보실 직원의 질문에 대뜸 "이건희 회장"이라고 대답했다.

장난기 어린 이건희 회장의 어린 시절 얼굴은 지금도 그대로 남아 있다. 공항이나 사옥 로비에서 마주쳤을 때 질문을 하면, 두 눈을 동그랗게 뜨고 손을 귀 옆으로 가져다 대며 취재진의 질문을 들

당시만 해도 유교 기반의 가부장적인 가풍이 엄격한 때였다.
아무리 자상한 아버지라 해도
지금처럼 아이들과 친구처럼 놀아 주진 않았다.

으려고 하는 모습을 이 사진에서도 그대로 볼 수가 있다.

이건희 회장의 또 다른 사진이 한 장 있다. 지난 1952년 혜화초등학교에 다니던 시절 아버지인 호암 이병철 선대 회장과 함께 찍은 사진이다. 분위기가 사뭇 다르다. 이병철 선대 회장 옆에 나란히 선 이건희 회장은 눈을 부릅뜨고 정면을 응시하고 있다. 활짝 웃는 독사진과는 달리 긴장감이 역력한 표정이다. 꼭 다문 입가에는 어색함이 흐른다. 힘을 잔뜩 준 어깨에 턱을 바짝 끌어당겨 정면을 응시하고 있다. 이병철 선대 회장은 입가에 미소를 띠고 있지만, 역시 몸에 힘을 잔뜩 주고 있다.

당시만 해도 유교 기반의 가부장적인 가풍이 엄격한 때였다. 아무리 자상한 아버지라 해도 지금처럼 아이들과 친구처럼 놀아 주진 않았다. 무언가 잘못이라도 하면 엄마까지 아빠 편을 들어 대니 아이들로서는 영 살맛 나지 않는 세상이었던 셈이다. 나라는 너무나 가난했고, 후진국에서 벗어날 방법은 없어 보였다. 정치적으로도 불안한 정국이 이어졌다. 대낮에는 정치가들이 서민들을 핍박하고, 밤에는 폭력 조직들이 정치권과 야합하여 서민들을 괴롭히는 일이 일상이었다. 해방 이후 우리들의 부모님 세대는 바쁘기만 했다. 일본의 제국주의가 할퀴고 간 상처를 치유하기 위해 밤낮없이 힘든 일을 견뎌야 했다. 지금이야 아이들을 애지중지 기르지만,

당시만 해도 낳아 놓으면 알아서 큰다는 생각이 일반적이었다. 그렇다고 해서 부모의 사랑이 부족했다는 이야기가 아니다. 자식을 사랑하는 방법이 지금과 사뭇 다르다는 말이다.

이건희 회장도 마찬가지였다. 사업으로 바쁜 아버지, 내조 때문에 갓 태어난 아이를 시집에 맡겨야 했던 어머니, 나이 차가 많아 얼굴조차 보지 못하고 자란 형제들……. 3남 5녀라는 대가족이었건만 이건희 회장은 줄곧 혼자여야 했다. 남부럽지 않은 부유한 가정에서 태어나 부족한 것 없이 살았음에도, 오히려 남부럽지 않은 가정 환경 때문에 어머니의 등 대신 할머니의 등을 빌리고, 아버지를 손님처럼 바라봐야 했다.

이건희 회장은 1942년 1월 9일 경남 의령군 정곡면 중교리에서 태어났다. 부친인 호암 이병철 선대 회장과 모친 박두을 여사의 3남 5녀 중 일곱 번째이자 막내아들로 태어났다. 이건희 회장 위로는 맹희, 창희 두 사람의 형과 인희, 숙희, 순희, 덕희 등 4명의 누나, 여동생으로 명희가 있다. 별세한 둘째 형 이창희 전 세한그룹 회장은 1933년 생으로 나이 차가 아홉 살이나 난다. 여자 형제들도 이건희 회장과 나이 차가 많다. 큰 누나인 이인희 한솔그룹 고문은 1928년 생으로 이건희 회장과 열네 살 차이가 난다. 그나마 1940년생인 누나 이덕희와 1943년생인 동생 이명희 신세계그룹 회장이 비슷한 터울이다.

　남자 아이들은 형제들과의 관계가 상당히 중요하다. 어린 시절 형이라는 존재는 절대적이면서도 의지할 수 있는 터로 자리 잡는다. 반면 이건희 회장은 열 살 넘게 차이 나는 형들과의 관계가 그다지 좋지는 않았다. 사실 좋지 않았다는 말은 정확하지 않다. 이미 훌쩍 커 버린 두 형과 이제 갓 태어난 이건희 회장과는 교류조차 없었다는 설명이 더 정확할 것이다. 두 형에게도 이건희 회장은 가족이라는 끈으로 이어져 있는 아이에 불과했다.

　이건희 회장은 출생 이후 의령의 할머니에게 맡겨졌다. 태어나자마자 가족들과 떨어져 살아야 했다. 당시 이병철 선대 회장은 대구 서문시장에서 삼성상회를 열고 한창 사업을 키워 갈 때였다. 이병철 선대 회장은 가족을 돌보는 대신 돈을 버는 족족 삼성상회에 투자했다. 가족들은 국수 공장을 하던 삼성상회 한 켠의 밀가루가 날리는 좁은 방에서 함께 살아야 했다. 넉넉한 살림이라곤 해도 매번 사업 확장을 위해 큰돈을 가져다 쓰다 보니, 가족들을 위한 버젓한 집 한 채 장만하지 못한 시절이었다. 큰 아이들은 학업으로 인해 대구 시내에서 살아야 했고, 젖먹이들은 같이 살 형편이 되지 못했다. 결국 이건희 회장은 의령의 할머니 집에 맡겨졌다. 이건희 회장은 할머니의 등을 어머니의 등으로 생각하며 살아왔던 것이다.

일제 해방 후 1945년 이병철 선대 회장은 그동안 모은 돈으로 대구에 집을 마련해 이건희 회장을 데리고 왔다. 삼성상회가 어느 정도 자리를 잡자 모든 가족들을 대구로 불러 모은 것이다. 당시 3살이던 이건희 회장은 영문도 모른 채 이사를 가야 했다. 흐릿한 기억 속의 어머니, 손님처럼 여겼던 아버지, 누이동생을 제외하곤 처음 보는 형제들……. 이건희 회장이 대구에서 처음으로 가족과 함께한 생활이 바로 그런 것이었다. 낯가림이 한창 심할 나이라 태어나고 3년이 되어서야 가족과 함께 살게 된 이건희 회장에게 가족들은 어려운 상대였을 것이다.

가족들과 함께 살게 되었어도 이건희 회장은 의령 시절과 마찬가지 생활을 해야 했다. 당시만 해도 대가족의 어머니들은 맏아들에게 온 신경을 집중했다. 유교적 가풍을 엄격하게 유지했던 이건희 회장의 집도 마찬가지였다. 어머니는 두 형의 뒷바라지에 여념이 없어 3살짜리 이건희 회장에게는 큰 신경을 쓰지 못했다. 아버지는 여전히 사업하느라 바빴다. 누나와 형들은 학업 때문에 어린 동생들에게 신경조차 쓰지 못했다. 의령 시절에는 할머니 사랑을 독차지했지만, 대구로 이사 온 뒤에는 그마저도 바라지 못하게 된 것이다. 이건희 회장이 어린 시절을 두고 "줄곧 혼자였던 것 같다"고 회상하는 까닭이다.

대구 생활에 좀 적응하나 했더니, 이번에는 서울 생활을 시작하게 되었다. 이병철 선대 회장은 삼성상회가 어느 정도 자리 잡기 시작하자 전국으로 사업 기반을 넓히고 나섰다. 당시 이병철 선대 회장은 세계화를 꿈꿨다. 사업으로 나라에 은혜를 갚겠다는 '사업보국事業報國'의 신념으로 기업을 일구고 있을 때였다. 자원 하나 나지 않는 나라인 데다 일제 강점기에 인력과 물자까지 수탈당해야 했던 어려운 시절이었다. 일본 사람에게 '조센징'이라고 비하당하면서도 일본을 넘어서기 위해 일본을 배우려 했던 이병철 선대 회장의 가슴속에는 세계화의 일념만 자리 잡고 있었다. 대구가 아닌 서울에서 기업을 일으켜야겠다는 판단을 내린 이병철 선대 회장은 1948년 11월 삼성물산을 설립해 본격적인 국제 무역업을 시작했다.

이건희 회장은 5살이 되었다. 아직 대구 생활도 익숙하지 않았지만 다시 한 번 이사를 가야 했다. 두 번째 이사였고, 이번에는 가족과 함께했다. 잦은 이사, 되풀이되는 낯선 환경으로 인해 이건희 회장의 외톨이 생활이 이어져 갔다. 서울로 이사한 뒤에도 이건희 회장은 홀로 보내는 시간이 대부분이었다.

성년이 된 이건희 회장은 여전히 홀로 있는 시간을 즐긴다. 어린 시절에는 '고독'이 어떤 감정인지도 모르고 그냥 홀로 있는 것이 익숙했다. 성년이 된 후의 홀로 있는 시간은 통찰력의 원천이 되고 있다. 이건희 회장은 자신의 고독에 대해 다음과 같이 말했다.

"사람은 길들여지기 마련이다. 고독을 경험해 보지 않은 사람에게는 고독이 견딜 수 없는 문제겠지만, 어려서부터 익숙한 상황이 되면 나중엔 그걸 즐기게 된다."

말 그대로 이건희 회장은 고독을 즐긴다. 술도 하지 않는다. 여러 사람들과 어울려 술을 마시며 사교를 즐기는 일도 없다. 사람들과 어울리는 일에서 기쁨을 누리는 대신 홀로 연구하고 생각하는 것에서 즐거움을 찾는다. 경영 구상을 위해 장기간의 해외 출장길에 나설 때도 이건희 회장은 홀로 생각을 정리하는 데 대부분의 시간을 갖는다. 생각이 정리되고 나면 경영진들과 회의를 갖고 토론하기를 즐겨 한다. 토론이 시작되면 이건희 회장은 자리에서 일어나지도 않는다. 고도의 집중력을 보이는 것이다. 신경영 당시에는 새벽에 시작한 토론이 다음 날 새벽까지 이어지는 경우도 흔했다. 한번 시작하면 끝을 보는 성격인 것이다.

고독은 이건희 회장의 삶의 원천으로 자리 잡고 있다. 이건희 회장의 통찰력, 삶에 대한 깊은 연구와 자세 역시 고독으로부터 시작되었다.

과묵한 외톨이,
초등학생 이건희

삼성물산은 주식회사 체제로 시작되었다. 이병철 선대 회장이 75%를 출자했고, 조홍제(효성물산 창업주), 김생기(영진약품 창업주), 이오석, 문철호, 김일옥 등이 나머지 25%의 지분을 출자했다. 이병철 선대 회장은 삼성물산을 설립하기 전 3가지 사업 원칙을 세웠다.

1. 일정한 자본금의 규모를 정하지 않고 사원이면 누구나 투자하고, 이익을 투자액에 비례해 공정하게 분배한다.
2. 사장과 평사원 모두 능력에 따라 대우하고, 신상필벌의 사풍

을 마련한다.

3. 사원의 생활 안정을 도모하기 위해 운영에 지장이 없는 범위에서 우대해 가족적인 분위기를 유지한다.

사업을 시작하면서 누구나 자본 조성 과정에 참여시키고, 이를 통해 이익도 균등하게 배분하겠다는 것이다. 이병철 선대 회장은 장사꾼과 기업가를 엄격하게 구분했다. 돈을 벌어 혼자 잘 먹고 잘사는 사람은 장사꾼으로, 돈을 벌어 남과 공유하는 사람은 기업가로 칭했다. 돈을 벌어 같이 일한 식구인 직원을 챙기고, 국가에도 이바지해야 한다는 '사업보국'의 일념이다.

당시 무역업은 홍콩, 마카오 등에서 무역선이 들어오면 그 물건을 사서 국내 시장에 팔아 남기는 것이 전부였다. 지금으로 보자면 단순 수입만 했다. 이병철 선대 회장은 수출에 더 신경을 썼다. 마른 오징어를 가져가 홍콩에 판매하고, 홍콩에서는 면사를 수입했다. 안전한 수입 거래를 두고 수출 거래에 나선 것이다.

이병철 선대 회장이 수년간 시장 조사와 무역 동향을 면밀하게 검토하고 나서 사업에 나선 터라 무역업 규모는 금세 커졌다. 지역도 동남아시아 전역을 비롯해 미국까지 확대되었고, 철강 등 원자재까지 취급하면서 품목은 수백 종으로 늘어났다. 1949년에는 무역업 거래액 면에서 국내 7위를 기록했고, 1950년 초에는 국내

무역 1위를 차지했다. 설립한 지 꼭 1년 만이었다. 이병철 선대 회장이 삼성물산을 키워 가느라 눈코 뜰 새 없이 바쁘던 1950년 3월 삼성물산은 총 1억 2,000만 원의 이익을 냈다. 삼성물산이 국내 대표 기업으로 자리 잡는 순간이었다.

 같은 달에 이건희 회장은 혜화초등학교에 입학했다. 사업의 절정기였던 이병철 선대 회장은 더욱 바빠졌다. 어머니 박두을 여사도 이병철 선대 회장의 내조를 위해 바쁜 시절을 보내야 했다. 가족들은 장충동에서 살고 있었다. 이건희 회장은 매일같이 장충동에서 혜화동까지 통학했다. 사업에 성공한 이병철 선대 회장은 당시 구경조차 힘든 쉐보레 자동차를 구입해 타고 다녔다. 등하교 시간에 아버지의 차를 타고 다녔던 이건희 회장은 유난히 그 차를 좋아했다고 한다. 학교 가는 시간은 자동차를 타는 시간이다 보니 그 시간을 얼마나 좋아했을지 짐작할 만하다.

 초등학교에 입학하면서 이건희 회장에게도 새로운 생활이 펼쳐졌다. 학교에는 선생님이 있고 또래 친구들이 있다. 비슷한 또래의 여동생과 지내 왔던 이건희 회장에게 친구들은 새로운 의미로 다가왔다. 하지만 이건희 회장에게 행복한 초등학생 시절은 허락되지 않았다. 학교에 입학한 지 3개월 만인 1950년 6월 25일에 한국전쟁이 터졌기 때문이다.

서울의 상황은 긴박했다. 북한군은 전쟁이 발발하고 하루 만인 26일에 의정부를 뚫었고, 27일에는 서울 도봉구의 창동 방어선을 넘어섰다. 28일에는 한강에 놓여 있던 한강대교가 폭파되었고, 서울은 북한군이 점령했다. 불과 4일 만에 서울은 전쟁의 포화 속에 휘말려 들었다.

이병철 선대 회장은 서울에서 벌여 놓은 사업 때문에 피난길을 떠나지 못했다. 가족들도 마찬가지로 서울에 머물러 있어야만 했다. 이제 막 8살이 된 이건희 회장에게 전쟁은 대단한 충격이었다. 삼성물산이 수입해 보관하고 있던 설탕, 면사, 한약재, 염료 등의 물건들은 전쟁으로 인해 모조리 불타 버렸다. 지금까지 이병철 선대 회장이 일군 사업이 모두 한 줌 잿더미로 돌아가는 순간이었다.

여기에 더해 서울을 점령한 공산 정권이 즉각 자본가에 대한 탄압을 벌였다. 전쟁이 계속되는 동안 서울은 자본가들의 지옥이었다. 무역업 1위를 달성한 이병철 선대 회장은 공산당이 노리는 가장 중요한 표적 중 하나였다. 공산 정권은 자본가들을 비난하고 탄압해 민중들의 인기를 얻고자 했다. 그 자본가 탄압의 중심에 이병철 선대 회장이 있었던 것이다.

이병철 선대 회장은 매일같이 공산당 내무서원에게 끌려가 조사를 받았다. 수시로 공산당원이 집에 들러 이병철 선대 회장을 끌고 가는 모습을 바라보며 이건희 회장은 전쟁의 공포를 느꼈다. 통학 때마다 타고 다녔던 쉐보레 승용차도 공산당에게 징발되어 남로당 당수였던 박헌영이 타고 다녔다. 모든 것을 잃고 공산당에 수시로 끌려다니는 수모도 부족해 개인 재산마저 공산당에게 빼앗겨야 했다.

이건희 회장과 그의 가족들은 무려 3개월 동안 힘들게 버텨 내야 했다. 전쟁으로 하루아침에 모든 것을 잃고, 자본가라는 이유 하나만으로 무자비한 탄압을 받아야 했던 시절이었다. 이병철 선대 회장뿐만 아니라 서울에서 자본가로 알려진 사람들은 모두 공산 정권 아래에서 죄인이 되었다. 우리의 할머니, 할아버지, 어머니, 아버지도 그런 시절을 견뎌 내야 했다.

3개월 동안의 악몽은 1950년 9월 맥아더 장군의 인천 상륙 작전의 성공으로 끝이 났다. 수복된 서울은 잿더미와 다름없었다. 불타 버린 삼성물산의 창고를 바라보며 이병철 선대 회장은 가족들과 함께 마산으로 거처를 옮겼다. 마산에서도 별 사업거리를 찾지 못했던 이병철 선대 회장은 초라한 모습으로 대구로 돌아왔다.

빈털터리가 된 이병철 선대 회장을 대구에서 기다리고 있는 사람이 있었다. 조선양조와 삼성상회의 경영을 맡고 있던 이창업이었다. 이병철 선대 회장은 서울로 떠나며 이창업에게 사업을 모두 맡기곤 신경을 쓰지 않았다. 삼성물산 사업으로 워낙 바쁘다 보니 편지로 가끔 경영 상황만 보고받을 뿐 경영에는 관여하지 않았다. 이창업은 전쟁 통에도 조선양조와 삼성상회를 경영해 당시 돈 3억 원이라는 거금을 모아 두었다. 이창업은 선뜻 이병철 선대 회장에게 이 돈을 내놓는다. 이창업이 마음만 먹었다면 이병철 선대 회장은 3억 원을 되찾지 못했을 것이다. 그랬다면 지금의 삼성그룹은 없을지도 모른다.

3억 원은 이병철 선대 회장의 재기에 큰 발판이 되었다. 이병철 선대 회장은 3억 원을 들고 부산 동광동으로 내려가 삼성물산을 다시 설립했다. 설탕, 비료 등을 수입하고 고철을 수집해 일본에 내다 파는 사업을 했다. 전쟁 통이라 널린 게 고철이었다. 일본은 2차 대전 패전으로 각종 물자가 부족해 곤란을 겪고 있었다. 이병철 선대 회장은 고철을 모아 팔고 다시 설탕과 비료를 수입해 사업을 키워 나갔다.

때마침 운도 따랐다. 전쟁 전에 홍콩으로 수출한 물품 대금 3만 달러가 도착한 것이다. 만약 삼성물산을 다시 세워 사업을 하지 않았더라면 공중으로 사라질 뻔한 돈이었다. 이병철 선대 회장은 이 돈까지 합해 사업을 더욱 크게 확대했다. 6개월 만에 10억 원을 벌었고, 1년 만에 60억 원을 벌었다.

이병철 선대 회장이 재기의 발판을 마련하는 동안 이건희 회장은 계속해서 이사를 다녀야 했다. 대구에서 서울로, 서울에서 마산으로, 마산에서 대구로, 대구에서 다시 부산으로 거처를 옮겼다. 어느덧 초등학교 4학년이 된 이건희 회장은 부산사범부속초등학교로 전학했다. 초등학교 1학년부터 4학년까지 서울, 마산, 대구, 부산을 거친 셈이다. 그중 3년은 한국전쟁을 직접 겪거나 그로 인한 상처를 씻는 상황이었다. 이건희 회장의 불안과 고독이 어느 정도였는지는 익히 설명하지 않아도 알 법하다.

　친구들과의 교우 관계도 그리 좋지 않았던 것으로 알려졌다. 좋지 않았다기보다 아예 교류 자체가 거의 없었다. 친구들과 가까워질 만하면 전학을 거듭하다 보니 친구도 없었고, 치안이 불안해 집과 학교만 다니던 이건희 회장과 가까워질 친구도 없었다. 부잣집 아들인 덕에 남부럽지 않은 생활을 했지만 실상은 외톨이였던 것이다. 초등학교 4, 5학년을 이건희 회장과 함께 다녔던 권근술 전 한겨레신문 사장은 언론과의 인터뷰를 통해 이건희 회장을 다음과 같이 회상했다.

　"건희가 천장에 매달면 끈을 물고 빙빙 돌아가는 비행기, 레일 위를 달리는 모형 기차 등 당시로선 구경하기도 힘든 장난감을 가져

와서 함께 놀던 생각은 나는데, 말이 없고 장난도 잘 치지 않던 아이라 다른 기억은 거의 없다."

 권근술 사장의 한마디로 이건희 회장의 어린 시절 교우 관계가 어땠을지 익히 짐작된다. 학교에서도 이건희 회장은 그저 값비싼 장난감을 갖고 노는 부러운 부잣집 아이에 불과했다. 집에서도 홀로 지내야 했고, 학교에서도 친구들의 부러움은 샀지만 함께한 추억은 많지 않았다. 말이 없고 과묵한 아이. 또래 아이들은 장난질에 여념이 없을 때에도 묵묵히 자기 자리만 지켰던 아이가 이건희 회장의 초등학생 시절 모습이었다.

전쟁의 불안,
공포 속에서 사색의 창을 열다

이건희 회장의 초등학생 시절 대부분은 한국전쟁이 차지하고 있다. 한국전쟁으로 이건희 회장은 모든 것을 잃어야 했으며, 어린 시절 대부분을 전쟁의 참화 속에서 살아야 했다. 어린 나이에 아버지가 자본가라는 이유만으로 끌려가 조사받고 죄인 취급을 당하는 모습을 바라보며 공산 정권에 대한 미움과 불안감도 극에 달했을 것이다. 공포와 불안, 공산 정권의 자본가들에 대한 탄압과 그에 동조하고 나서는 노동자들에 대한 경험은 이건희 회장의 어린 시절을 지배했다.

전쟁은 한 사람이 이룩해 놓은 모든 것들을 한순간에 앗아 간다. 이건희 회장이 어린 시절 보았던 아버지의 모습도 그랬다. 평생의 정력을 쏟아 일궈 낸 기업이 한순간에 공산 정권의 손에 넘어가는 상황은 큰 충격을 주었을 것이다. 이런 교훈 때문인지 삼성 일가는 정계에 진출하지 않고 있다. 정계 고위 관계자들과의 교류는 활발하게 맺어도 직접 뛰어들지는 않는다는 원칙을 고수하고 있다.

전쟁 경험은 이건희 회장을 성장하게 했다. 전쟁의 불안과 공포는 이건희 회장에겐 사색의 창을 열어젖히는 도구로 작용했다. 사람은 불안과 공포에 빠져들 때 가장 많은 생각을 하게 된다. 흔히 불안해지면 이런저런 생각을 한다. 여러 가지 경우의 수도 생각한다. 불안과 공포를 해결해 나가기 위해 수많은 경우의 수에서 해법을 찾기 위한 방법이다. 이건희 회장은 여러 가지 상황을 종합해서 분석하고 연구한 다음 대책을 세운다. 돌다리도 두들겨 건너는 셈이지만, 두드리기만 하는 우를 범하지는 않는다. 일단 결정하고 나면 그다음부터는 자신이 믿는 바를 관철하기 위해 놀라운 속도로 앞서 나간다. 우리나라 전후 세대가 급격한 경제 발전을 이룬 까닭도 여기에서 찾을 수 있다.

미래학자 피터 드러커는 한국전쟁이 끝난 1954년에 한국을 방문하며 인연을 맺었다. 그는 저서 《넥스트 소사이어티 Next Society》

에서 한국을 두고 다음과 같이 말했다.

"세계 역사에 기록된 것 중에서 한국전쟁 후 한국이 이룩한 경제 발전은 필적할 만한 것이 없고, 내가 그 발전에 작은 역할을 한 것에 자부심을 느낀다."

"약 40년 전 만해도 한국에는 기업이 전혀 없었다. 한국을 수십 년간 지배한 일본이 허용하지 않았다. 한국전쟁이 끝날 무렵 남한은 완전히 파괴되었다. 오늘날 한국은 24개가량의 산업에서 세계 일류 수준이고, 조선과 몇몇 분야에서는 세계의 선두 주자다."

"한국은 기업가 정신에 관한 한 세계 제일이며, 교육에 투자해 그 많은 결실을 이룩한 국가도 한국이 유일하다."

피터 드러커는 이미 1960년대에 지식사회의 도래를 예견하며 미리 준비를 하라고 조언했다. 그의 말을 가장 충실히 이행한 사람은 이병철 선대 회장과 이건희 회장이다. 그의 말처럼 한국전쟁 당시 우리나라 기업들은 손에 꼽을 정도였다. 냉혹한 삶의 현실에 짓눌려 교육도 제대로 받지 못했다. 일본이 수탈을 위해 도로, 다리, 철도, 항만 등을 건설했지만, 이마저도 해방과 전쟁을 겪으며 대부분 소실되었다. 이병철 선대 회장이 어린 나이의 이건희 회장에게 일본을 보고, 듣고, 배우라고 지시한 배경인 것이다. 이병철 선대 회장은 아들이 한시바삐 세계를 보고 오기를 원했다.

위기에서 기회를 찾는 이건희 회장 특유의 승부사 근성은 이때의 경험이 크게 작용했다. 사업에 있어 정직해야 한다는 신념도 여기에서 시작되었다. 이병철 선대 회장이 모든 것을 잃고도 재기가 가능했던 까닭은 이창업이라는 사람에 있었다. 삼성가의 인재제일주의와 임직원에 대한 신뢰가 출발한 근원이다. 이건희 회장이 사람 공부에 전념하게 된 것도 그때의 경험 때문이라고 짐작된다. 이건희 회장은 평생을 거쳐 사람에 대해 공부하고 연구했다. 한번 신뢰한 사람은 자신의 뜻을 거스른다 해도 끝까지 믿고 내치지 않는다.

이건희 회장은 삼성그룹 경영을 맡은 순간부터 지금까지 '신상필벌'의 원칙을 고집해 왔다. 인재 채용에 있어서는 파격 그 자체였다. 지난 1995년 이건희 회장은 삼성그룹 공채에서 학력 제한을 철폐했다. 성차별 해소를 위해 당시에는 당연한 것으로 여겼던 여사원 근무복을 없앴고, 공채에서 여사원들을 뽑기 시작했다. 전 사원들을 대상으로 연봉제를 실시했다. 파격적인 성과급 제도인 초과이익장려금 제도도 도입했다. 목표보다 초과 달성한 이익을 근로자들에게 나눠 주는 제도다. 복지 수준은 국내 기업 중 최고이다. 여성 임직원들이 육아의 부담에서 벗어나도록 사내에 국내 최대의 어린이집을 만들어 배려하고 있다. 임직원에게 충분한 보상을 약속하고, 경영자가 모두 취할 수도 있는 이익을 함께 나누는 일에 인색하지 않다.

경영상의 난제를
'숙려단행'으로 풀어내다

《서경書經》은 중국 유교의 5경經 중 하나이다. 총 58편으로 구성된 《서경》의 오래된 지혜에서 이건희 회장은 자신의 사색의 결과를 경영으로 이어 낼 방법을 찾았다.

《서경》의 〈태갑太甲〉 편에는 '불려호획 불위호성弗慮胡獲 弗爲胡成'이라는 말이 있다. 뜻을 그대로 풀이하면 '깊이 생각하지 않고 어찌 얻을 수 있으며, 행하지 않고 어찌 이룰 수 있겠느냐'로 해석된다. 즉, 행동함에 앞서 먼저 생각을 해야 하고, 생각을 하고 나면 꼭 행동으로 옮겨야 한다는 얘기다. 한마디로 줄이자면 '숙려

단행熟廬斷行'이라고 할 수 있다. 깊게 생각하고 단호하게 행동해야 한다. 지극히 당연한 얘기지만, 누구나 지킬 수 있는 것이 아니다. 모두들 생각보다 행동이 앞서 후회한 경험이 있을 것이다. 너무 깊이 빠져 생각의 결과를 행동으로 옮기기조차 어려운 경우도 있다. 두 가지 모두 실패는 정해져 있는 결과다. 생각의 힘은 작은 가지로 시작해 큰 나무를 만들어 가고, 작은 샛강들을 모아 바다로 흘러 들어가게 한다.

이건희 회장은 어린 시절부터 고독과 함께해 왔다. 결국 고독은 이건희 회장의 특기이자 장기가 되었다. 보통 사람들은 생각과 동시에 말하고 행동하는 법을 배운다. 이건희 회장은 오로지 생각할 시간만 갖고 있었다. 전쟁 통의 혼란은 이건희 회장의 행동 범위를 집과 학교로 제한했지만, 생각과 상상만큼은 전 세계를 넘나들었다.

이건희 회장이 뭔가를 배우는 방법에는 특별한 점이 있다. 일단 이건희 회장은 자신이 배워야 할 것에 대한 방대한 양의 자료를 수집한다. 책을 비롯해 비디오, 전문가 자료 등을 모두 구한다. 그 뒤 읽고 보기 시작한다. 단순히 해당 사안에 대해서만 공부하지 않는다. 관련된 자료들도 전부 찾아보고 배운다. 세계 최대 인터넷 백과사전 사이트인 '위키피디아Wikipedia'가 지식을 확장해 나가는 방법과 비슷하다. 위키피디아는 특정 사안을 소개하면서 수많은 링크를 제공한다. 개개의 링크는 해당 사안과 별 관련이 없는 지식이기도 하지만, 넓게 보면 해당 사안을 이해하기 위해서는 꼭 필요한 지식들을 담고 있다. 꼬리에 꼬리를 무는 형태다. 이건희 회장이 공부를 위해 수집하는 자료들도 같은 특성이 있다. 반도체 사업을 공부하기 위해 일본과 미국의 산업화 역사를 공부하는 것과 비슷한 맥락이다.

일단 자료로 공부를 마친 뒤에는 해당 분야의 전문가를 불러 직접 궁금한 점을 묻는다. 각 분야 최고의 전문가들과 만나 자신이 자료를 통해 공부한 내용들을 보충하는 셈이다. 공부로 따지자면 예습으로 준전문가 수준까지 공부를 하고 수업으로 전문가 수준의 지식을 얻는 식이다. 때로는 전문가 여러 명과 토론을 하기도 한다. 한 사람의 전문가가 해결할 수 없는 문제도 여러 명이 모이면 해결되는 경우가 더러 있다. 이건희 회장이 각계 전문가들과 토론을 즐기는 까닭이다.

지식 습득이 끝나면 이건희 회장은 장고에 빠져든다. 홀로 집무실에 틀어박혀 외부와의 접촉을 일절 끊고 생각에 생각을 거듭한다. 생각의 정리가 끝나지 않으면 전문가들을 다시 불러 모아 대화에 나선다. 마침내 생각의 정리가 끝나면 함축적이고 간결한 말과 행동으로 표현한다.

지난 1982년 반도체 사업 진출 시 삼성 경영진들은 '가능성은 있지만 위험하다'는 이유로 반대했다. 이건희 회장의 일본 지인들도 반대했다. 당시 전자 업계는 이건희 회장을 두고 '공상과학 소설을 쓰려는 수준'이라며 비아냥거렸다. 국내에서는 자본, 기술, 시장 중 그 무엇도 없어서 삼성의 반도체 사업은 무모하다는 공격이 계속되었다.

"TV 하나도 제대로 못 만들면서 최첨단으로 가는 것은 너무 위험하다. 미국, 일본보다 20~30년은 더 뒤처졌는데 따라갈 수나 있겠는가?"

국내외 언론을 비롯해 전문가까지 이건희 회장을 말렸다. 이건희 회장은 가능성에 무게를 뒀다. 위험하다는 이유로 가능성을 저버릴 수는 없다고 판단했다. 일견 무모해 보이는 결정이었다. 주변 사람들에게 무모한 도전이 이건희 회장에게는 확신에 찬 행동이었다. 이건희 회장은 반도체 사업 진출을 위해 일본 전역의 반도체 전문가들을 만나 가능성을 타진했다. 전자 업계서도 최고의 전문가들은 모조리 만났다.

그들의 대답은 한결같았다. 반도체 사업에 대한 미래 전망은 밝았다. 거의 모든 전문가들이 앞으로 반도체의 시대가 온다고 대답했다. 지금은 반도체를 사용하지 않는 전자 기기도 앞으로는 모두 반도체를 사용할 것이라는 전망도 이어졌다. 그럼에도 삼성의 반도체 사업 진출에는 모두 부정적인 반응을 보였다. 밝은 전망은 사실이지만, 삼성의 기술력과 인력으로는 반도체 사업을 성공시킬 수 없다는 주장이었다.

이건희 회장은 오랜 조사와 공부, 연구 끝에 아직 반도체 사업 자체가 태동기에 불과하다는 판단을 내렸다. 우리나라 출신의 세계적인 반도체 기술자도 있었다. 반도체 사업 없이는 핵심 기술을 확보할 수도 없고, 앞으로도 미국과 일본에서 부품을 사와 조악한 조립 제품만 만들게 된다는 확신을 가졌다. 이미 출발이 늦었다는 타령만 하다 보면 영원히 자신이 원하는 회사는 만들 수 없었다. 글로벌 삼성, 세계 1등이 이건희 회장의 목표였다. 지금이 아니면 영원히 2류 전자 회사로 남는다는 생각도 들었다. 삼성 경영진들의 능력이라면 생소한 분야인 반도체 사업을 성공시킬 수 있다는 자신감이 생겼다. 이건희 회장은 반도체 투자에 나서며 다음과 같이 말했다.

"언제까지 그들의(미국, 일본) 기술 속국이어야 하겠습니까? 기술 식민지에서 벗어나는 일, 삼성이 나서야지요. 제 사재를 보태겠습니다."

사운을 건 반도체 투자는 이렇게 시작되었다. 일단 투자가 시작되자 이건희 회장은 무서운 속도로 움직였다. 거의 매달 일본을 드나들며 반도체 기술자들을 만났고, 한국에 있는 반도체 전문가들에게 정보를 전달했다. 필요한 인재가 있으면 파격적인 대우를 약속하고 데려왔다. 후일 이건희 회장은 당시를 회상하며 말했다.

"반도체 사업 초기는 기술 확보 싸움이었다. 일본 경험이 많은 내가 거의 매주 일본으로 가서 반도체 기술자를 만나 그들로부터 조금이라도 도움이 될 만한 것을 배우려 노력했다."

제대로 된 기술을 갖추지 못한 상황에서 반도체 사업은 초기에 어려움을 겪었다. 이건희 회장은 미국, 일본과 직접적인 경쟁을 하는 대신 곧장 차세대 제품으로 눈을 돌렸다. 1메가 D램 개발이 목표였다. 이건희 회장을 비롯한 삼성 경영진들이 밤낮을 새며 개발에 몰두한 지 4년 후 1986년 삼성은 1메가 D램 개발에 성공했다.

이건희 회장 특유의 숙려단행이 빛을 발한 순간이었다.

지금도 이건희 회장은 경영상의 난제를 만날 때마다 '숙려단행'의 지혜를 발휘한다. 이건희 회장은 유럽 경제 위기가 본격화된 지난 2012년 5월 유럽 출장길에 올랐다. 이탈리아의 디폴트가 우려되던 상황이었다. 3주간의 출장이 이어졌다. 우선 1주일 정도 이탈리아, 프랑스 등 유럽을 돌아보고는 곧바로 일본으로 건너갔다. 이건희 회장은 일본에서 2주 가까이 머무르며 생각을 정리해 나갔다. 삼성그룹 주요 경영진들의 보고를 받는 일 외에는 일본에서 지인들을 만나며 시간을 보냈다. 3주간의 출장을 마친 이건희 회장은 귀국했다. 취재진들은 이건희 회장이 유럽 경제 위기에 관한 어떤 혜안을 갖고 왔을지 궁금했다. 쏟아지는 질문 가운데 이건희 회장이 말을 꺼냈다.

"이탈리아와 프랑스 등 가장 어려운 나라 3~4곳을 다녀왔다. (유럽 경기가) 생각보다 더 나쁜 것 같았다. 수출에는 일부 영향이 있겠지만, 우리(삼성전자)에게 직접적인 큰 영향은 없을 것 같다."

직접 유럽 경제 위기의 진원지를 보러 가겠다고 나선 이건희 회장이 꺼낸 첫마디는 생각보다 나쁘다는 것이었다. 다소 싱거운 대답이었다. '생각보다 나쁘다'는 정도의 말을 하려고 경제 위기가 만연한 나라에 3주간이나 출장을 갔는가 하는 비아냥거림도 일부 있었다. 그런데 이건희 회장의 이 한마디에 삼성전자는 바로 비상 경영에 돌입했다. 매주 화요일과 목요일 오전 8시께 출근하던 이건희 회장은 출장 이후 출근 시간을 새벽 6시 30분으로 앞당겼다. 삼성그룹의 중추적인 역할을 하는 미래전략실장도 교체했다. 당시 미래전략실장은 김순택 부회장이 맡고 있었다. 이건희 회장은 삼성전자 최고경영자를 맡고 있던 최지성 부회장에게 미래전략실장 직책을 맡겼다. 과거 미래전략실은 삼성그룹의 안살림을 맡아 왔다. 사업과는 직접적인 연관은 없었다.

최지성 실장이 맡으면서 분위기가 달라졌다. 미래전략실은 삼성전자를 포함한 그룹 주요 계열사의 투자 및 인력 채용에 대한 계획 수립을 비롯해, 중복 사업을 조정하고 신성장 동력을 효율적으로 분배하는 일을 맡게 되었다. 체질 개선을 위해서였다. '생각보다 나쁘다'라는 이건희 회장의 짧은 한마디는 이처럼 삼성그룹의 체질 개선으로 이어졌다.

이건희 회장의 예견대로 유럽 경기는 더욱 나빠져 갔다. 비단 이탈리아뿐만 아니라 잘산다고 생각했던 나라들도 위기에 전염되어 갔다. 범세계적인 경제 위기로 발전하고 있었던 것이다. 하지만 삼성전자에 큰 영향은 미치지 못했다. 삼성전자는 세계적인 경제 위기에도 불구하고 사상 최대 실적을 매분기 경신하며 승승장구했다. 단순히 운이 좋아 이룬 결과가 아니었다.

이건희 회장의 독특한 습관, 3개의 집 그리고 똑같은 방

서울 이태원동 '승지원承志園', 서울 서초동 삼성전자 사옥 42층, 일본 도쿄 롯폰기 티큐브 빌딩에 위치한 오크우드 레지던스. 3곳에는 똑같은 구조의 방이 자리 잡고 있다. 바로 이건희 회장의 집무실이다. 이건희 회장은 주변 환경이 급격하게 변하는 것을 좋아하지 않는다. 혼자서 각종 자료를 보고 경영 구상에 빠질 때가 많은데, 주변 환경이 바뀌면 사색을 방해하기 때문이다.

이건희 회장이 가장 즐겨 찾는 곳은 이태원동의 승지원이다. 경영권을 승계한 1987년 이건희 회장은 이병철 선대 회장이 살던 한옥을 물려받아 집무실로 개조했다. 100평 규모의 단층 한옥에는 집무실과 외빈들을 맞기 위한 영빈관이 자리 잡고 있다. 이와 별도로 2개의 양옥 빌딩도 있다. 이곳에는 이건희 회장이 필요로 하는 정보를 제공하기 위한 직원과 시설이 있다.

이건희 회장은 삼성그룹 경영을 맡은 뒤 대부분을 승지원에서 보냈다. 삼성전자가 태평로 사옥을 사용할 때 본관 28층에 별도의 집무실이 있었지만, 1년에 한두 차례만 출근할 정도로 승지원에 많이 머물렀다. 사업 현장을 찾는 등의 특별한 일이 없을 때는 집과 승지원만 오갔던 것이다. 당시만 해도 이건희 회장을 직접 볼 수 있는 기회가 드물었다. 매일같이 태평로 사옥을 드나들던 출입 기자들이 다른 곳으로 출입처를 옮길 때까지 이건희 회장 얼굴을 한 번도 못 보기도 했다. 이로 인해 한때는 '은둔의 경영자'로 불렸다.

2010년 경영에 복귀한 이건희 회장은 서울 서초동 삼성전자 사옥 42층으로 출근 경영을 시작했다. 매주 화요일과 목요일 두 차례에 걸쳐 사옥 집무실로 출근했다. 아침 8시면 출근해 오전 동안 삼성그룹 주요 경영진들로부터 사업 현황에 대한 보고를 받고 임직원들과 오찬을 한 뒤 오후 2시 정도면 퇴근했다. 놀랍도록 규칙적인 생활을 이어 간 이건희 회장은 출근을 하지 않는 날에는 여전히 승지원에서 지냈다. 올해 들어서는 1주일에 한 차례로 출근

횟수가 줄어들었다.

일본 출장을 나가면 현지에서 공식적인 일정을 마치고 항상 일본 동경 롯폰기에 위치한 티큐브 빌딩으로 향한다. 동경에서 최고 중심가인 롯폰기에 위치한 티큐브 빌딩은 삼성물산이 일본 미쓰이부동산과 함께 총 4,400억 원을 들여 만든 주상 복합 건물로 일본 삼성의 사옥으로 사용하고 있다. 티큐브 빌딩은 지하 1층, 지상 27층이며, 1층부터 3층까지는 상점으로, 5~21층은 사무실로 사용하고 있다. 일본 삼성은 17층부터 21층까지 5개 층을 사무실로 사용한다. 22층부터 27층까지는 호텔식 고급 주택인 오크우드 레지던스 맨션 54가구가 자리 잡고 있다.

이건희 회장은 1개 층을 이용해 집무실과 거주 공간으로 사용한다. 승지원과 서초동 사옥 42층, 티큐브 빌딩 등 3개의 각기 다른 집무실은 이건희 회장이 가장 편안하게 사색할 수 있는 공간으로 꾸며졌다.

3개의 집무실에는 서울, 뉴욕, 런던 등 세계 각국의 시간을 알려 주는 시계 5개가 걸려 있다. 책상 위에는 같은 자리에 필기구와 노트, 전화기가 놓여 있다. 모든 전화기는 삼성그룹 주요 경영진과 바로 핫라인으로 연결되며 녹음도 가능하다. 이건희 회장은 중요한 사람과의 통화는 반드시 녹음을 한다. 책상을 비롯한 가구의 배치도 대동소이하다.

　서재도 3곳 모두 비슷하게 꾸며져 있지만, 승지원의 서가가 조금 특별하다. 이건희 회장의 승지원 서가에는 자녀들이 어린 시절부터 지금까지 살아오며 남겨 놓은 추억들이 놓여 있다. 항상 바빴지만 자녀들을 끔찍이 아꼈던 이건희 회장은 이재용 부회장, 이부진 사장, 이서현 부사장 등 자녀들의 추억 어린 물건들을 사소한 것 하나라도 모두 모아 뒀다고 한다. 어린 시절 받은 상장부터 자녀들이 남긴 메모 한 장까지 이건희 회장에게는 추억의 보물인 것이다.

　이건희 회장의 집무실은 단순히 서류에 결재를 하는 공간이 아니다. 연구실에 가깝다는 편이 정확하다. 이건희 회장은 집무실에서 공부하고 연구하며 자신의 생각을 정리한다. 실제 사업과 관련된 현안은 사장들에게 위임한다. 때문에 집무실의 핵심 기능은 이건희 회장이 원하는 정보를 즉각 제공하는 것이다.

　이건희 회장은 어떤 사안을 파악할 때 해당 사안에 대한 총체적인 정보를 요구한다. 단순히 해당 사안을 알고자 하는 것이 아니라, 총체적인 맥락을 파악하기 위해서다. 누군가를 만날 때도 마찬가지다. 그 사람의 이력, 경력은 물론 취미, 좋아하는 음식과 싫어하는 음식, 삼성그룹 내부의 인맥, 예전에 만난 적이 있는지, 만나서 어떤 얘기를 했는지 등을 면밀히 파악한다. 이 같은 정보를 실시간으로 전달받기 위해 이건희 회장의 집무실에는 세계 각국의 수많은 정보와 다큐멘터리를 24시간 제공하는 스태프와 첨단 시설을 갖추고 있다. 과거에는 이건희 회장이 필요로 하는 정보를 비디오테이프로 일일이 녹화했지만, 지금은 인터넷을 기반으로 각종 정보를 수집하고 제공한다.

이건희 회장은 중요한 회의일수록 생각을 집중할 수 있는 시간을 택해 토론과 회의를 한다. 주로 새벽 시간이 그렇다. 삼성그룹 비서실장을 역임한 현명관 삼성물산 전 회장은 자신의 자서전을 통해 이건희 회장의 경영 스타일에 대해 다음과 같이 회고했다.

"이건희 회장은 중요한 회의를 할 때 생각을 집중할 시간, 옆에서 방해를 받지 않는 시간을 택해 토론과 회의를 하는 걸 좋아한다. 주로 새벽 2~4시에 회담이나 회의를 했다."

이건희 회장은 수많은 정보를 통해 자신의 생각을 정리하고, 이를 전문가들과 토론하면서 중요한 의사 결정을 내린다. 토론을 시작하면 고도의 집중력을 발휘한다. 밤을 새며 토론을 즐긴다. 5~6시간 동안 자리에서 일어나지 않고 토론을 이어 가는 경우도 다반사다. 토론 과정에서도 이건희 회장은 질문자의 입장에 선다. '왜?'

라는 질문을 통해 자신의 의견을 얘기하면서 함께 토론하는 사람들이 스스로 생각하고 깨닫게 만든다. 자신의 생각을 주입하기보다는 스스로 생각하고 판단하도록 유도하는 것이다. 이건희 회장이 사장단에게 경영 대부분을 일임하는 신뢰와 믿음도 여기에서 만들어진다.

일을 하는 데 있어 이건희 회장이 가장 중요하게 생각하는 부분은 동기 부여다. 스스로 동기가 부여되지 않으면 일은 더딜 수밖에 없다. 자신의 생각을 아랫사람들에게 관철시키려 호통을 치는 사람은 선동가에 가깝다. 철학이 없는 선동가는 곧 정체를 들키게 마련이다. 이건희 회장은 호통을 치고 시키는 대신 함께 생각하는 시간을 갖고 자신처럼 생각하기를 원한다. 이건희 회장이 가진 리더십의 결정체다.

누군가에게는 장난감,
이건희에게는 연구 대상

청년
이건희

　　이건희 회장의 어린 시절은 가족 관계에서 오는 외로움과 엄격한 집안 분위기, 전쟁으로 인한 불안, 낯설기만 한 학교생활로 종합된다. 이사를 자주 다니다 보니 믿고 의지할 학교 친구도 없었고, 부유한 가정 환경 탓에 다른 아이처럼 흙투성이가 되어 동네를 돌아다니는 것도 허락되지 않았다. 당시 부유층 자녀들은 범죄자들에게 돈벌이 대상이 되곤 했다. 전후라 치안이 좋지 않아 학교에서 집을 오가는 것 외에는 허락된 일이 많지 않았던 것이다.
　　혼자 있는 시간이 많았던 이건희 회장은 궁금한 것이 있으면 스스로 질문하고 스스로 답을 얻어야 했다. 어린 시절의 이건희 회장에게는 무한한 시간이 있었다. 이사가 잦고 한국전쟁까지 겪다보니 학업에 열중할 시간도 많지 않았다. 하지만 그런 고독한 시간은 이건희 회장이 가진 통찰력의 원천이 되었다.

요새 초등학생 어린이들의 하루 일과를 바라보면 성인과 다를 바가 없다. 일단 아침에 일어나는 순간부터 바쁜 일상이 시작된다. 잠이 다 깨지 않은 채로 아침밥을 먹고 학교에 가면 바로 수업이 시작된다. 수업이 끝나면 방과 후 학습이 있고, 마치면 다시 학원으로 향한다. 집에 오면 늦은 오후다. 잠시 간식을 먹고 쉴까 하면 숙제가 기다리고 있다. 학교 숙제는 물론 학원 숙제까지 하고 나면 이미 늦은 밤이다. 아빠, 엄마는 TV를 보고 아이는 숙제를 한다. 가족 간의 대화 대신 성적 얘기만 오간다. 왜 공부를 잘해야 하는지에 대한 목표 의식도 없이 부모는 끝없이 시키고, 아이는 시키는 대로 따라야 하는 일상이 초등학교 1학년 때부터 펼쳐지는 것이다.

영어, 수학을 비롯한 선행 학습이 1학년 때부터 시작된다. 주어진 문제를 혼자 해결하지 않는다. 학교에선 담임 선생님, 학원에선 학원 선생님이 먼저 문제를 풀어 주며 시험에 나오니까 외우라고 외친다. 읽고 싶은 책이 아니라 학교에서 정해 준 책을 읽고 억지로 독후감을 써야 한다. 독후감의 절반은 부모 몫이다. 잘 써서 좋은 점수를 받아야 하는데, 마음에 안 들고 재미없는 책을 읽은 터라 무슨 내용인지 생각도 안 난다. 결국 엄마, 아빠가 불러 주는 대로 독후감을 쓴다. 일기도 마찬가지다. 엄마가 정해 준 주제, 아빠가 정답이라고 생각한 주제대로 일기를 쓴다. 정작 자신이 하고 싶은 얘기는 일기에 담지 못한다. 정해진 대로 하루 일과를 마치는 것도 힘겨워 도무지 스스로 생각할 시간은 없다. 정해진 수학 공식, 정해진 진도대로 공부하는 것만이 초등학생 어린이의 삶이다.

최근에는 초등학생들의 일과에 '생각하기'라는 시간이 하나 늘었다. 특정 주제에 관해 생각해 보라고 부모는 강요하고, 아이들은 억지로 자기 생각대로 얘기한다. 부모가 느끼기에는 정답이 아니다. 결국 '생각하기'라는 시간마저 선생님과 부모가 정해 준 대로 되풀이된다. 창의력을 기른다며 또 다른 재미없는 책을 읽힌다. 아이다운 공상은 말리고 이솝 우화 속에 담긴 교훈을 외우게 하느라 바쁘다. 아이가 혼자 생각할 시간을 도통 주지 않으니, 문제가 생기면 스스로 생각해 해결하기보다는 남에게 의존하는 경향이 생기게 되었다. 우리가 교육 체계에서 느끼는 총체적인 문제들이 여기에서 비롯된다. 우리 아이들에게는 동기가 없다. 정해진 대로 외워야 하는 삶만 존재한다.

이건희 회장의 어린 시절에는 '정해진 대로'라는 점이 없었다.

당시만 해도 지금처럼 학원이 일상화되어 있지 않았고, 밖에서 마음껏 뛰어놀 시간도 없었던 어린 이건희 회장은 항상 혼자서 장난감을 만지작거리곤 했다. 그렇게 혼자 지내는 시간 속에서 이건희 회장은 사물의 분해와 재구성에 탐닉했다.

 장난감을 주고 아이를 혼자 내버려 두면 처음에는 장난감을 그 본연의 목적대로 갖고 논다. 조금 시간이 지나면 흥미를 잃는 경우가 대부분이다. 여기에서 더 시간이 지나면 그 장난감을 이용해 노는 방법을 달리한다. 한참 더 시간이 지나면 장난감을 분해한다. 속에 무엇이 들었는지 궁금하기 때문이다. 처음에는 분해된 장난감을 바라보며 당황하다가도 그런 시간이 계속되면 원리를 터득하게 된다.

 사물은 분해되고 재구성되는 과정에서 그 원리를 알려 준다. 풍요로운 가정 형편으로 이건희 회장에게는 당시 어린이들에게 선망의 대상이었던 장난감이 넘쳐 났다. 특히 이건희 회장은 움직이는 장난감에 관심이 많았다. 천정에 달아 놓으면 빙빙 돌아가는 비행기를 보며 어떻게 움직일까를 생각하고, 레일 위를 달리는 기차를 보고선 '저 안에 무엇이 있길래 스위치만 넣으면 달려갈까?' 의문을 가졌다. 지금 같으면 부모가 아이의 궁금증을 단박에 풀어 줬을 것이다. 보다 친절한 부모라면 모터와 건전지를 비롯해 장난감이 움직이는 원리까지 알려 줬을 것이다. 이건희 회장에게는 물어볼 사람도, 대답을 해줄 사람도 없었다. 결국 궁금증은 스스로 풀어야 했다. 장난감을 직접 뜯어 보는 방법이다.

이건희 회장은 장난감을 뜯어 보기 시작했다. 안에 무엇이 들어 있는지 궁금해서 미칠 것 같았기 때문이다. 딱히 다른 놀잇거리도 없어 시작한 일이었지만, 곧 이건희 회장에게는 취미가 되었다. 이건희 회장에게 주어진 장난감은 넘치는 상상력과 창의성 개발의 도구로 쓰였다. 분해된 장난감은 그저 여러 가지 부품들의 나열일 뿐이다. 그 안에서 개연성을 찾기 위해서는 스스로 생각을 해야 한다.

값비싼 장난감을 풀어헤쳐 분해해 놓아도 이병철 선대 회장과 박두을 여사는 이건희 회장을 야단치지 않았다. 스스로 궁금해서 장난감을 분해했으니 거기에서 얻는 것이 있다면 된다는 생각이었다. 그렇다고 장난감을 분해해 망가뜨릴 때마다 새 장난감을 사주지는 않았다. 이건희 회장은 분해한 장난감을 다시 조립하기로 했다.

무엇인가를 분해하고 다시 조립하기 위해서는 사물의 구조를 이해해야 한다. 사물의 분해와 재구성은 이건희 회장의 오랜 취미가 되었다. 무엇인가 새로운 물건을 발견하면 이건희 회장은 직접 뜯어 보고 어떻게 동작하는지를 고민한다. 누가 하라고 시킨 일도 아니다. 스스로 사물의 원리를 연구하게 된 것이다.

성장하면서 이건희 회장은 자전거를 분해하고 TV, VTR, 카메라를 뜯어 보며 사물의 구조를 이해하게 되었다. 첨단 제품은 안에 자리 잡은 각종 부품들을 이해하기 위해 기술자들을 불러 배웠다. TV만 해도 수많은 전자 부품들이 들어 있지만, 원리는 지극히 단순하다. 복잡한 사물의 원리가 의외로 단순한 것에 있다는 사실은 이건희 회장의 지적 호기심을 자극했다. 성인이 되었을 무렵에는 자동차까지 뜯었다가 다시 조립할 경지에 이르렀다. 자동차에 대한 무한한 애정도 어떻게 작동되는지에 대한 호기심에서 출발한 것이다. 전자공학을 전공하지 않았어도 TV가 어떤 원리로 작동하는지, 각 부품이 어떻게 상호 작용하는지를 알게 되었다. 자동차에 왜 그토록 많은 부품이 필요한지도 몸으로 체득한 셈이다.

이건희 회장은 평생 공학을 공부해 본 적이 없다. 유학 시절 일본과 미국에서 경제학부와 경영대학원 MBA 과정을 수료했다. 오히려 영화, 책, 음악 등 이건희 회장이 성장하면서 익힌 학문과 소양은 인문학에 가깝다. 그럼에도 이건희 회장은 그 어떤 경영자보다도 공학에 대한 이해가 깊다. 전자 산업에 남다른 관심을 갖고 막대한 투자를 할 수 있었던 까닭도 어린 시절의 경험과 큰 관련이 있다. 수많은 전자 제품을 분해해 그 속을 들여다본 이건희 회장은 반도체야말로 향후 전자 산업의 방향을 결정지을 핵심이라는 점을 깨달았다. 사물의 구조를 이해했기 때문에 전자 산업의 본질을 깨달았던 것이다.

이건희 회장의 예측대로 지금은 첨단 가전제품을 비롯해 생활 가전제품, 심지어 움직이는 장난감에도 반도체가 사용된다. 경영을 맡은 뒤부터 이건희 회장은 특유의 통찰력을 발휘하여, 첨단 전자공학 역시 인문학적인 이해 범주에서 크게 벗어나지 않는다는 점을 내내 강조했다. 최첨단 공학은 배운 적이 없지만, 인문학적인 관점에서 구조와 배경을 연구하여 공학자들이 해결하지 못한 난제를 해결하기도 했다. 그런 면을 보면 최근 IT 업계에서 인문학을 공학에 접목하려는 움직임이 대두되고 있는 이유를 짐작할 만하다.

반도체 전문가,
이건희 회장에게 한 수 배우다

반도체 왕국을 건설한 삼성전자의 과거에는 수많은 기로가 있었다. 단 한 번이라도 이건희 회장이 잘못된 선택을 했다면 지금의 삼성전자는 없었을 것이다. 아니, 삼성그룹 자체가 공중분해되었을지도 모른다. 수조 원 단위의 투자금도 못 건질지 모를 정도로 삼성전자의 반도체 시장 도전은 모험이었다.

이건희 회장도 수없이 많은 기로에 섰다. 난상 토론이 이어졌고, 그때마다 경영진들의 다양한 의견들이 쏟아졌다. 반도체 전문가는 아니었지만, 이건희 회장은 항상 현명한 선택을 했다. 복잡한 반도체 기술에 대해서는 아무래도 전문가들보다 지식이 부족한 이건희 회장이 오히려 전문가들과의 난상 토론에서 명쾌한 해법을 내놓았다. 반도체를 이해하고 반도체 사업의 본질을 연구했기 때문이다.

이건희 회장은 반도체 사업의 본질을 시간 산업으로 규정했다. 시간 산업이라는 네 글자에는 많은 뜻이 함축되어 있다. 반도체의 본질은 각종 전자 기기에 사용되는 부품이다. 조금 더 본질적인 측면을 들여다보자. 반도체는 전기 신호로 정보를 다룬다. 정보의 본질은 양과 질, 그리고 시간이다. 세상의 정보는 기하급수적으로 늘어난다. 가장 빠른 시간 내에 정확히 전달하지 못한다면 그 정보는 쓸모가 없다.

또 하나 주목해야 할 점은 반도체 시장이다. 디지털 기기 시장이 급격하게 늘어나면서 반도체의 사용량은 더욱 늘어난다. 대량 양산이 필요하다는 얘기다. 품질도 중요하다. 에러가 발생하면 되돌릴 길이 없다. 한번 잘못 전달한 정보는 아무런 가치를 갖지 못한다. 속도와 용량은 더욱 중요하다. 디지털 기기가 고도화될수록 반도체의 속도는 더욱 빨라져야 하고, 용량 역시 계속 커져야 한다. 한 번에 처리할 수 있는 정보의 양은 계속 늘어날 수밖에 없다. 결국 가장 중요한 것은 시간 싸움이다.

경쟁사보다 용량이 크고 빠른 제품을 만들 수 있다면 반도체 시장에서 승리할 수 있다는 것이 이건희 회장의 결론이었다. 반도체 사업의 본질을 시간 산업으로 규정한 이유이다. 반도체 사업과 관련한 이건희 회장의 모든 의사 결정은 이 같은 반도체의 본질에 충실했다. 수많은 기로에서 현명한 선택을 한 것도 본질을 이해했기 때문이다.

이건희 회장이 반도체 사업을 시작하면서 가장 먼저 부딪쳤던 난관은 주문형 반도체냐, 메모리 반도체냐 하는 문제였다. 당시 삼성전자의 기술력으로는 주문형 반도체 사업을 먼저 시작하는 것이 타당해 보였다. 단순히 삼성전자 사업에 반도체 분야를 추가해야겠다는 생각이었다면 주문형 반도체를 선택했을 것이다. 이건희 회장은 반도체 산업이 향후 전자 산업의 핵심이 된다고 전망했다. 주문형 반도체 산업에 진출하는 것으로는 이건희 회장이 생각하는 반도체 왕국은 요원했다. 결국 이건희 회장은 미국, 일본 기업들이 치열한 경합을 벌이고 있던 메모리 분야를 선택해 정면 승부에 나섰다.

메모리 분야로 사업 진출을 결정한 뒤에는 D램과 S램을 놓고 고민해야 했다. D램은 시장 규모가 큰 만큼 경쟁이 치열했다. S램은 시장 진입은 상대적으로 쉬운 반면 향후 발전 가능성이 낮았다. 이건희 회장은 D램을 선택했다. 세계 각국의 반도체 전문 회사들이 경합을 벌이던 D램 분야를 선택한 이건희 회장은 삼성전자 경영진에게 선두 업체와의 기술 간격을 하루빨리 줄이라고 지시했다. 삼성전자는 1983년 2월 '도쿄 선언'을 하며 64K D램 기술 개발에 나섰다.

이건희 회장은 경영진에게 연일 반도체 산업이 시간 산업임을 강조하며 시간과의 싸움을 독려했다. 한시가 급했다. 삼성전자는 1983년 기흥공장 건설과 함께 64K D램 설계에 들어갔다. 조금이라도 시간을 줄이기 위해서였다. 통상 반도체 라인 공사는 1년 반 가까이 걸리는데, 이미 미국과 일본은 64K D램 개발의 완성 단계에 있었다. 후발 주자로 출발해서 선도 업체들과의 기술 격차가 2년 이상 벌어지면 다시 따라잡기는 불가능해 보였다. 결국 10개월 후인 1983년 12월 미국과 일본에 이어 세계에서 3번째로 64K D램 독자 개발에 성공했다.

이건희 회장은 기존 4인치 웨이퍼에서 5인치를 거치지 않고 곧바로 6인치 웨이퍼를 사용하기로 결정했다. 웨이퍼 크기가 늘어나면 생산성이 좋아진다. 6인치 웨이퍼는 4인치 웨이퍼보다 반도체 생산량이 1.4배 늘어난다.

이후 이건희 회장은 삼성전자 특유의 병렬 개발 시스템을 도입했다. 독자적인 기술 개발과 선진 기술 도입, 기술 단계가 다른 여러 제품을 동시에 개발하는 시스템이다. 기술 개발과 동시에 생산 라인을 건설하는 등 모든 개발 작업을 같이 진행했다. 모두 기술 격차를 따라잡기 위한 복안이었다. 시간 산업이라는 본질에 충실했던 것이다.

1986년 7월에는 1메가 D램 개발에 성공했다. 기술 격차는 계속 줄어 갔지만, 사업 성과는 그리 좋지 않았다. 반도체는 돈 주워 먹는 귀신과도 같았다. 1984년부터 세계 반도체 시장은 극심한 불황을 겪고 있었다. 당시 삼성전자가 주력으로 삼았던 64K D램은 1천억 원의 손실을 냈다. 인텔은 D램 사업을 포기했고, 일본 반도체 업체들은 설비 투자를 줄여 나갔다. 이건희 회장은 다시 한 번 승부수를 던졌다.

"위기라고 하지만 곧 호황이 다가옵니다. 그때를 위해 설비 투자를 늘립시다."

경영진의 반대를 무릅쓰고 이건희 회장은 반도체 불황기에 대대적인 투자를 단행했다. 이건희 회장에게 반도체 시장 불황기는 선도 업체들을 따라잡을 절호의 기회였다. 오늘날의 반도체 왕국 삼성전자를 만든 또 하나의 중대한 결정의 순간이 다가왔다. 1988

년의 일이다.

반도체는 정보를 저장하는 방인 '셀cell'을 갖고 있다. 하나의 셀은 1개의 트랜지스터transistor와 1개의 캐패시터capacitor로 구성되어 있다. 각각의 셀에는 정보가 저장된다. 셀의 수는 반도체 용량을 결정한다. 256메가 제품은 2억 5,600만 개의 셀을 갖고 있다는 의미이다.

초기 반도체 업체들은 셀을 웨이퍼 위의 평면에 배치했다. 용량이 크지 않은 1메가 제품(100만 개의 셀)은 별 문제가 없었지만, 용량이 늘어나면서 더 이상 반도체 칩의 평면에 셀을 확보하기가 어려워졌다. 4메가 제품 개발에 난항을 겪은 것이다. 손톱만 한 크기의 칩에 400만 개의 셀을 배치할 공간을 확보하기는 물리적으로 불가능했다. 반도체 업체들은 스택stack, 트렌치trench 2가지 방식을 놓고 고민에 빠졌다. 스택은 셀을 위로 쌓아 올리는 기술이고, 트렌치는 아래로 파 내려가는 기술이다. 건물에 비교하자면, 스택은 아파트를 아래서부터 위로 쌓아 올리는 방식이다. 반대로 트렌치는 지하로 파고 내려가며 방을 만드는 방식이다.

2가지 기술 방식은 각기 장단점이 있어 당시 세계 반도체 시장은 일대 혼란기를 겪었다. 스택 방식은 셀을 축소하기 쉽고 박막 형성이 용이하다는 장점이 있다. 만드는 공정 자체가 쉽다는 얘기다. 트렌치 방식은 아래로 파 내려가기 때문에 반도체 칩의 평

탄도를 유지하면서 칩 크기를 작게 만든다는 장점을 갖고 있다.

반도체 시장을 선도하던 IBM과 도시바, 인피니온 등 대부분의 업체들은 트렌치 공정으로 기술 개발에 나섰다. 반대로 마쓰시다, 후지쯔, 히타치 등은 스택 기술 개발에 주력했다. 후발 주자인 삼성전자는 2가지 방식을 모두 개발하기로 결정했다. 미국에 있는 연구소에서는 트렌치 방식 기술 개발에 나섰고, 국내에서는 스택 방식의 기술을 연구해 각각 4메가 용량의 D램 제품을 개발했다.

2가지 제품 개발을 모두 마친 이건희 회장은 삼성전자 경영진과 전략 회의를 열었다. 삼성전자 내부에서도 스택과 트렌치 방식의 선택을 놓고 치열한 설전이 오갔다. 양산을 위해서는 두 가지 기술 중 하나를 선택해야 하는 상황이었다. 계속되는 회의에도 삼성전자 경영진은 쉽게 결정을 내리지 못했다. 반도체 기술진과 경영진들의 얘기를 조용히 듣던 이건희 회장이 마침내 입을 열었다.

"복잡한 문제지만 이럴 때일수록 단순하게 생각합시다. 지하로 파 내려가는 것보다 위로 쌓아 올라가는 게 더 쉽지 않겠습니까?"

이건희 회장에게 스택과 트렌치 기술 방식의 서로 다른 장점은 중요하지 않았다. 상식이 더욱 중요했다. 앞으로 반도체 용량은 더욱 늘어나고 공정 기술은 더욱 미세해질 것으로 예측했다. 아래로 파고 내려가는 방식은 언젠가 바닥을 드러내기 마련이다. 위로 쌓아 올리는 기술 역시 한계가 있지만, 아래로 파는 방식보다는 유리하다는 판단이었다. 결과는 적중했다. 선진 기업들이 사용한 트렌치 방식은 곧 한계를 드러내면서 갈수록 복잡해지는 기술을 수용하지 못했다. 이건희 회장은 당시를 아래와 같이 회상했다.

"트렌치 방식을 선택했다면 지금쯤 반도체 사업은 망했고 그룹까지도 흔들렸을 것이다."

향후 나노 공정(회로를 더욱 미세하게 만드는 공정)이 심화되면서 스택 방식과 트렌치 방식의 희비는 극명하게 드러난다. D램 공정이 80나노 공정에 이르렀을 시기였다. 스택 방식을 선택한 삼성전자, 하이닉스, 마이크론, 엘피다 등은 90나노 공정 전환을 마치고 80나노 공정을 준비했다. 트렌치 방식을 선택한 인피니언, 난야, 도시바, IBM 등은 90나노 공정 전환에도 어려움을 겪으며 한계를 드러냈다. 결국 2008년 난야가 마이크론과 전략적 제휴를 맺으며 트렌치 방식을 포기하고 스택 방식을 선택하면서 트렌치 방식은 막을 내린다.

끝까지 트렌치 방식을 고집했던 인피니온은 2006년 메모리 사업부를 분사해 키몬다 AG를 설립했다. 인피니온은 메모리 사업부를 매각하려 했지만, 트렌치 방식의 기술을 선택한 상황이라 매각도 여의치 않았다. 한때 D램 부문에서 세계 3위를 기록했던 키몬다는 삼성전자를 비롯한 스택 진영의 나노 공정 고도화 추세를 따라가지 못하고 결국 2009년 1월 23일 법원에 파산 보호 신청을 하며 반도체 역사 속에서 사라졌다.

1992년 삼성전자는 64M D램을 세계 최초로 개발했다. 모두가 안 된다는 반도체 산업에 뛰어든 지 꼭 9년 만에 미국, 일본의 선두 업체들과의 기술 격차를 마침내 따라잡은 것이다. 다음 해 이건희 회장은 또 한 번 승부수를 띄웠다. 이번에는 세계 1위 반도체 업체가 목표였다.

"지금 모든 반도체 업체들은 6인치 웨이퍼를 사용하고 있습니다. 모두가 하는 6인치를 고집해선 일본을 뛰어넘을 수가 없습니다. 삼성은 8인치 웨이퍼에 승부수를 걸어야 합니다. 반도체가 시간 산업임을 잊어선 안 됩니다."

1993년경 전 세계 반도체 업체들은 대부분 6인치 웨이퍼를 사용하고 있었다. 8인치 웨이퍼는 모험이었다. 아직 기술도 완성되지 않은 상황이었다. 도입한다 해도 장비가 문제였다. 1조 원 규모의 신규 투자가 필요했다. 실패하면 손실 규모는 1조 원이 넘을 정도로 위험이 컸다. 승부수를 둔 삼성전자는 1993년 8인치 웨이퍼를 이용해 16M D램을 생산하기 시작했다.

  6인치 대신 8인치 웨이퍼를 선택한 효과는 컸다. 삼성전자는 일본을 누르고 처음으로 세계 1위 메모리 업체로 올라섰다. 여기에 그치지 않고 64M D램 이후부터는 두 세대의 신제품을 동시에 개발하기에 나섰다. 256M D램부터는 차세대 기술을 현세대 제품에 적용하며 경쟁사들과의 기술 격차를 본격적으로 벌렸다. 삼성전자는 1993년 이후 지금까지 20년 동안 단 한 번도 세계 1위 메모리 업체의 자리를 내려놓은 적이 없다.

이건희의 혁신,
'상식을 깨라?
상식대로 생각하라!'

흔히 역발상을 통한 혁신을 위해 '상식을 깨라'고 말한다. 상식은 무엇인가? 우리가 익히 아는 사실이다. 조금만 다르게 생각하면 된다는 말 한마디를 놓고 우리는 혁신을 논한다. 이건희 회장도 혁신을 위해 다르게 생각하는 법을 강조한다. 하지만 조금 다르다. 상식을 깨기보다는 상식대로 생각한다. 역발상을 다시 역발상으로 풀어내는 것이다.

이건희 회장은 어떤 사물을 놓고 구조와 원리를 연구한다. 목적은 하나다. 그 사물의 본질을 파악하기 위해서다. 본질을 파악하고 나면 자연스럽게 혁신의 길이 보인다. 본연의 목적을 가장 정확하게 수행할 수 있도록 혁신하는 것, 가장 상식에 맞게 생각하는 것, 그것이 바로 이건희 회장의 혁신이다.

1983년 모토로라가 세계 최초의 상용 휴대폰 다이나택을 출시했다. 당시 가격은 3,995달러, 지금 우리 돈으로 약 1천만 원에 달했다. 10시간을 충전해야 겨우 35분가량 통화가 가능했다. 모토로라의 휴대폰을 보며 이건희 회장은 향후 전자 산업에서 휴대폰이 차지하는 비중에 대해 연구했다. 유선 전화가 발명되면서 전 세계에 커뮤니케이션 혁명이 시작되었다면 휴대폰은 커뮤니케이션 혁명을 마무리 지을 정도의 파괴력이 있었다. 이건희 회장은 그로부터 4년이 흐른 1987년에 휴대폰 생산에 뛰어들었다.

당시 이건희 회장은 혈혈단신 일본으로 떠나 도시바를 만났다. 일본 지사 직원을 호출한 이건희 회장은 도시바와의 계약서에 도장을 찍었다. 휴대폰 생산 기술을 도입한 것이다. 2년 뒤 삼성전자는 첫 휴대폰 'SH-100'을 내놓았다.

초창기 휴대폰은 통화SEND, 종료END 버튼이 숫자 키 아래에 있었다. 지금 휴대폰과는 정 반대였다. 처음 개발된 휴대폰이 이건희 회장 손에 넘겨졌다. 며칠 후 이건희 회장은 삼성전자 경영진들을 호출했다. 경영진들 앞에서 이건희 회장은 휴대폰을 꺼내 버튼을 눌러 보였다. 회장의 행동을 유심히 살피는 경영진들에게 이건희 회장이 말했다.

"가장 많이 쓰는 키가 SEND 키와 END 키인데, 이게 아래쪽에 있으면 한 손으로 전화를 받거나 끊기가 불편하다. 왼손 엄지손가락을 이용해야 하는데 잘 닿지가 않는다. 두 키를 제일 위쪽으로 올리는 것이 좋겠다. 그리고 많이 사용하는 만큼 눈에 잘 띄어야 한다. 키 글자 색깔도 숫자 키와는 다른 색깔을 넣는 것이 좋겠다."

당시만 해도 휴대폰의 사용자 환경은 모토로라가 만든 다이나택이 기준이 되었다. 전화를 걸려면 숫자 입력이 더 중요하다고 생각했다. 휴대폰 사용자들이 어떻게 행동하는지는 고려하지 않았던 시절이었다. 경험이 없어 먼저 출시된 제품을 베끼기에 급급했던 것이다.

이건희 회장의 지시를 들은 휴대폰 개발자들은 곧 검토에 들어갔다. 이건희 회장의 말이 맞았다. 많이 쓰는 키를 손가락이 가장 닿기 쉬운 곳에 놓는 것은 상식에 가까웠다. 모든 휴대폰 제조사들이 SEND 키와 END 키를 똑같이 배치한 것을 상식이라 한다면 일종의 역발상이라고 할 수 있겠다. 하지만 이건희 회장이 상식대로 제안했고, 다른 경쟁사들은 관성에 젖어 아무 생각 없이 만들었던 것이다.

SEND 키와 END 키를 숫자 키 위로 배치하자 한 손으로도 쉽게 전화를 걸고 받게 되었다. 삼성전자는 이후 출시되는 모든 제품의 키 배치를 바꿨다. 미국과 일본의 휴대폰 제조 업체들도 모두 삼성전자의 키 배치를 따라 했다. 결국 이건희 회장의 지시는 업계의 표준으로 자리 잡았다.

이건희 회장이 상식에서 혁신을 찾은 또 하나의 사례는 삼성전자가 1996년 출시한 '명품 플러스원' TV다. 영화를 좋아했던 이건희 회장은 영상과 음향에 관심이 많았다. 브라운관 TV가 주종을 이루던 당시 TV의 표준 규격은 4대 3이었다. 방송국에서 방송을 송출할 때의 화면 비율은 12.8대 9였다. 방송국에서 송출하는 화면보다 TV에서 보여 주는 화면이 작았다. TV 규격상 1인치가 숨겨져 보이지 않았다. 이런 사실은 TV를 만드는 제조 업체들도 제대로 모르고 있었다. 초창기부터 지금까지 4대 3 화면을 아무 생각 없이 만들다 보니 모두들 1인치의 화면을 잃어버렸던 것이다. 방송 장비는 그대로 사용하더라도 TV만 바꾸면 숨겨진 1인치의 화면을 되찾을 수 있었다. 이건희 회장은 삼성전자 경영진을 불렀다.

"100% 모두 보여 주는 화면을 만들 수 있는데, 왜 4대 3이라는 TV 규격에 얽매이고 있나. 이걸 바로잡아라."

방송사가 12.8대 9로 방송을 내보내는데 화면을 가려 놓고 소비자에게 4대 3 규격으로 보여 주는 것은 이건희 회장 입장에서 상식에 맞지 않았다. 더 보여 줘도 모자랄 판에 카메라로 애써 찍은 화면을 가리는 것은 말이 되지 않았다. 이건희 회장의 지시를 받은 기술진들은 처음에는 모두 반대했다. 그들에게는 4대 3 화면이 상식이었고 12.8대 9는 비상식이었다.

기술자들의 반대는 일견 타당했다. 4대 3으로 고정되어 있는 TV를 12.8대 9로 바꾸기 위해서는 전혀 새로운 규격의 브라운관을 만들어야 했다. 당시 브라운관은 삼성전관(현 삼성SDI)이 만들었고, 브라운관 위에 놓이는 유리는 코닝이 만들었다. 새 브라운관을 만들기 위한 비용은 상당했다. 각 관계사들이 기술과 비용을 분담하는 것도 문제였다.

이건희 회장은 삼성전자 TV의 역량을 한 단계 높이기 위해서는 꼭 필요한 작업이라고 강조했다. 그렇게 만들어진 '명품 플러스원' TV의 반응은 뜨거웠다. 삼성전자는 '숨겨진 1인치를 찾아라'라는 광고 카피와 함께 '명품 플러스원' TV의 대대적인 마케팅에 나섰다. 삼성전자 TV에 대한 인식도 달라졌다. 단지 숨겨진 1인치를 소비자들에게 되찾아 줬을 뿐이지만, 삼성전자 TV는 세계적인 기술력으로 명품 대접을 받기 시작했다. 수년 전 미국 유통 상가 한구석에서 먼지를 뒤집어쓰고 초라하게 뒹굴던 삼성전자 TV가 주목을 받았다. 일본 제품보다 훨씬 싼 가격에 판매되던 삼성전자 TV는 새로운 평가를 받으며 제값을 받았다. 삼성전자는 이 제품을 통해 일본산 TV 수준으로 가격 격차를 줄여 나갔다.

이건희 회장의 혁신은 지금까지도 계속되고 있다. 지난 2009년 7월 삼성전자의 수원 사업장과 서울 중구 태평로 본사에서 '선진 제품 비교전시회'가 열렸다. 세계 유수의 제품들과 삼성전자의 제품을 놓고 비교해 가며 앞으로의 제품 개발 방향을 정하는 전시회였다. 이 자리에서 제품들을 둘러본 이건희 회장이 말을 꺼냈다.

"여기 있는 전자 제품들을 이용하려면 리모컨이 모두 몇 개가 필요합니까? 제품별로 다른 리모컨을 사용하는 게 상당히 번거롭습니다. 리모컨에 있는 버튼이 너무 많고 기능도 복잡합니다. 리모컨도 최첨단 제품 중 하나입니다. 개선할 수 있는 방법을 찾아보세요."

소비자들은 리모컨의 홍수 속에서 살고 있었다. 가구 회사에서는 수많은 리모컨을 한곳에 모아 두는 리모컨 정리함을 만들어 팔 정도였다. 비디오로 영화를 보려면 최소 2개의 리모컨을 이용해야 했다. 에어컨, 오디오, TV 등 집에 굴러다니는 리모컨이 3~4개는 기본이었다. 가전 회사들은 제품 개발에만 공을 들였지, 리모컨에는 큰 신경을 쓰지 않았다. 중소 업체에 맡겨 놓고 받아서 쓸 뿐이었다. 부작용이 속출했다. 몇몇 리모컨은 같은 주파수 대역을 사용해서 엉뚱하게 작동하는 기계도 있었다. TV를 틀었는데 오디오나 다른 가전제품이 작동하는 경우가 허다했다.

리모컨은 소비자가 편하게 가전제품을 사용하기 위한 장치라는 것이 상식이다. 삼성전자는 TV와 VTR의 리모컨을 하나로 합쳐 편안함이라는 상식을 찾았다. 자주 사용하는 버튼만 남겨 놓고 잘 사용하지 않는 세부 기능은 리모컨 내부에 숨겼다. 세부 기능이 필요할 때만 뚜껑을 열어 사용하는 방식으로 바꿨다. 집에 있는 여러 가지 기기를 하나의 리모컨으로 사용할 수 있도록 통합 리모컨 개발에도 나섰다. 경쟁사가 사용하는 리모컨을 모조리 구입해서 적외선 주파수가 겹치는 리모컨으로 인한 오작동 방지에도 힘을 기울였다. 버튼 이외의 입력 장치 개발에도 공을 들였다. 삼성전자의 최신 스마트 TV는 수많은 기능을 갖고 있지만 리모컨은 오히려 단순해진 것이 특징이다. 삼성전자는 복잡한 기능들은 음성이나 동작 인식을 통해 구현하는 등 상식을 바탕으로 하는 혁신을 거듭하고 있다.

이건희 회장의
지하 작업실

이건희 회장 자택에는 본인을 위한 지하실이 있다. 지난해 완공된 삼성동 자택도 지상 2층, 지하 3층으로 지어졌다. 보통 집을 지으면 지상을 높이는 것이 일반적이지만, 오히려 지하 공간이 넓은 셈이다. 일각에서는 이건희 회장이 자택 지하에 핵전쟁을 대비한 방공호를 지어 놓고 최소 1년 이상은 지낼 만한 만반의 대비를 하고 있다는 소문도 들린다. 사실은 전혀 다르다. 지하에는 이건희 회장의 작업실과 각종 정보를 제공하기 위한 공조 시설이 자리 잡고 있다.

이건희 회장의 지하 작업실은 비공식적인 업무를 하는 곳이다. 어린 시절부터 해온 취미 생활이 연장된 공간이기도 하다. 그리 넓지 않은 방이다. 정면에는 삼성전자의 최신 스마트 TV와 영화를 볼 때 사용하는 대형 스크린이 설치되어 있다. 방 가운데에는 넓은 좌식 책상이 놓여 있다. 대략 4~5미터 가까이 된다. 스크린이 걸리지 않은 양쪽 벽에는 비디오테이프와 DVD가 가득 차 있다. 대부분 삼성 사내 방송국이 제작한 다큐멘터리들이다. 한쪽에는 최고급 오디오가 있다. 작업실 곳곳에는 최신 디지털 기기들과 이를 분해하기 위한 각종 공구들이 놓여 있다. 이건희 회장은 공식 업무를 하지 않는 날이면 지하 작업실에서 최신 디지털 기기와 씨름을 한다. 구조와 원리를 이해하기 위해 뜯어 보고 다시 조립한다.

필요한 정보가 있으면 영상이나 자료를 구해 이곳에서 공부한다. 전 세계 각 지역에서 제작된 다큐멘터리를 보면서 삼성이 배워야 할 회사들에 대해 연구도 한다. 이건희 회장의 자택과 집무실에는 항상 수 명의 직원들이 상주한다. 이건희 회장이 필요로 하는 자료를 실시간으로 전달하기 위해 정보를 수집하는 일을 한다.

이건희 회장이 각별히 신경 쓰는 전시회가 있다. 매년 1월 미국 라스베이거스에서 열리는 세계 최대 전자 제품 전시회인 '국제전자제품박람회CES'이다. 미국 가전제품제조업자협회가 주최하는

CES는 그 해 출시되는 최신 전자 제품들을 미리 소개하는 글로벌 전자 업체들의 경연장이다. 삼성전자도 매해 최대 규모로 참석해 신제품들을 전시한다. 이건희 회장은 거의 해마다 CES를 방문한다. 지난 2010년 경영 복귀 직전에도 새해 첫 출장지로 CES를 찾았다.

세계 최대 전자 제품 전시회답게 CES는 약 3,000여 개에 달하는 방대한 전자, 가전, 하드웨어, 소프트웨어, 솔루션 업체들이 참석한다. 관람객은 약 20만 명, 참가 국가도 130여 개에 달한다. 삼성전자는 CES 전시를 위한 인력을 포함한 전 부문에 걸쳐 CES 출장단을 만든다. 라스베이거스 외곽의 호텔 하나를 통째로 빌릴 정도로 수백 명에 가까운 인력을 보낸다. CES 현장을 돌아보고 정보를 수집하기 위해서다. 연구 인력을 비롯해 마케팅, 영업 인력들도 총출동한다. 정보 수집 외에 최첨단 제품들을 보며 견문을 넓히고 트렌드를 미리 파악해 두라는 의미도 있다.

CES 출장단은 전시가 열리기 전날 자신이 둘러봐야 할 전시장을 배분받는다. 전시가 시작되면 삼성전자 출장단은 일사불란하게 움직인다. 먼저 해야 할 일은 각 업체들의 부스를 둘러보고 새로 공개된 제품과 트렌드를 파악하는 일이다. 1시간 뒤 출장단은 각자 맡은 업체들의 신제품과 트렌드에 대한 보고서를 작성해 올린다. 이렇게 작성된 보고서는 임원급 연구원이 다시 CES의 트렌드와 주목할 만한 업체, 눈여겨봐야 할 제품, 올 한해 전자 업계의 트렌드 등으로 정리해 삼성전자 사장단과 주요 임원, 이건희 회장에게 보고서 형태로 전달된다.

보고서 작성 후 출장단은 다시 전시장으로 향한다. 이번에는 신규 출품된 신제품들을 분석하는 일을 한다. 사진을 찍고 신제품의 특성을 자사 제품들과 비교하는 등 꼼꼼히 살펴본다. 새로운 솔루션이나 소프트웨어는 직접 사용해 보고 향후 가전 업계에 미칠 영향을 파악하기도 한다. 이후 작성된 상세 보고서 역시 이건희 회장에게 전달된다. 사내 방송 인력도 카메라를 들고 현장을 찾는다. 트렌드를 비롯해 각 업체들의 부스에서 진행되는 프레젠테이션 등을 촬영해 서울 본사로 보내고, 본사에서는 다시 편집해 경영진과 이건희 회장에게 보고한다.

삼성전자는 CES뿐만 아니라 2월 스페인 바르셀로나에서 열리는 모바일 기기 전시회인 모바일 월드 콩그레스MWC, 9월 독일 베를린에서 열리는 국제가전박람회IFA 등 세계 주요 전시회에 출장단을 보내 정보를 수집, 가공하여 보고한다. 현지에서 직접 구매할 수 있는 제품은 직접 구매해 이건희 회장과 본사 연구실로 보낸다. 덕분에 이건희 회장의 지하 작업실에는 한 달에도 몇 차례씩 두텁게 포장된 박스들이 도착한다. 미국, 일본, 중국 등 전 세계 현지 법인에서 공수해 오는 전자 제품들이 도착하는 것이다. 이건희 회장은 보고서를 토대로 타사의 신제품을 파악하고, 지하 작업실에서 직접 사용 및 각종 테스트를 한다. 어느 정도 사용하면 제품을 뜯어 본다. 분해하는 과정에서 얻은 지식들을 꼼꼼히 메모해 두기도 한다.

이건희 회장은 지난 1993년 신경영을 선언하면서 해마다 '선진제품 비교전시회'를 열어 글로벌 선도 업체들의 제품과 삼성전자 제품을 비교했다. 삼성 비자금 사태로 경영 일선에서 물러났던 지난 2009년을 제외하고는 매년 참석했다. 이 자리에서 이건희 회장은 자택 지하 작업실에서 연구했던 바를 경영진과 공유한다. 삼성전자 제품이 글로벌 선도 업체의 제품과 비교해 어느 부분이 부족한지, 어떤 점을 개선해야 할지를 지적한다.

최근 이건희 회장은 신경영 20주년을 맞아 '선진제품 비교전시회'를 '삼성 이노베이션 포럼'으로 이름을 바꿨다. 성격도 글로벌 선도 업체와 자사 제품의 비교가 아니라 세계 1등을 달성한 삼성 제품의 발전상을 되돌아보고 앞으로 어떻게 나아갈지를 모색하는 것으로 바뀌었다.

"업의 본질을
이해하라"

어린 시절부터 사물을 이해하고 그 속을 들여다봤던 이건희 회장은 경영을 맡으면서 비즈니스의 본질을 파악하는 데 주력했다. 비즈니스 역시 사물과 다를 바가 없다. 하나씩 분해해 나가다 보면 해체된 모습, 본질이 드러나는 것이다. 삼성그룹이 비단 전자 사업뿐만 아니라 호텔, 의류, 금융 등 다방면에 걸쳐 성공한 배경에는 업의 본질을 파악하고 경영진에게 전파하고 나선 이건희 회장이 있다. 표면적으로 드러나 있는 현상을 통해 숨겨진 진실을 밝혀 나가는 이건희 회장의 과정은 마치 최신 디지털 기기를 드라이버와 핀셋을 이용해 하나씩 분해하는 모습을 떠올리게 한다.

1980년대 후반 이건희 회장은 당시 현명관 신라호텔 전무를 만나 다음과 같이 물었다.

"현 전무, 호텔 사업의 본질이 무엇이라고 생각합니까?"

잠시 생각하던 현명관 전무는 '서비스업'이라고 대답했다. 이건희 회장은 잠시 현명관 전무를 바라보다 "다시 제대로 한번 잘 보세요"라고 말했다. 이건희 회장의 심상치 않은 반응에 현명관 전무는 일본 출장을 떠났다. 이건희 회장이 일본에 갈 때마다 머무르는 오쿠라 호텔 사장을 비롯해 호텔 업계 종사자들을 만나며 호텔 사업의 본질을 파악하기 위해서였다.

모두 최고의 서비스를 지향하고 있었다. 현명관 전무의 생각과 크게 다르지 않았다. 하지만 일본 호텔 업계 사장들과 얘기해 본 결과는 다소 달랐다. 현명관 전무의 눈길을 끈 것은 사장들이 최첨단 시설을 도입하기 위해 고민한다는 점이었다. 첨단 시설은 새로운 서비스를 제공하고, 이 서비스는 매출과 직결되고 있었다. 새로 호텔을 오픈하려는 곳은 부동산에 대한 고민이 많았다. 새 호텔이 입점하는 곳에 향후 어떤 시설들이 들어서느냐는 매출을 결정하는 가장 주된 요인이었다.

현명관 전무가 일본 출장에서 돌아오자 이건희 회장이 다시 물었다.

"일본 출장을 가서 호텔 사업에 대한 특성을 알아봤다던데, 그래서 뭐라고 생각합니까?"

현명관 전무는 자신이 연구한 결과를 내놓았다. 직접 가서 보고 들은 내용을 종합해 보니, 호텔 사업은 서비스업보다는 장치 산업과 부동산업에 가깝다고 대답했다. 현명관 전무의 대답을 들은 이건희 회장이 말했다.

"이제 조금 알게 되신 것 같습니다."

이건희 회장은 경영진들을 가르치려 하는 대신 스스로 연구하고 체득하도록 유도했다. 자신처럼 생각하고 연구할 수 있는 경영진들을 만들고 싶었던 것이다. 단순히 호텔 경영을 잘하려면 서비스 정신이 투철한 사람을 두고 항상 최고의 서비스를 제공하면 된다. 하지만 호텔 사업을 맡은 경영자라면 단순한 관리가 아닌 경영을 위해 본질을 파악해야 한다는 것이 이건희 회장만의 생각이었다.

1990년대 초 이건희 회장은 삼성그룹 사장단과 함께 신라호텔에서 점심 식사를 한 적이 있다. 이건희 회장은 당시 신세계백화점 사장에게 백화점이라는 업의 본질이 무엇이냐고 물었다. 모두들 상품 유통업이라고 생각했지만 섣불리 말할 수 없었다. 이건희 회장은 좌중을 둘러보며 부동산업이라고 설명했다.

지난 1985년 무역협회가 삼성동 코엑스를 만들며 신세계 기획담당에게 입점 의사를 물어 왔다. 당시 신세계는 부동산 투자를 고려한다면 가능성이 있겠지만 백화점으로서의 사업성은 없다고 결론 내리고 거절 의사를 밝혔다. 신세계가 거절한 자리에는 현대백화점이 들어섰다. 이후 무역협회와 신세계 간의 협의 소식을 들은 이건희 회장이 신세계백화점 경영진에게 탄식하듯 말했다.

"앞을 내다보는 안목이 경영진에게 그렇게 없어서야 되겠는가."

이건희 회장의 탄식처럼 코엑스는 각종 전시회, 행사 등을 유치하면서 상권이 급격하게 발전해 갔다. 무역협회가 위치하며 글로벌 기업들의 한국 지사들도 코엑스 주변에 자리를 잡았다. 현대백화점의 매출은 큰 폭으로 증가했다. 업의 본질을 파악하지 못해서 주어진 기회마저 잃어버린 대표적인 사례였다.

1993년 신경영을 선언하면서 이건희 회장의 본질 파악은 더욱 심화되었다. 처음에는 계열사별로 업의 본질에 대한 연구가 시작되었다. 각 계열사별로 업의 본질을 파악한 뒤에는 부서별 업무의 본질을 찾아 나섰다. 이건희 회장은 신용카드 사업을 두고는 술장사와 같다고 지적했고, 보험 사업은 모집인이 전부라고 조언했다. 시계는 패션 사업, 백화점은 부동산업, 호텔은 장치 산업, 가전은 조립 양산업, 반도체와 디스플레이 같은 첨단 부품 사업은 시간 산업이라고 경영진에게 설명했다.

신용카드 사업의 본질을 술장사와 같다고 지적한 까닭은 채권의 회수가 가장 중요하다는 점을 설명하기 위해서였다. 이건희 회장은 술집은 영업 이익이 엄청나게 높지만, 술값을 제대로 못 받으면 부실 덩어리로 전락할 수밖에 없다고 했다. 신용카드 사업도 영업 이익은 높지만, 부실 채권을 회수하고 연체율을 줄이지 못하면 성공하지 못한다는 분석이었다. 지난 2003년 신용카드 대란의 요체를 명확하게 짚은 것이다.

시계 사업의 본질을 패션 사업으로 지목한 점도 흥미롭다. 이건희 회장은 평생에 걸쳐 수많은 시계를 사용하고 분해, 재조립해 왔다. 때로는 값싼 전자시계부터 스위스 명품 시계까지 직접 뜯어서 내부를 확인해 왔다. 시계의 본질은 시간을 알려 주는 것이다. 그렇다면 가장 정확한 시간을 알려 주는 시계가 가장 좋은 시계이다. 이건희 회장은 시계를 뜯어 재조립하는 과정에서 값비싼 시계일수록 기능이 불편하고 시간이 잘 안 맞는다는 점을 알게 되었다. 매번 태엽을 감아야 하고, 자고 나면 태엽이 느슨해져 아침마다 시간을 다시 맞춰야 했다. 오히려 값싼 전자시계는 배터리가 떨어지기 전까지 항상 정확한 시간을 알려 줬다.

수백만 원대의 고급 시계에 배터리를 이용한 전자식 무브먼트를 사용하는 경우는 없었다. 불편하기 짝이 없는 고급 시계는 모두 기계식 무브먼트를 사용했다. 태엽을 이용해 수많은 기어들이 빽빽이 배치된 고급 브랜드 시계는 예술품과도 같았고, 소비자들은 그 브랜드에 가치를 두고 패션을 위해 차는 모습을 보였다. 이 같은 사실에 이건희 회장은 시계 사업을 패션 사업으로 분류한 것이다.

경영자가 자신이 맡은 사업의 본질을 이해한다는 것은 사업의 성패를 크게 좌우한다. 이건희 회장이 업의 본질을 파악하는 데는 몇 가지 기본 원칙이 있다. 사업을 영위하는 기본 정신과 목적을 면밀하게 파악한 뒤 사업에 필요한 핵심 기술, 제품 특성, 유통 구조상의 특성이 무엇인지를 파악한다. 그다음 관련 법규와 제도, 기술 개발 여건, 소비자의 의식 변화 등 외부 여건이 어떻게 변해 가는지 추세를 파악하여 업의 본질에 대해 결론을 내린다. 비즈니스와 관련된 모든 사안을 종합적으로 연구하고 결과를 도출해 나가는 것이다.

경영자가 자신이 맡은
사업의 본질을 이해한다는 것은
사업의 성패를 크게 좌우한다.

chapter 3

영화에서 사람,
스포츠에서 삶을 배우다

열두 살의 나이에
낯선 땅 일본을 밟다

부산으로 이사해 부산사범부속초등학교 4학년을 다니던 이건희 회장은 점차 부산 생활에 익숙해졌다. 초등학교 시절 내내 이사를 다니며 학교를 옮긴 탓에 사귀지 못했던 친구들도 하나둘씩 생겼다. 그러다 1953년 4학년을 마치고 5학년에 막 접어든 때였다.

당시 부산은 전쟁 이후의 상처를 빠르게 회복하고 있었지만 교육 환경은 그리 좋지 않았다. 일본은 사정이 달랐다. 제2차 세계대전에서 패배하며 잿더미가 된 경제는 한국전쟁을 기둥 삼아 다시 회복 중이었다. 선친인 이병철 선대 회장은 자식들이 향후 성장해서 경영을 맡으려면 더 넓은 세상을 배워야 한다고 생각했다. 특히 일본을 배워야 한다는 생각이 강했다. 이미 큰아들 이맹희와 둘째 아들 이창희는 일본에서 공부를 하고 있었다.

이병철 선대 회장은 3년 전인 1950년 2월에 재계 주요 인사 15명과 함께 일본 도쿄로 향했던 때를 떠올렸다. 제2차 세계대전의 패배로 일본 경제는 출발점에 새로 서야 했다. 히로시마 원폭 피해로 곳곳마다 피난민이었으며, 도심 주요 건물들 대다수도 폭격을 맞아 무너진 채로 방치되어 있었다.

이병철 선대 회장 일행은 하네다 공항에서 비행기를 내려 도쿄로 이동했다. 판잣집이 즐비했다. 이병철 선대 회장이 일본에 유학하던 당시 무기 생산을 도맡으며 끝없이 팽창할 것 같았던 가와사키중공업을 방문해 보니 충격 그 자체였다. 미군의 폭격으로 공장 터만 남아 있었다. 그토록 미워하면서도 동경했던 일본은 재기하기 어려워 보였다.

일본 곳곳을 돌아보며 전후의 궁핍한 상황을 살피던 이병철 선대 회장은 어느 날 저녁 도쿄 아카사카의 한 골목길을 걷고 있었다. 가로등조차 켜지지 않은 어두운 골목길에 이발소가 보였다. 문득 머리 손질한 지 제법 시간이 지났다는 생각에 이병철 선대 회장은 이발소 안으로 들어섰다. 이발소 안에는 초로의 이발소 주인이 있었다. 머리 손질을 맡긴 이병철 선대 회장이 거울에 앉아 주인을 들여다보니 여간 손에 익은 것이 아니었다. 빠른 가위 놀림에 머리카락은 어느새 단정하게 정돈되었다. 이발소 주인은 이병철 선대 회장이 쳐다보는 것도 눈치 채지 못할 정도로 일에 집중했다. 이병철 선대 회장이 말을 건넸다.

"언제부터 이 일을 했습니까?"

이발소 주인은 힐끗 이병철 선대 회장을 쳐다보더니 다시 가위질에 열중하며 대답했다.

"제가 3대째입니다. 가업이 된 지 60년쯤 된 것 같네요. 자식 놈도 가업을 이어 줬으면 합니다."

이발소 주인의 대답은 패전으로 판잣집이 즐비하고 가로등조차 제대로 켜지 못하는 일본의 비참한 현실을 바라보던 이병철 선대 회장의 가슴을 뜨겁게 했다. 3대째 가업을 이어 가며 이발소를 운영하면서 자식도 가업을 이어 주길 바라는 이발소 주인에게 패전의 상처는 없었다. 이발소를 나선 이병철 선대 회장은 일본을 다시 보기 시작했다. 판잣집이 즐비한 곳에서도 가업을 잇겠다며 라면과 우동을 끓이는 사람들이 눈에 들어왔다. 폭격으로 주저앉은 공장 건물에서는 울고 있는 어린아이 대신 전후 복구를 위해 너나없이 두 팔을 걷어붙인 사람들이 보였다.

그로부터 3년 후 일본은 빠르게 번영 중이었다. 불과 3년 전만 해도 다시 일어서지 못할 것 같던 일본은 새로운 성장의 길로 접어들고 있었다. 한국전쟁으로 일본이 뜻밖의 수혜를 입은 탓도 있지만, 이병철 선대 회장은 일본 특유의 장인 정신에서 성장의 근거를 보았다. 결국은 사람이었다. 생각을 정리한 이병철 선대 회장은 셋째 아들 이건희를 불렀다.

"선진국을 보고 배우는 게 좋겠다. 형들이 공부하고 있는 일본 도쿄로 가거라."

이건희 회장은 당시 열두 살이었다. 어린 시절 할머니에게 맡겨져 세 살이 되어서야 부모와 함께 살게 된 이건희 회장이었다. 전쟁 통에 수없이 이사를 다니며 학교 친구들도 제대로 사귀지 못했다. 다시 부모와 떨어져 이미 성인이 된 서먹한 사이의 형들과 같이 살라는 것은 이건희 회장에게는 어려운 일이었다.

이병철 선대 회장 역시 걱정하지 않을 수 없었다. 어린 시절 일본 유학을 떠나려 부산에서 시모노세키로 향하는 연락선을 탔던 기억이 떠올랐다. 뱃멀미가 나서 1등 선실로 옮기려 했다가 조선인이라는 이유로 수모를 당했었다. 조선인 차별 의식은 그때까지 이어지고 있었다. 그럼에도 자신이 낯선 타지에서 느낀 비참한 심정과 강한 열망은 셋째 아들 이건희 회장에게도 꼭 필요했다. 왜 자신이 경영 이념으로 '사업보국'을 내세웠는지, 직접 보고 체감하는 길밖에 없었다. 이병철 선대 회장에게 기업가란 사회에 봉사할 사명을 가지고 개인적 행복보다는 나라를 위해 의무를 다해야 했다. 그만한 능력을 갖추기 위해서는 어리다고 어리광을 부리기보다 냉혹한 세계 속에서 스스로를 단련해야 했다.

결국 이건희 회장은 왜 자신이 일본으로 가야 하는지도 모르고 일본 유학길에 올라야 했다. 이건희 회장에게 일본은 낯설고 불편하기 그지없는 곳이었다. 문화도 많이 달랐고, 한국인을 '조센징'이라며 무시하는 풍토도 여전했다. 한국은 일제 강점기 영향에서 벗어나려 노력 중이었지만, 일본에서 한국은 여전히 식민지 취급을 받다시피 했다.

일본에는 두 형 이맹희, 이창희가 먼저 와 있었다. 첫째 형은 학교가 멀어서 학교 근처에서 하숙을 했다. 이건희 회장은 둘째 형과 함께 지냈다. 이미 스무 살이 넘은 둘째 형은 어린 시절 함께한 시간이 많지 않아 서먹했다. 이건희 회장은 일본어가 서툴러 학교생활마저 어려웠다. 이건희 회장은 삼성그룹 경영권을 물려받은 이후 인터뷰를 통해 다음과 같이 어린 시절을 회고했다.

"나면서부터 떨어져 사는 게 버릇이 되어 성격이 내성적이고, 친구도 없고, 술도 못 먹으니 혼자 있게 되었다. 그러니까 혼자 생각을 많이 하게 되고, 생각을 해도 아주 깊게 하게 되었다. …… 가장 민감한 때에 민족 차별, 분노, 외로움, 부모에 대한 그리움, 이 모든 걸 다 느꼈다."

어린 나이에 일본인들만 가득한 학교에서 느낀 감정은 차별로 인한 분노, 그리고 외로움이었다. 이건희 회장은 처음에는 조센징이라고 부르는 말의 의미조차 몰랐다고 한다. 일본말을 몰라 또래 아이들보다 1년 늦게 학교를 다닌 점도 놀림감이었다. 한국에서라면 울고불고하며 돌아갔겠지만, 일본에서는 하소연할 곳조차 없었다. 어머니와 아버지는 너무도 먼 곳에 있었다. 가끔 찾아오는 아버지에게 한국으로 돌아가게 해 달라고 부탁했지만 요지부동이었다.

이건희 회장에게는 눈물을 삼키는 하루가 일상이 되었어도, 이병철 선대 회장에게는 꼭 가르치고 싶었던 것을 직접 체득하고 배우게 하는 시간이었다. 일본이 어떻게 변하는지를 똑똑히 봐 둬야 향후 나아가야 할 길을 찾을 수 있다는 점을 가르치고 싶었던 것이다.

지긋지긋한 일본,
하지만 평생의 목표가 된 일본

이건희 회장은 어린 시절 3년, 대학 시절 4년을 일본에 머물렀다. 가장 외로웠던 시절이면서도 가장 감수성이 풍부했고, 전 생애를 통틀어 가장 많은 것을 배우고 연구한 시간이었다. 무엇보다 중요했던 것은 기업가로서의 사업 동기다. 이건희 회장은 평생을 걸쳐 일본을 넘어서기를 원했다. 전자 산업에 진출한 이건희 회장에게는 필연이라고 할 만큼의 운명적인 조우였다. 영원히 무너지지 않을 듯한 전자 왕국 일본을 넘어선 뒤에는 해체된 전자 왕국 일본을 반면교사 삼으며 세계 1등을 위해 평생을 연구했다.

어린 시절부터 이건희 회장의 연구는 시작된 것이다.

흔히 일본을 '가깝고도 먼 나라'로 표현한다. 수십 년 전에도 그랬고, 지금도 그렇다. 이건희 회장은 일본에 머물면서 한때 일제 강점기하에 놓였던 피지배 민족의 설움을 한껏 겪어야 했다. 한편 근면과 성실, 빈틈없는 제품, 특유의 장인 정신으로 대표되는 일본은 수년 전 대지진과 쓰나미라는 충격에도 특유의 질서 의식을 발휘하여 전 세계를 놀라게 하기도 했다. 평생 일본을 가장 가까이 하면서도 매번 넘어서야 한다고 이건희 회장이 강조했던 이유다.

이건희 회장은 일본 경제의 근간을 이룬 '세키몬신가쿠石門心學'에서 지혜를 배우고, 일본의 장인 정신인 오타쿠 문화에서 통찰력의 근간을 얻었다.

일본 에도 시대의 경제인 이시다 바이간은 일본 상도의 완성을 이루었다고 평가받는 사상가다. 1685년 태어난 이시다 바이간은 8살이라는 어린 나이에 교토로 떠나 한 상가의 견습생이 된다. 머지않아 이 상가는 도산하고 말지만, 이시다 바이간은 여전히 심부름을 하며 주인을 도왔다. 이시다 바이간의 부친은 "일을 하러 나오면 주인을 부모라고 생각해 소중하게 근무해야 하고, 그곳의 수치를 발설해선 안 된다"고 말했다. 부모가 전해 준 교훈을 믿고 지킨 것이다.

이시다 바이간은 부친의 손에 이끌려 낙향했다가 23살에 다시 교토로 나왔다. 교토의 대형 포목점에서 일하게 된 이시다 바이간은 역시 견습 생활을 하게 된다. 그 후 종업원과 점장을 거쳐 20여 년을 포목점에서 일하다 42세에 은퇴했다. 은퇴한 이시다 바이간은 유교, 불교 등의 사상들을 배우며 후학들을 가르친다. 45세부터 전국을 돌며 자신의 철학을 설파한 이시다 바이간은 동양 사상을 기본으로 일본 자본주의의 근간을 이루는 사상인 세키몬신가쿠를 정립하였다.

세키몬신가쿠의 핵심은 '모든 노동은 정신 수양이며, 자기완성에 이르는 길'이라는 가르침이다. 근면하게 일하는 것이 바로 인생 수행이라는 의미이다. 세키몬신가쿠에서는 직업의 귀천을 따지지 않는다. 일반 농민을 비롯해 상인, 장인 등 모든 사람은 자신의 생업에 근면하게 종사하며 스스로의 인격을 연마해야 한다. 이와 함께 수반되는 것이 정직과 근검절약이라고 주장했다. 이시다 바이간의 사상은 일본 경제 근간을 이루는 철학으로 완성되었다. 생산성이나 경제성이 맞지 않더라도 근면하게 일하는 것이 일본인들이 추구하는 삶의 태도다. 모든 업종에서 장인이 탄생하게 된 배경도 여기에 있다.

벼농사를 짓는 장인은 생산성과 경제성을 고려하지 않고 최고의 벼를 탄생시키기 위해 대를 이어 농업에 종사한다. 물건을 만드는 장인은 기술 수준이 높아질수록 높은 인격을 인정받는다. 일본 기업들이 싼 제품을 만드는 대신 최고의 기술력을 담은 프리미엄 제품들로 세계 시장을 석권한 배경이기도 하다. 여기에 더해 일본은 선진국의 기술과 지식을 재빨리 흡수하고 발전시켜 보다 좋은 제품을 만들어 내는 '아이토코모리(모방 정신)'를 통해 제조업을 부흥시키며 경제 대국을 이루었다.

이건희 회장도 세키몬신가쿠에서 지혜를 얻는다. 1993년 신경영을 선언하면서 이건희 회장은 생산성과 경제성을 넘어선 최고의 가치로 '질의 경영'을 선언한다. 하나를 만들더라도 자신의 이름을 걸고 책임질 수 있는 품질의 제품을 만들라고 강조했다. '질의 경영'은 지금도 이어지고 있다.

카메라 렌즈 가격이 극도로 비싼 이유는 일정 수준이 넘어서는 렌즈를 기계로는 만들기가 어렵기 때문이다. 나노미터 단위의 오차를 메우려면 기계만으로는 불가능하다. 전문 장인들이 직접 손으로 깎아 만든다. 그래서 렌즈 가격이 비싸고, 장인의 실력이 좋은 칼짜이즈, 캐논 등이 광학 회사로 유명한 것이다. 장인들은 자신의 이름을 걸고 기계보다 정밀한 손끝으로 렌즈를 만들어 낸다. 자동차 시장에서도 일반 양산 차와 손으로 만든 수제 명차들의 차이가 확연하게 나타나는 것과 비슷하다.

이건희 회장은 카메라 사업을 통해 선진국의 광학 기술을 따라잡고자 했다. 카메라 렌즈 생산 공정이 대부분 기계화가 될 때도 장인들을 두고 20여 년 가까이 교육시킨 것이다. 지금도 삼성전자에는 손으로 렌즈를 깎아 만드는 장인들이 있다. 그들이 만드는 렌즈는 세계 유명 렌즈 브랜드와 견주어도 손색이 없다. 오히려 전문가들만 그 가치를 알 정도다. 한때 삼성전자에 광학 기술이 없어 카메라 사업은 실패할 것이라고 예측했던 사람들도 이제는 삼성전자의 렌즈 기술에 대해 감탄사를 내놓고 있다.

일본 생활을 통해 이건희 회장이 또 하나 터득한 것은 오타쿠 문화다. 최근에는 부정적인 의미로 많이 사용되고 있지만, 오타쿠는 방이나 집에서 나가는 것을 거부하는 은둔형 외톨이인 히키코모리와는 전혀 다르다. 오히려 일본 특유의 장인 정신과 맞닿아 있다. 오타쿠는 특정 분야에 대한 비상한 지식을 보유하고 있는 것이 특징이다. 주로 자신의 취미에서 출발해 전문가 이상으로 빠져든다.

이건희 회장 역시 마찬가지다. 개에 대한 그의 사랑은 잡종으로 치부되던 진돗개를 일본의 아키다와 비견되는 명견의 반열에 올려놓았다. 취미로 시작된 영화 감상은 분석을 넘어 삶에 대한 이해와 연구로 이어졌다. 이건희 회장의 평생에 걸친 취미는 사물과 인간의 본질에 대해 파악하는 것이다. 심지어 자신까지 연구 대상으로 삼았다는 점에서 이건희 회장의 오타쿠 기질은 남다른 면이 있다.

1993년 신경영을 실시한 이건희 회장은 변화라는 것이 얼마나 힘든지 몸소 실험에 나섰다. 우선 이건희 회장은 1년 동안 하루 한 끼만 식사를 했다. '과연 변할 수 있을까?'라는 의문을 두고 시작한 실험은 1년 내내 이어졌다. 그다음에는 왼손만 써서 6개월을 견뎠다. 이건희 회장은 변해야 한다는 의지를 잊지 않기 위해 꼬박 6개월을 불편한 왼손만으로 살았다.

우리는 흔히 타성에 젖어 있다는 사실을 깨달을 때 변화를 요구한다. 처음에는 변해야 한다는 절박함에 변화를 추구하지만, 시간이 조금 흐르고 나면 꾸준히 실천한다는 것이 상당히 어렵다. 시간이 흐르며 절박감은 사라져 가고 다시 타성에 젖어 든다. 담배가 그렇다. 건강이 나빠져 끊어야겠다는 생각이 들면 담배를 멀리한다. 건강이 회복되면 다시 담배 생각이 나고, 완전히 회복되면 '이젠 괜찮겠지'라고 위안하며 담배를 다시 집어 문다.

이건희 회장의 왼손만 쓰기 실험에는 이와 같은 뜻이 담겨 있다. 스스로 변화를 실천하면서 가능성을 증명해 삼성그룹 경영진에게 전파하고 싶었던 것이다. 실천을 통해 동기를 부여하려는 의도이다.

평생을 함께한 애견,
그리고 진돗개

이건희 회장은 일본 유학 중에 느낀 외로움과 향수를 개를 통해 달랬다. 멀리 떨어져 있는 부모와 서먹한 둘째형 사이에서 외로워했던 이건희 회장은 아버지 이병철 선대 회장을 졸라 중국산 애완견 페키니즈를 사서 키웠다. 이건희 회장은 후일 "나의 첫사랑은 페키니즈였다"고 말할 정도로 개에 대한 애정을 드러낸 바 있다.

본격적인 개와의 인연이 시작된 것은 이건희 회장이 미국 워싱턴 대학 경영대학원을 졸업하고 귀국했을 때이다. 당시 이건희 회장은 진돗개를 보고 순식간에 빠져든다. 일본의 대표적 견종인 아키타와 비슷한 모양새로, 순종이 없다는 이유로 아직 세계견종협회에 등록되지 않은 상태였다. 셰퍼드는 독일을 상징하는 개로 명견 대접을 받지만, 진돗개는 부모가 누군지도 모를 잡견으로 치부되었다. 이미 많은 국가들은 자기 나라를 대표하는 견종을 갖고 있었다. 늠름한 자태와 주인에게 한없이 충성스럽고 용맹한 진돗개가 제대로 대접받지 못하는 현실은 일본에서 이건희 회장이 느낀 감정과도 같았다. 진돗개는 일본에 핍박당하고 여전히 기술 후진국으로 무시당하는 우리나라의 현실을 그대로 반영하는 것이었다. 이건희 회장은 1989년 〈월간조선〉과의 인터뷰를 통해 당시 진돗개의 현실을 이렇게 말했다.

"당시 물가로 진돗개 새끼가 5,000~6,000원 정도 했는데, 진돗개보다 전혀 나을 것도 없는 외국산 셰퍼드 새끼는 10만~15만 원이나 했다."

풍산개와 함께 우리나라를 대표하는 견종인 진돗개에 대한 푸대접을 보고 이건희 회장은 연구에 나섰다. 1962년 우리나라 정부는 진도 특산인 진돗개를 천연기념물 제53호로 지정해 보호하고 있었다. 혈통 보존을 위해 1967년에는 '한국진도견보호육성법'까지 제정했다. 현실은 달랐다. 법도 소용이 없었다. 진돗개는 다양한 잡견들과 피가 섞이며 이미 순수 혈통을 잃어 가고 있었다.

명견의 가장 중요한 조건은 순혈이었다. 외산 견종은 해당 국가에서 순수 혈통을 인정하는 혈통서까지 만들어 자국 명견들의 명성을 높였다. 순수 혈통을 확인하지 못하다 보니 진돗개는 우리나라에서도 잡견 취급을 받았다. 외산 견종에 비해 터무니없이 싼 값도 당연했다.

이건희 회장은 순수 혈통을 보존하는 것이 가장 중요하다고 결론짓고 1969년에 직접 진도로 내려갔다. 진도 전역을 뒤져 순수 혈통에 가장 가까운 모양새를 지닌 녀석으로 30마리를 사들였다. 사놓고 보니 어느 놈이 순종인지 알 수 없었다. 번식을 시켜 보는 방법밖에 없었다. 몇 대를 거쳐 순혈을 이어 가는 한 쌍을 얻어야 했다. 이건희 회장과 진돗개의 동거는 그렇게 시작되었다.

이건희 회장은 업무로 아무리 바빠도 진돗개를 돌보는 시간만큼은 확보했다. 처음 30마리로 시작했던 진돗개는 번식을 거듭해 150마리까지 늘어났다. 세대를 거치는 동안 확실한 순종이라고 판단할 만한 한 쌍을 결국 얻었다. 순종 한 쌍을 얻은 이건희 회장의 목표는 하나였다. 진돗개를 세계적인 명견의 반열에 올리겠다는 일념이었다. 이건희 회장은 1975년 진돗개애호협회를 만들어 직접 회장을 맡았다. 협회를 만들며 진돗개 경연 대회도 열었다. 당시에는 파격적인 대형 냉장고를 1등 상품으로 걸었다. 1979년에는 일본에서 열린 세계애견연맹FCI 전시회에 자신이 직접 키우던 진돗개 한 쌍을 가져가 선보였다.

이건희 회장이 진돗개를 세계적인 명견으로 만들고자 각고의 노력을 하던 순간에도 진돗개의 잡종화는 여전히 진행형이었다. 1980년대 초반부터 성행하기 시작한 투견 대회 때문이었다. 사납고 싸움에 능한 개를 만들려는 인간의 욕망은 아키다, 핏불테리어, 불도그 등의 외국 개들과 진돗개와의 교잡을 불러왔다. 교잡된 진돗개는 외모에서 순종과 큰 차이가 없었다. 오히려 사냥을 더 잘하는 경우가 많아 우수한 진돗개로 포장되어 진도에 역수입되기도 했다. 순수 혈통을 지키던 진도에 교잡된 진돗개가 유입되며 잡종화가 가속되었다.

1989년 노태우 대통령은 영국을 방문했다가 외교적 봉변을 당했다. 동물 보호 단체인 국제동물복지기금IFAW이 대대적인 반한 시위를 벌인 것이다. 보신탕 때문이었다. '한국은 개를 먹는 나라'라는 구호부터 '개를 먹는 나라 한국의 상품을 사지 맙시다'라는 구호까지 등장했다. 런던 주재원의 보고를 받은 이건희 회장에게도 충격이었다. 당시 이건희 회장은 유럽 시장 확대를 노리고 있었지만, 유럽인들에게 한국은 '개를 먹는 나라', 한국 기업은 '개를 먹는 나라의 회사'일 뿐이었다. 유럽을 공략하려면 먼저 그들의 문화를 이해하고 한국의 문화를 이해시킬 필요가 있었다.

개를 먹는 나라라는 이미지를 벗기 위한 방법은 하나였다. 진돗개를 한국의 대표적인 국견으로 유럽에 소개할 필요가 있었다. 이건희 회장은 정공법을 택했다. 1990년 이건희 회장은 IFAW 임원진을 한국으로 초청했다. 개를 먹는 나라가 아니라 개를 사랑하는 나라임을 알려 주려 먼저 한남동 집으로 그들을 초대했다. 자신의 애견들을 소개하고, 에버랜드에 신축 중인 안내견 학교 현장도 보여 줬다. 이건희 회장은 IFAW 임원진들에게 사회 공헌 사업으로 구조견과 맹인 안내견을 기르고 싶다는 의사를 밝혔다. 돌아온 대답은 의외였다.

"당신도 개를 먹지 않는가? 설마 먹기 위해서 개를 보내 달라는 것은 아닌가?"

당시 IFAW는 한국의 보신탕 문화를 소개해 유럽 애견인들의 분노를 자아내면서 많은 후원금을 얻고 있었다. 개 도살 장면을 소개하기도 했다. 유럽인들의 인식은 더욱 나빠져 갔다. 이건희 회장은 그들의 인식을 바꾸기 위해 계속 한국 문화를 설명했고, 한국에도 애견인들이 많다는 사실을 적극적으로 알렸다. 애견 단체들에 대한 후원에도 나섰다. 그러자 서서히 IFAW의 인식도 달라져 갔다.

1992년 이건희 회장은 IFAW로부터 한 통의 전화를 받았다. IFAW는 농림부 관계자와의 만남을 주선해 주길 원했다. 이건희 회장의 주선으로 만남이 성사되었다. 우리나라에도 변화의 바람이 불었다. 동물보호법이 발의되어 '동물을 학대하면 처벌을 받는다'는 법 조항이 만들어졌다. IFAW는 영국 현지 신문에 '고마워요, 삼성!'이라는 광고를 게재했다. 유럽인들의 인식도 바뀌었다. 한국의 애견 문화를 인정하기 시작한 것이다.

이건희 회장은 여기에 그치지 않고 레트리버를 비롯한 영국산 훈련견들을 들여왔다. 그 개들을 시작으로 용인 에버랜드에 안내견 학교가 문을 열었다. 지금도 안내견 학교는 매년 구조견과 장애인들을 위한 안내견들을 교육하여 필요한 곳에 보급하고 있다. 에버랜드는 국제화기획실도 만들었다. 유럽인들의 인식은 많이 바뀌긴 했지만 아직 멀었다. 국제화기획실을 설립하고 이건희 회장은 자신의 목표를 밝혔다.

"영국 케널클럽Kennel Club에 우리나라의 진돗개를 등록해야 한다. 먼저 크러프츠 도그쇼Crufts Dog Show에 진돗개를 출품시키는 것을 목표로 해보자."

뜻밖의 미션이었다. 영국 케널클럽은 1873년에 설립된 세계 최고 권위의 애견 단체다. 등록된 개들은 모두 이름만 대면 알 만한 명견들이다. 크러프츠 도그쇼는 케널클럽이 주최하는 세계 명견 엑스포다. 진돗개는 이제 막 순종이 가려진 상황이었다. 도그쇼에 출품하기 위해서는 품종을 개량하고 훈련시켜야 했다. 상당수 사람들이 난색을 표명했지만, 이건희 회장은 자신이 있었다.

"진돗개라면 할 수 있습니다. 믿어 봅시다."

이건희 회장은 어떤 일을 결정하기 전까지는 오랜 시간 공부하고 생각한다. 생각이 끝나고 나면 놀라운 속도로 일을 진행한다. 남들보다 생각하는 시간이 길어서 진행은 속도를 내는 것이다. 진돗개의 세계화 역시 마찬가지였다. 이건희 회장은 1993년부터 크러프츠 도그쇼에 매년 1억 6,000만 원 상당의 영상 장비를 지원했다. 진돗개의 품종을 정비하고 훈련을 시키는 오래고 고된 일이 이어졌다. 2002년 6월에는 영국의 유명 사육사 멕 카펜터를 영입하는 데 성공했다. 여성 사육사인 멕 카펜터는 케널클럽의 신규품종 위원회 위원장도 겸하고 있었다. 같은 해 8월 진도군에 위치한 진도개시험연구소에서 키운 4살짜리 수컷 '장군'이 영국으로 향했다. 그해 말 장군이와 짝을 지을 암컷 5마리가 다시 영국으로 향했다.

8개월 후 멕 카펜터의 손에서 장군의 2세 6마리가 영국에서 태어났다. 2005년 크러프츠 도그쇼에 멕 카펜터가 조련한 장군과 그의 딸 솔로가 전시되었다. 같은 해 케널클럽 본회의는 진돗개를 한국의 순종견으로 인정하고 케널클럽이 공인하는 197번째 명견으로 등록했다. 이건희 회장이 진돗개의 세계화를 목표로 삼은 지 꼭 12년 만이었다. 한결같은 이건희 회장의 진돗개 사랑과 신뢰가 마침내 결실을 맺은 것이다.

이건희 회장이 진돗개 조련을 시켜 달라던 요청에 손사래 쳤던 멕 카펜터는 진돗개와의 사랑에 푹 빠졌다. 이후 멕 카펜터는 크러프츠 도그쇼에 자신이 직접 기른 진돗개 '매기'를 데리고 다니며 애정을 과시하고 있다. 이건희 회장은 진돗개를 케널클럽에 소개한 모든 공을 진도군에 미뤘다. 관련 사업을 모두 이관하고 해외 사업도 진도군이 직접 진행하도록 했다.

2012년 진돗개는 세계에서 2번째로 미토콘드리아 염기 서열 해독을 통해 우리 고유의 순수 혈통임을 증명했다. 전 세계 79개 품종의 개들과 비교 분석한 결과 확연한 차이를 보인 것이다. 연구 결과 진돗개는 시베리안 허스키나 늑대처럼 하나의 독립된 품종으로 밝혀졌다. 비슷한 생김새로 원조 논란을 빚은 일본의 '아키타'와도 확실한 계통 차이를 보였다. 한때는 잡종, 또 한때는 개를 먹는 나라의 국견이라는 진돗개의 설움이 마침내 막을 내린 순간이었다.

어린 나이의 타향살이,
지역전문가 제도의 시작

<small>청년
이건희</small>

흔히 일본인들을 두고 겉 다르고 속 다른 사람이라고 한다. '다테마에建前'와 '혼네本音' 문화 때문이다. 일본인들은 습관적인 인사말과 빈말을 늘 한다. 별로 친하지 않은 사이인데도 "꼭 한번 놀러 와주세요"라고 말했다면 그냥 예의상 하는 말이다. 즉 다테마에다. 우리나라에서는 초대를 뜻하는 말이지만, 일본에서는 인사치레일 뿐이다. 속마음(혼네)은 '그렇다고 진짜 찾아오면 곤란해요'이다. 정말 놀러 가겠다며 연락하면 "정말 죄송해요. 요새 바쁜 일이 있어서 손님을 맞을 상황이 아니랍니다"라며 변명한다. 당황해서 알겠다고 답하면 다시 "죄송합니다. 다음번에는 꼭 와주세요"라고 말한다. 전형적인 다테마에와 혼네 문화의 예다.

한국인 입장에서는 실컷 초대해 놓고 변명만 늘어놓는 일본인이 이해되지 않는다. 반면 일본인은 단순히 상대방을 배려한 말만 듣고 정말 찾아오겠다는 한국인에게 섭섭함을 느낀다. 그만큼 두 나라의 문화에는 깊은 골이 있다.

일본 친구에게 멋들어진 저녁 식사를 대접하거나 생일을 맞아 값비싼 선물을 하면, 겉으로는 크게 기뻐하면서도 속으로는 부담스러워한다. 고맙다는 말을 하면서도 속으로는 '나도 이 정도로 대접을 해야 하나'라는 고민에 빠져든다. 일본 사람들은 자신의 생일 파티에도 답례품을 준비한다. 상대방에게 선물을 받았으면 나도 그만큼 돌려줘야 한다는 생각이 있다.

친구를 사귈 때도 마찬가지다. 일본 사람들은 자신과 비슷한 수준의 사람들을 선호한다. 너무 지나치게 매번 밥을 사고 선물을 해도 실례다. 우리와 크게 다른 점이다. 일견 속 좁고 이기적이라고 생각되기도 한다. 그래도 그들만의 고유문화라는 점을 받아들이지 않으면 일본 생활이 힘들어진다. 이렇듯 서로 다른 문화의 차이는 쉽게 극복하기 어렵다. 현지에서 살아가는 기간이 길다면 자연스럽게 문화를 경험하고 습득할 수 있지만, 막상 겪어 보면 알면서도 당황스럽기 마련이다.

이건희 회장 역시 그랬다. 일본어를 전혀 배우지 않고 유학을 떠난 터라 처음에는 고생을 해야 했다. 1년 정도가 지나자 일본어보다 어려운 문화의 차이를 겪어야 했다. 누가 일본인 특유의 문화에 대해 설명하지는 않았지만, 시간이 지나면서 차츰 익숙해졌다. 결국 경험으로 체득하는 방법밖에 없는 것이다.

이건희 회장은 출장을 나가면 그 나라의 주요 인프라와 관광 명소를 꼭 둘러본다. 문화를 이해하기 위해서다. 출장 직전 이건희 회장은 비서실을 통해 해당 국가에 대한 거의 모든 자료를 요청한다. 역사적인 배경부터 주변국과의 관계, 경제 상황 등 총괄적인 자료를 수집하고 공부한다. 관광지라면 매년 몇 명 정도가 오는지, 어떤 역사적 의미를 갖고 있는지, 문화사적 의미는 무엇인지, 심지어 연간 관리 비용은 얼마나 드는지도 조사해 둔다. 바쁜 일정 속에서 많은 시간을 내지는 못해도 그 나라의 문화를 머릿속에 송두리째 넣으려는 것처럼 보일 정도다.

1990년 이건희 회장은 삼성그룹 특유의 '지역전문가 제도'를 만들었다. 3년차 이상의 사원, 대리급 인력을 1년 동안 해외 각국으로 보내 해당 국가의 언어와 문화를 배우게 했다. 프로그램은 선발된 직원이 직접 짜게 만들었다. 현지 체류비는 물론 월급도 그대로 주어졌다. 일종의 자율 연수 프로그램을 만든 것이다. 1년이 지나면 현업으로 복귀시킨다.

삼성그룹을 대표하는 지역전문가 제도는 이후 20년간 연 870여 개국에서 4,400명의 지역전문가를 양성했다. 1997년까지는 양성 인력의 60%를 미국, 일본, 유럽 등 선진국에 파견했고, 2000년 이후에는 인도, 중동, 동남아, 아프리카 등 세계 전 지역으로 확대했다. 최근에는 국가별 경제 성장 전망을 통해 향후 10년 이내에 전략 국가로 발돋움할 만한 나라를 예측해 인력을 보내고 있다.

1994년 이건희 회장은 그해 지역전문가로 선발된 인력들의 사내 성적을 확인하고서 전원을 다시 선발하라고 지시했다. 이건희 회장은 A급 인재들을 지역전문가로 보내 세계화를 위한 인재로 육성하고 싶어 했다. 실제 현장에서는 당장 일할 사람이 부족하다는 이유로 A급 인재를 두고 B, C급 인재를 내보냈다. 이건희 회장은 경영진에게 미래를 봐야 한다고 말했다.

"우수 인력을 지역전문가로 키워야 삼성이 국제화되고 세계 일류가 된다. 지금이 아니라 5년 후, 10년 후를 내다보고 지역전문가를 전략적으로 양성해야 한다."

이건희 회장은 여성 인력들의 지역전문가 양성에도 심혈을 기울였다. 여성들을 해외 업무에 적극 활용하고 글로벌 인재로 육성해야 한다는 것이다. 여성 직원들의 수가 적은 만큼 전체 지역전문가 중 여성 인력 비율을 30%까지 늘려야 한다고 강조했다. 또한 잘 알려지지 않은 전략 국가를 대상으로 하는 지역전문가 육성은 2년까지 늘릴 것도 지시했다.

"미래를 내다봐야 한다. 우리가 잘 쓰지 않는 작은 국가의 언어는 1년 안에 배우기 어려운 경우가 많다. 이런 지역은 지역전문가 기간을 2년으로 늘려 충분히 해당 국가의 언어와 문화를 익히게 해야 한다. 앞으로는 그런 차이가 기업 경쟁력의 차이로 나타난다."

이건희 회장은 경영진에게도 항상 '문화 공부'를 강조한다. 이건희 회장이 신경영 선언 직전인 1992년 8월 이학수 비서실 재무팀장, 김순택 비서팀장, 양해경 삼성물산 프랑크푸르트 지사장 등과 함께 스위스 취리히에 도착했을 때다. 이건희 회장이 말했다.

"혼자 쉬고 있을 테니 여러분은 유럽의 독종과 생존, 그리고 일류 문화를 경험해 보도록 하세요. 특별 휴가입니다."

회장을 모시고 수행하는 도중 특별 휴가라니 반가운 일이었지만, 이건희 회장의 말은 심상치 않았다. 독종과 생존은 수수께끼 같았다. 임원들은 즉시 2박 3일의 일정을 짰다. 스위스, 오스트리아, 이탈리아, 덴마크를 거치는 유럽 기행이었다. 이건희 회장의 지시에 따라 유럽 최고의 가이드도 찾았다. 이건희 회장은 해당 분야의 일류에게 무언가 배우기를 고집한다. 최고의 가이드는 최고의 여행 지식을 갖고 있다는 것이 이건희 회장의 지론이다.

4개 국가를 돌아다니며 임원들은 이건희 회장이 말한 독종과 생존에 대해 알아 갔다. 스위스는 독종이었다. 국민소득이 3만 달러에 달하는데도 스위스는 자국민들을 바티칸시티에 용병으로 파견해 외화를 벌고 있었다. 덴마크는 강대국 독일 옆에서도 세계 최고 전문 기업들을 보유하며 생존하고 있었다. 주목할 만한 대기업이 없는 오스트리아는 관광 등 일류 문화를 통해 국가 경제를 유지했다. 직접 보지 않았다면 알 수 없는 사실들이었다. 이건희 회장이 이런 점을 모두 알고 있었다는 사실이 더욱 놀라웠다.

그 후 삼성 임원들은 해외 출장 시 비즈니스가 끝나면 현지 문화 체험을 하는 것이 일상이 되었다. 이건희 회장은 최고의 가이드를 붙여 주고, 최고의 식사와 문화를 경험하게 했다. 단순히 즐기려면 적당히 해도 되지만, 문화 체험은 미래를 위한 투자였다.

없는 시간을 쪼개 문화 체험을 하는 만큼 많은 것을 얻으려면 그만한 투자는 당연했다.

영화에 빠져들다.
그리고 사람에 대해 연구하다

<small>청 년
이 건 희</small>

　주세페 토르나토레 감독의 영화 〈시네마 천국〉에 등장하는 '시네마 키드' 토토는 우리 삶의 축소판과도 같다. 2차 대전 직후 시칠리아 섬의 작은 마을. 마을 광장 한쪽에 있는 낡은 영화관 '시네마 파라디소'를 중심으로 영화가 펼쳐진다.
　토토는 매일 학교 수업만 끝나면 곧장 성당으로 달려가 신부님의 일을 돕는다. 별로 좋아하지 않으면서 매일같이 신부님을 돕는 까닭은 영화 검열을 하는 신부님을 따라가 영화를 볼 수 있기 때문이다. 가난했던 토토는 영사실 창 너머로 영화를 훔쳐본다. 같은 영화를 수없이 보면서 토토는 그때마다 새로운 감동을 느낀다. 스크린을 뚫어져라 바라보며 이미 외워 버린 영화 속 대사를 읊조리는 토토의 모습은 무엇인가 미친 듯이 빠져들었던 우리의 어린 시절을 떠올리게 한다. 토토의 친구이자 인생의 멘토 역할을 하는 영사 기사 알프레도가 자신의 인생 경험을 영화에 빗대어 설명한다.

"영화는 현실이 아니야. 현실은 영화보다 혹독하고 잔인하단다. 그래서 인생을 우습게 봐서는 안 되는 거란다."

일본 유학 시절 이건희 회장은 마치 토토처럼 '시네마 키드'로 살았다. 알프레도의 대사처럼 현실은 영화보다 혹독하고 잔인했다. 학교를 마치고 나면 혼자 있어야 하다 보니 집보다 차라리 극장이 편했을 것이다. 일본 유학 초기에는 일본말이 서툴러서 친구를 사귀기도 여간 쉽지 않았다.

영화 속에서는 누군가의 삶이 펼쳐진다. 〈시네마 천국〉에서 알프레도가 말했듯이 영화는 현실이 아니라 허구다. 사실 더욱 힘든 것은 현실이다. 현실적인 삶의 무게는 영화보다 무겁다.

일본에서 이건희 회장에게 주어진 공간은 학교와 하숙집 방 한 칸이었다. 영화관에서는 그 좁은 공간을 벗어날 수 있었다. 내가 아닌 다른 사람의 눈으로 누군가의 인생을 담은 영화 속에는 아직 가보지 못한 대초원과 사막, 빙하가 있다. 먼 미래로 떠나 로봇과 대화하고, 인류의 숙원인 우주여행도 간접 체험할 수 있다. 영화에 빠져든 것은 당연했다. 처음에는 도피처였을지도 모른다. 하지만 그 속에서 이건희 회장은 자신의 미래를 찾았다.

당시 일본에는 어느 동네에나 영화관 포스터가 붙어 있었다. 집 근처만 나서면 영화관이 즐비했다. 1950년대 일본의 영화 산업은 황금기를 맞이하는 중이었다. 1958년의 통계를 살펴보면 일본의 극장 수는 7,670개에 달했다. 한 해 영화를 보는 사람의 수는 11억 2,270만 명이었다. 1950년대 일본의 인구수는 9천만여 명이었다. 일본 국민 1인당 10편 이상의 영화를 볼 정도로 영화는 인기였다.

이건희 회장은 학교만 끝나면 영화관으로 달려갔다. 오후 내내 영화관에서 살았다고 해도 과언이 아니다. 동시 상영관이 많아서 저렴한 값에 원하는 영화를 마음대로 볼 수 있었다. 이건희 회장이 3년간의 첫 일본 유학 시절에 본 영화는 모두 1천여 편을 넘어선다. 하루 한 편 이상 영화를 꼬박꼬박 본 셈이다. 장르나 감독을 가리지도 않았다. 한 번 본 영화를 또 본 적도 많다. 시간이 나는 대로 영화를 봤고, 집에 돌아와선 그날 본 영화를 생각하곤 했다. 일요일에는 하루 종일 극장에서 살았다. 한 영화가 끝나면 다른 극장으로 자리를 옮겨 영화를 봤다.

당시 선친인 이병철 선대 회장은 제일제당과 관련된 업무로 일본을 자주 오갔다. 한 번 일본을 들르면 한두 달 정도 머무르며 이건희 회장과 함께 있기도 했다. 이병철 선대 회장은 매일같이 영화에 빠져 사는 이건희 회장을 혼내지 않았다. 오히려 이건희 회장의 영화 보는 방법에 대해 감탄한 것으로 알려졌다. 어린 나이에도 불구하고 영화가 단순히 주인공만의 이야기가 아니라 여러 사람들의 이야기로 만들어졌다는 점을 깨달은 이건희 회장이 대견스럽기도 했을 것이다.

1950년대 일본은 미국과 함께 전 세계 영화 제작국 중 1~2위를 번갈아 차지하고 있었다. 일본 영화의 거장이자 1세대 감독으로 불리는 구로사와 아키라, 오즈 야스지로, 키노시타 케이스케, 미조구치 겐지, 나루세 미키오를 비롯해 괴수 영화의 시조인 〈고질라〉의 감독 혼다 이시로도 이 시기에 활약했다. 이건희 회장은 이들의 영화를 즐겨 봤다.

〈칠 인의 사무라이〉를 비롯한 사무라이 영화로 유명한 구로사와 아키라는 다양한 문예 영화로도 유명했다. 영국, 러시아 문학에 심취했던 구로사와 아키라는 셰익스피어의 《리어왕》을 각색한 〈란亂〉, 《맥베드》를 각색한 〈거미집의 성〉, 도스토예프스키의 《백치》를 각색한 〈백치〉, 막심 고리키의《밑바닥에서》를 각색한 〈밑바닥〉, 톨스토이의《이반 일리치의 죽음》을 각색한 〈이키루〉 등의 영화를 만들었다.

미조구치 겐지는 초기에 미국 극작가인 유진 오닐, 톨스토이 등의 작품들로 문예 영화를 만들었다. 이후 사회파 영화의 한 장르인 '뉴 리얼리즘' 감독으로 각광받았고, 1953년 〈우게츠 이야기〉로 베니스 국제영화제 은사자상을 받았다. 오즈 야스지로는 가족, 결혼, 세대 간의 갈등을 영화의 주제로 많이 다뤘다. 나루세 미키오는 자신이 성장했던 도쿄의 빈민가를 무대로 서민들의 이야기를 영화로 만들었다. 여성이 주인공으로 등장하는 경우가 많았는데, 이로 인해 '여성영화 감독'이라고도 불렸다.

영화는 이건희 회장의 인생에 큰 영향을 미쳤다. 구로사와 아키라의 영화를 보며 고전에 관심을 갖게 되었다. 오즈 야스지로의 영화는 자신이 겪어 보지 못한 인간 군상을 이해하는 계기가 되었다. 나루세 미키오의 영화는 이건희 회장의 여성관에 영향을 미쳤다. 이건희 회장은 여성의 능력을 높게 평가하고, 여성 특유의 섬세함을 비즈니스와 연결하려 노력했다. 여성들이 회사에 출근하면 입어야 했던 근무복을 없앴고, 여성 공채도 처음으로 시작했다.

장난감을 분해하던 이건희 회장의 취미는 영화에도 그대로 이어졌다. 이건희 회장에게 영화는 단순한 오락거리가 아니라 연구 대상이었다. 자신이 겪지 못한 일을 간접 경험하면서 수많은 직업과 서로 다른 생각을 가진 영화 속 등장인물들에 대해 연구했다.

이건희 회장은 같은 영화를 여러 번 본다. 처음에는 주인공의 입장에 몰입해서 영화를 보고, 다시 조연들의 입장이 되기도 한다. 다음에는 악당의 편에 서서 영화를 본다. 여기서 끝나지 않는다. 제작자의 입장에서, 감독의 입장에서 영화를 본다. 카메라 감독, 조명 감독, 음악 감독의 입장이 되기도 한다. 영화에 등장한 풍경이 어느 곳인지, 왜 그곳을 선택했는지까지 연구하며 본다. 단순한 영화 한 편이라도 이건희 회장은 그 영화를 풀어헤쳐 만들어지는 전 과정과 영화에 담긴 철학, 수많은 스텝들이 하려는 이야기까지 꼼꼼히 듣고 생각한다. 영화 평론가와는 보는 관점이 다르다. 평가하는 것이 아니라 연구하고 배운다.

이 같은 사고방식은 우리가 사물과 사건을 2차원2D으로 볼지, 3차원3D으로 볼지를 결정하게 된다. 2D로 사물을 보면 시야를 넓혀도 보이는 것 이상은 볼 수 없다. 반면 3D로 사물을 보면 정면에서 보이지 않는 부분도 시각을 바꾸어 달리 볼 수 있다. 영화는 집단 지성의 결과물이다. 감독과 배우만으로는 영화를 만들지 못한다. 수많은 장면에는 다양한 일을 하는 스텝들의 생각과 노력이 숨어 있다. 이건희 회장처럼 영화를 보면 새로운 것들이 보인다. 즉, 결과물로 나온 영화를 보면서 만드는 사람의 의도를 파악해 사람에 대한 연구를 한 것이다.

이건희 회장은 영화를 다각도로 보면서 기업 운영에 대한 묘를 연구했다. 우선 영화 제작은 기업의 운영과 닮아 있다. 기업의 오너는 영화로 치자면 제작자에 가깝다. 제작자는 어떤 소재를 갖고 영화를 만들지 결정해야 한다. 꼭 필요한 배우가 있다면 제작자가 직접 나서 섭외하기도 한다. 투자는 필수다. 원하는 퀄리티의 영화를 만들려면 그만한 투자가 필요하다.

두 번째, 영화가 성공하려면 감독을 잘 선임하는 것이 중요하다. 기업으로 치자면 전문경영인이다. 감독은 수많은 스텝들의 의견을 조율하며 종합적인 결과물을 만들기 위해 힘을 쏟아야 한다. 영화 제작의 모든 것을 잘 이해해야 하며, 각 스텝들이 무슨 일을 하는지 정확하게 알아야 한다. 경제적인 개념도 갖추고 있어야 한다. 무작정 제작비를 많이 쓴다고 좋은 영화를 만들 수는 없기 때문이다.

마지막으로는 프로페셔널한 배우와 스텝들이다. 주연과 조연은 자신의 역할을 잘 이해하고 감독의 철학에 따라 호흡을 맞추며 연기해야 한다. 스텝들은 영화에 등장하지는 않지만, 완성도를 높이는 데 결정적인 역할을 한다. 잘 만들어진 영화라도 무대 장치가 엉성해 실소를 자아내거나, 잘못된 고증으로 논란의 중심에 서는 경우가 많다.

영화 제작 과정에 비춰 삼성그룹을 살펴보자. 이건희 회장은 경영상의 큰 흐름과 투자의 방향을 결정한다. 그 뒤에는 가장 적합한 인물을 선택해 경영의 세부적인 사항을 맡긴다. 일단 맡기고 나서는 아낌없이 투자하고 신뢰한다. 전문경영인들은 자신이 어떤 일을 해야 하는지 분명하게 아는 사람들이다. 적재적소에 직원들을 배치하고, 이건희 회장의 경영 철학을 현업에 적용하는 일을 맡는다.

수많은 임직원들은 회사의 각 기능을 맡아 자신의 임무를 충실하게 수행한다. 그들이 하는 일은 마치 영화에서 조명 기사나 카메라 감독처럼 밖으로 잘 드러나지는 않는다. 하지만 누구 하나라도 일을 소홀히 한다면 세계 최고의 제품은 탄생하지 않는다. 소비자들의 눈과 평가는 냉혹하다.

이처럼 영화를 보면서 이건희 회장은 세상을 배우고, 기업을 배우고, 사람에 대해 연구했다. 가장 눈여겨볼 대목은 이건희 회장의 사람에 대한 공부다. 사람에 대한 공부는 이건희 회장에게 일생을 걸쳐 큰 영향을 미쳤다. 이건희 회장은 영화를 통해 한 사람이 평생을 거쳐 만나고 대화하고 이해할 수 있는 한계를 넘어섰다. 사람에 대한 통찰력의 원천은 바로 영화였던 것이다.

"나는 사람에 대한 연구를 가장 많이 한다"

심리학자 폴 에크먼은 저서 《얼굴의 심리학Emotions Revealed》을 통해 인간이 단 2가지 얼굴 근육만으로도 300여 가지의 표정을 만들어 낸다고 주장했다. 그는 자신의 얼굴에 바늘을 꽂고 전기 자극을 주는 실험을 수행하기도 하면서 총 3,000여 가지의 유의미한 표정을 골라냈다. 그 표정들을 바탕으로 1978년 '얼굴 움직임 해독법Facial Action Coding System, FACS'을 고안했다. 얼굴의 움직임을 묘사한 최초의 얼굴 지도를 만들기도 한 그는 인간의 감정이 15분의 1초에 불과한 짧은 순간 동안 얼굴에 나타났다 사라진다는 점도 알아냈다.

폴 에크먼처럼 얼굴에 대한 학술적인 연구까지 하지는 않았지만, 이건희 회장도 비슷한 연구에 심취한 적이 있다. 이건희 회장의 집무실에는 큰 거울이 하나 있다. 시간이 날 때마다 이건희 회장은 거울을 보며 다양한 표정을 지어 본다. 감정 상태에 따른 표정을 관찰하며 연구한다. 기쁘거나 슬플 때 거울을 바라본 사람이라면 이해할 수 있다. 우리의 얼굴은 마음을 비추는 창과도 같다. 아무리 얼굴에서 표정을 지우려 해도 감출 수 없다. 미세한 감정의 변화는 수십 개의 얼굴 근육을 잡아당기며 다양한 표정을 만든다. 이건희 회장이 알고 싶었던 것은 바로 사람이었다. 얼굴 속에서 상대방의 마음을 읽고 그 사람을 이해하고 싶어 한 것이다.

흔히 대기업의 오너 회장들을 두고 서민들의 삶을 이해하지 못한다고 비판한다. 일리가 있다. 대기업 오너 회장들의 삶은 우리와는 다르다. 그들은 버스를 타는 대신 기사가 운전하는 차를 탄다. 가고 싶다면 아무리 먼 외국이라도 전용기 조종사에게 연락해 유유자적 떠난다. 보통 우리들은 비행기 표값이 비싸서 주저하거나, 돈이 있어도 표가 없어서 못 가는 경우가 태반이다. 그들은 비싼 물건을 사더라도 가격보다 그 물건이 주는 가치를 먼저 본다. 심지어 자신의 지갑에 얼마가 있는지, 재산이 얼마나 되는지도 보고받지 않으면 모른다. 이해하려 하지 않는 것이 아니라 경험할 기회가 없다는 편이 맞다.

이건희 회장도 평범한 삶을 경험할 기회가 많지 않았다. 부유한 집안에서 태어나 평범한 직장인들의 삶은 접해 본 적이 없다. 학업을 마친 다음부터는 선친인 이병철 선대 회장과 함께 경영 일선에 나서며 경영자로서의 수업을 받았을 뿐이다. 그럼에도 이건희 회장은 다양한 계층의 삶을 그 누구보다 이해하고 있다. 영화가 이건희 회장의 교과서 역할을 했다. 이건희 회장의 고교 동창인 홍사덕은 고교 시절을 회상하며 다음과 같이 말했다.

"이건희 회장이 고교생 시절에 삼성에서 간부 한 사람이 내쳐진 적이 있습니다. 그런데 고교생인 건희가 아버지께 그분의 복권을 고집스럽게 권유했죠. 결국 이병철 선대 회장께선 그분을 다시 재기용하셨고, 나중에 삼성 발전에 큰 기여를 하셨습니다. 당시 건희에게 고등학생이 뭘 안다고 그러느냐고 얘기했는데, 건희가 '나는 사람에 대한 공부를 제일 열심히 한다'고 말했습니다."

1993년 이건희 회장은 장애인들의 사회 참여를 장려한다는 차원에서 234억 원을 투자해 장애인 직원 공장 무궁화전자를 설립할 계획을 세웠다. 이건희 회장은 거액의 기부금만으로는 장애인들의 삶을 바꿔 놓을 수 없다는 생각을 갖고 있었다. 일종의 동기 부여다. 이건희 회장은 장애인들이 스스로 자립해 먹고살 방법을 기업이 만드는 것이 근본적인 해결이라고 판단했다. 당시 삼성전자의 한 해 순이익은 1,000억 원 정도였다. 한 해 이익의 20%가 넘는 돈으로 장애인들을 위한 회사를 설립하기로 한 것이다. 이건희 회장은 장애인들이 아무 불편함 없이 근무할 수 있는 완벽한 편의 시설을 요구했다. 보여 주기가 아니라 앞으로도 계속 장애인들이 근무할 공간이 필요했기 때문이다.

  이건희 회장의 지시가 떨어지자 삼성전자 경영진은 고려대학교의 모 교수에게 컨설팅을 의뢰했다. 3개월간의 준비 기간이 지나고 이건희 회장 앞에서 공장 설계와 관련한 브리핑이 있었다. 발표가 끝나자 이건희 회장은 장애인 편의 시설이 크게 부족하다며 보완하도록 지시했다. 휠체어를 탄 장애인을 위해 모든 문을 슬라이드 형태로 만들고, 식당 내부의 배식대 높이를 낮추는 등 세부적인 사항을 전달했다. 마치 오랫동안 장애인들과 함께 생활해 본 사람처럼 세세한 배려가 이어졌다. 당시 한 임원이 이건희 회장에게 말을 건넸다.

"장애인에 대해 굉장히 잘 알고 계신데, 어떤 연유로 알게 되신 겁니까?"

이건희 회장이 답했다.

"자네는 영화도 안 보나. 장애인과 관련된 영화를 두어 편 보면서 장애인들의 생활에 대해 연구했을 뿐이야."

어린 시절 취미 생활로 시작한 영화 보기는 이건희 회장에게 타인의 삶을 이해하는 거울이 되었다. 기업 경영에도 영화에서 얻은 지혜가 채용되었다. 삼성전자의 근간을 이루는 인센티브 제도를 만들게 된 계기가 영화 〈벤허〉라는 것은 삼성 내부에서는 이미 유명한 얘기다. 윌리엄 와일러 감독의 영화 〈벤허〉는 미국 작가 루 월리스의 동명 소설을 원작으로 만들어졌다. 전형적인 선악 구조를 지닌 영화로, 악역으로 등장하는 멧살라와 주인공 벤허의 전차 경기 장면이 압권이다.

이건희 회장은 영화 〈벤허〉에 수십 시간을 투자해 연구했다. 벤허와 멧살라 입장에서 영화를 보고, 감독의 입장에서도 영화를 봤다. 이건희 회장의 관심을 끈 것은 하이라이트인 전차 경주 장면이었다. 두 사람이 전차를 모는 모습에는 분명한 차이가 났다. 문득 머릿속을 스치는 생각이 있었다. 과연 거기까지 감독이 고려해서 영화를 만들었을까? 말에 관심이 많던 이건희 회장에게 〈벤허〉의 전차 경주 장면은 철저한 고증을 거쳐 만든 것이었다. 영화 〈벤허〉에 대한 이건희 회장의 말을 들어 보자.

"말은 훌륭한 조련사를 만나야 좋은 말이 될 수 있다. 조련사도 그 기술이나 등급에 따라 여러 등급이 있다. 2급 조련사는 회초리로 말을 때려서 길들이고, 1급 조련사는 당근과 회초리를 함께 쓴다. 못할 때만 회초리를 쓰고, 잘하면 당근을 준다. 그러나 특급 조련사는 회초리를 전혀 쓰지 않고 당근만으로 훈련시켜 훌륭한 말을 길러 낸다. 영화 〈벤허〉의 전차 경주 장면을 자세히 보면 알 수 있다. 벤허와 멧살라는 말을 모는 스타일부터 다르다. 멧살라는 채찍을 강하게 후려치며 달리는데, 벤허는 채찍 없이도 결국 승리한다. 영화감독이 일부러 벤허의 캐릭터를 살리려고 그렇게 찍었을지도 모르지만, 그 경주는 2급 조련사와 특급 조련사의 경기나 다름없다. 특히 벤허는 경기 전날 밤에 네 마리 말을 한 마리씩 어루만지면서 사랑을 쏟고 용기를 북돋워 주기까지 한다."

이건희 회장은 영화 〈벤허〉에서 얻은 경영 교훈을 바탕으로 삼성 고유의 인센티브 제도를 만들었다. 채찍 없이 승리하고 싶었던 것이다. 삼성그룹은 지난 2000년부터 특유의 보너스 제도인 PI Productivity Incentive, PS Profit Sharing를 운용하고 있다. 생산성격려금 PI과 초과이익분배금 PS이 그것이다. 연봉과 별도로 지급되는 두 가지 보너스 제도는 삼성그룹의 근간을 만들고 있다.

PI는 1년에 두 차례 지급되는 보너스로, 일반 회사에서 운용하는 보너스 제도와 비슷하다. PS는 대표적인 성과급 제도로, 삼성그룹은 1년 동안의 경영 실적을 평가하여 당초 목표를 초과 달성하면 초과 이익 달성분의 20%를 임직원들에게 나눠 준다. 상한선은 연봉의 50%로 정해져 있다. 예를 들어 연봉 1억 원을 받는 임원이라면 PS를 최고 5,000만 원까지 수령하게 된다.

PS 제도가 유지되려면 몇 가지 전제 사항이 있다. 우선 회사에서 명확한 목표를 제시한다. 터무니없는 목표를 제시하면 PS 제도는 유명무실해진다. 임직원들이 스스로 목표를 낮게 잡으면 회사의 발전을 저해할 것이다. PS 제도를 유지하기 위해 경영진들은 최적의 목표를 정한다. 정해진 목표는 모든 임직원들에게 동일한 동기 부여를 하게 된다. 노력하면 충분히 달성할 수 있지만, 노력하지 않으면 달성이 어렵다. PS 제도는 최적의 목표를 설정하고, 그 목표를 위해 회사 전체가 노력하는 결과를 가져온다. 결국 이건희 회장이 PS 제도를 통해 임직원들에게 말하고 싶었던 의미는 목표 달성을 위한 동기 부여이다.

누군가를 이해하려면
함께 점심을 먹어라

역사상 최고의 성공적인 투자가 워렌 버핏은 수년 전 경매 사이트 이베이에 자신과의 점심을 경매로 내걸었다. 경매금 전액은 불우이웃을 위해 글라이드 재단에 기부되었다. 낙찰가는 65만 100달러(약 6억 7,000만 원). 낙찰자는 아쿠아마린 헤지펀드 운영자 가이 스피어와 파브라이 인베스트먼트 펀드 운영자 모니쉬 파브라이로 결정되었다.

버핏과의 점심 식사 자리에는 가이 스피어와 그의 아내, 모니쉬 파브라이와 그의 아내와 두 딸이 동석했다. 파브라이의 두 딸들은 버핏의 양옆에 앉았다. 버핏은 가이 스피어와 모니쉬 파브라이 일행에 대해 미리 조사해 왔다. 버핏은 가이 스피어의 아내가 노스캐롤라이나의 솔즈베리에서 태어났다는 것까지 알고 있었다.

　식사를 하며 버핏은 첫 번째로 성실하게 사업할 것과 자신이 갖고 있는 가치들을 공유하는 사람들과 일하는 것이 중요하다는 점을 강조했다. 두 번째로는 자신의 능력 안에서 확신할 수 있는 투자를 하라고 조언했다. 버핏은 기술 및 인터넷 관련주에 투자하기를 거부해 비난받은 바 있다. 그 결정은 IT 버블이 꺼지며 옳은 선택임을 입증했다. 버핏이 IT 주식에 투자하지 않은 이유는 단 하나다. 그가 잘 몰라 확신이 없었기 때문이다. 세 번째로는 명확한 판단을 위해 감정적인 독립을 확보하라는 것을, 네 번째로는 삶에 대한 열정적인 자세를 강조했다.

　이날 버핏은 쟁반 위에 놓인 여러 가지 디저트를 바라보며 웨이터에게 "스푼 몇 개만 가져다 줘요. 모든 디저트를 조금씩 맛보고 싶네요."라고 말했다. 자신이 좋아하는 것만 맛보지 않고 모든 디저트의 맛을 알고 싶어 하는 모습은 호기심 많은 버핏의 성격을 그대로 드러낸 대목이다. 6억 7,000만 원을 지불한 3시간의 점심 식사는 그렇게 끝났다.

　버핏은 뉴욕에서 2,000km 이상 떨어진 네브래스카 주 오마하를 거의 벗어나지 않는다. 출장을 다녀와서도 줄곧 오마하에 머무른다. 그럼에도 버핏은 주식 시장의 흐름을 정확히 꿰뚫고 있다. '오마하의 현인'으로 불리는 이유다. 이건희 회장 역시 한남동 자택의 집무실과 일본 롯폰기에 있는 오크우드 레지던스에서 대부분의 시간을 보낸다. 전 세계 곳곳을 주유하며 글로벌 삼성을 만들었지만, 그가 대부분의 시간을 보낸 곳은 두 군데이다.

버핏과 이건희 회장의 공통점은 삶에 대한 끊임없는 연구이다. 두 사람에게 점심 식사란 단순히 밥을 같이 먹는 것만이 아니다. 상대방을 이해하려는 일종의 연구와도 같다. 밥을 먹는 행위 자체는 상대방의 내면을 들여다보기 위함이다. 이건희 회장은 젊은 시절 '세계 1등'과의 점심을 즐겼다. 세계 최고의 자리에 올라선 사람들과 점심을 함께하며 그들이 갖고 있는 생각, 생활 태도를 배워 삼성그룹의 경영자들과 공유하고 싶어 했다. 세계 1등이 되려면 세계 1등에게서 배워야 한다는 생각이었다.

이건희 회장은 경영 일선에 나서면서 '오찬 경영'을 이어 가고 있다. 업무 보고나 회의와는 별도로 점심 식사를 함께하며 경영진들에게 자신의 의도를 전달한다. 자유롭게 경영진들의 의견을 청취하고 자신의 의견도 말한다. 평상시에는 만날 기회가 없는 삼성그룹 내부의 다양한 계층과도 오찬을 함께한다. 여성 임원, 지역전문가 출신, 생산직 직원 등이다. 오찬을 하며 들은 건의 사항은 즉각 경영에 도입하거나 처리한다.

2012년 4월 이건희 회장은 총 9명의 여성 승진자들과 오찬을 했다. 큰딸인 이부진 호텔신라 사장도 참석했다. 이날 오찬은 평상시 이건희 회장이 하는 경영진과의 오찬과는 달랐다. 회장과 임직원이라는 신분을 잊고 격과 허물을 벗어던진 채 개인 생활의 사소한 부분까지 이야기를 나누는 자리였다. 여성 임직원들은 가정과 회사 사이의 고충에 대해 토로하기도 했다.

이건희 회장은 이날 반도체 공장에서 현장 반장을 맡고 있는 한 여성 차장에게 깊은 관심을 보였다. 고졸로 삼성전자에 입사해 차장으로 승진한 그녀는 "생산직 여성들에게 학력의 벽이 없다는 것을 보여 줘서 기쁘다"고 이건희 회장에게 말을 건넸다. 이건희 회장은 "빨리 부장도 되고 상무도 되어야지"라고 답했다. "그렇지 않아도 후배들이 빨리 임원이 돼 우리들 입장도 잘 반영해 달라고 응원하고 있다"고 대답하자, 이건희 회장은 다시 "내가 꼭 기억하고 있겠다"고 대답했다. 점심 식사가 끝나고 이건희 회장이 말을 꺼냈다.

"여성에게는 남자가 갖지 못하는 숨겨진 힘이 있다. 아이를 10달 동안 키워서 낳는 힘이 있고, 고통을 거뜬히 이겨 낸다. 부성애와는 다른 모성애가 있다. 이는 보통 일이 아니다. 어떻게 회사 일, 가정 일을 다 하는가? 남자들에게 시켜 보면 못 한다. 다 도망간다. 나부터도 그렇다. 우리 사회는 아직 남녀 차별이 있는 것 같다. '왜 이러나, 안 되겠다'고 생각했다. 그래서 회장이 되고 나서 여성 인력을 육성하라, 보육 시설도 확보하라고 말했다. 이제 인프라는 갖춰진 것 같다. 앞으로도 여성 인력을 중요시할 거다. 지금은 여성 인력 채용 비율이 30% 정도인데, 앞으로는 이 비율을 더 높여 나갈 거다. 우리 그룹은 여성 인력이 발휘하는 능력 덕을 잘 보고 있다. 여성 인력을 잘 활용하지 못하면 회사와 나라의 손해다. 우수한 후배들에게 삼성에 와서 일하라고 말해 주기 바란다. 최소한 후회는 하지 않을 거다. 열심히 하고, 정확히 보고 뛰면 잘되게 돼 있다."

　함께 참석한 이부진 호텔신라 사장은 특별한 말 없이 점심 식사를 마쳤다. 이부진 사장은 아버지가 항상 그랬듯 주변의 대화를 조용히 듣는 것으로 오찬에 의미를 뒀다. 오찬을 끝낸 이건희 회장이 밖으로 나가자 참석자들은 "사진을 찍었어야 하는데" 하며 아쉬움을 표했다. 그 말을 듣고 이부진 사장이 조용히 일어나 자리를 나섰다. 이부진 사장은 이건희 회장을 다시 모셔 와 참석자들과 함께 기념사진을 찍었다.

이건희 회장은 2012년 취임 25주년을 맞아 임직원들과 특별한 오찬을 갖기도 했다. 성별, 나이, 직급을 가리지 않고 공개 응모를 통해 총 10명의 임직원을 선발해 오찬을 한 것이다. 당시 삼성그룹 내부에서는 '워렌 버핏의 오찬'과도 비교되며 화제가 되었다.

오찬 참석을 위해 총 2,000여 명에 달하는 삼성그룹 임직원들이 각자의 사연을 보냈다. 3대가 나란히 삼성그룹에 입사한 직원부터, 어려운 환경 속에서 겨우 학업을 마치고 삼성그룹에 입사해 간부 사원까지 승진한 눈물겨운 사연도 있었다. 사회적 편견, 성차별로 고통받았던 여사원을 비롯해 머나먼 인도에서 한국으로 취업해 겪은 문화적인 어려움을 토로한 외국인 직원도 있었다.

이날 오찬에서는 참석자들이 살아온 이야기가 주를 이뤘다. 어려웠던 가정 환경으로 대학 입학을 포기하고 반도체 사업부 생산직으로 입사한 직원의 이야기를 듣던 이건희 회장은 "학력은 학교가 주는 것이 아니라 스스로 만드는 것"이라고 말했다. 다른 참석자가 10년간 쓴 일기를 들고 와 이건희 회장에게 사인을 부탁하자 흔쾌히 해주기도 했다.

경제학자 밀턴 프리드먼은 '공짜 점심은 없다'는 말을 즐겨 했다. 모든 일에는 대가가 따른다는 말로, 경제학에서 가장 중요하지만 잊어버리기 쉬운 지혜로 익히 알려져 있다. '공짜 점심은 없다'는 말처럼 이건희 회장의 오찬은 자신의 경영 철학을 공유하고 상대방의 지식과 경험을 얻기 위한 경영 행위 중 하나다. 대기업 회장이라는 위치여서 남들과 같은 평범한 삶을 살 수는 없지만, 그에 대한 이해는 누구보다도 깊은 이건희 회장이 사람에 대해 연구하는 자세는 오찬 경영에 그대로 담겨 있다.

이건희 회장이 오찬 경영에서 얻은 지혜는 아들인 이재용 부회장에게도 그대로 이어졌다. 이재용 부회장도 삼성그룹 경영진과의 오찬을 통해 자신의 의견을 피력하는 경우가 많다. 한 번 화제에 오른 사항은 꼼꼼히 메모해 뒀다가 다시 묻곤 한다. 점심 식사 때 무심코 한 듯한 질문이라도 다음에 만나 반드시 챙긴다. 주장하기보다는 상대방의 말을 주로 듣는 것도 이건희 회장과 닮았다. 조용히 듣다가도 관심 가는 사안은 집요할 정도로 깊게 파고들고 확인하는 모습에선 삼성가 3대의 모습이 그대로 나타난다.

레슬링 10단 이건희, 그가 배운 삶

첫 일본 유학 시절 이건희 회장이 겪은 것은 조선인으로서의 설움이었다. 세계대전 패전 이후 일본의 제국주의는 사그라졌어도 조선인에 대한 멸시는 여전했다. 한국전쟁을 거치며 차별 대우는 더욱 심해졌다. 당시만 해도 미국인들은 흑인을 사람으로 여기지도 않았고, 유럽인들은 유색 인종을 짐승과 비슷한 수준으로 여겼다. 물질적인 문명이 조금 앞섰다고 인간이 인간을 종으로 부리고 멸시하는 세태가 이어졌던 것이다.

이건희 회장이 한국에서는 내로라하는 집안의 아들이라도 일본에서는 말도 제대로 못하는 어린아이였을 뿐이다. 그런 이건희 회장의 눈을 사로잡는 인물이 있었다. 한국에서도 유명한 인물이었다. 바로 프로 레슬러 역도산이었다.

흑백 TV 화면에 등장하는 역도산은 한국은 물론 일본의 국민 영웅이었다. 키 176cm에 몸무게 116kg의 역도산은 TV 화면 속을 종횡무진하며 거대한 체격의 미국 프로 레슬러를 가라테춉 한 방으로 무너뜨렸다. 세계대전 패전 이후 일본인들이 느끼던 굴욕감과 허탈감을 해소해 준 프로 레슬러였다.

역도산은 승리만을 생각하는 사람이었다. 야비하고 잔인했지만 매번 이겼고 성공했다. 세계 최고가 되기 위해 오로지 이기는 것만을 생각하는 사람, 김신일이라는 이름을 버리고 리키도산(역도산)이라는 이름으로 평생을 산 사람, 누구나 역도산이 조선인 출신이라는 사실을 알아도 본인은 철저하게 정체성을 숨겼던 사람이었다. 이건희 회장은 그런 역도산에게 끌렸다. 역도산은 선수 생활을 하며 다음과 같은 말을 남겼다.

"나는 외롭다. 그건 강한 자만이 느끼는 외로움이다. 인생은 승부다. 착한 척하지 마라. 그럴 시간이 없다."

강자만이 느끼는 외로움, 그리고 그 속에서 찾아 나선 승부라는 인생. 오직 자신의 목적을 달성하기 위해선 착한 척조차 하지 말라는 역도산의 말은 이건희 회장의 가슴속에도 깊이 새겨졌다.

역도산의 본명은 김신락이다. 함경남도에서 태어났다. 역도산은 동네에서 열린 씨름대회에서 준결승까지 올라 3위를 차지한다. 그때 일본인 형사 오가타 도모카츠와 훗날 그의 양아버지가 된 모모타 미노키치의 눈에 띄게 된다. 두 사람은 역도산을 일본으로 데려가 스모를 시키려고 했다. 가족의 반대로 일본행을 포기했다가 아버지가 세상을 떠나자 역도산은 일본으로 향한다.

1940년 역도산은 다마노우미가 이끄는 스모 도장에 들어가 89명의 제자 중 한 명이 된다. 당시 기록에도 출신지 조선, 본명 김신락, 선수명 역도산이라고 남아 있다. 스모 선수 생활을 하면서 역도산의 출신지는 일본의 나가사키로 바뀐다. 조선 출신이라는 멸시와 차별을 견디지 못하고 출생지마저 바꾼 것이다. 튼튼한 몸 하나밖에 없던 역도산에게는 그것이 생존을 위한 길이었다.

스모는 역도산의 인생이었다. 그에게 연습은 곧 실전이었다. 역도산이 너무 지독하게 해서 후배가 그의 허벅지를 물어뜯은 사건도 있었다. 해방 이후 역도산은 귀향을 망설이다 일본에 잔류한다. 1949년 역도산은 폐디스토마로 병원 신세를 진다. 스모 선수로서의 성적도 급격하게 나빠졌다. 역도산의 해결책은 수련이었다. 무서운 집념으로 수련을 거듭해 나가던 역도산은 세키와케로 승급하기에 이르렀다.

스모 선수는 총 10등급으로 나뉜다. 제일 상위 등급이 요코즈나, 그 다음이 오제키라고 불린다. 세키와케는 3번째 등급이다. 300년 스모 역사 중 요코즈나의 위치에 오른 스모 선수는 지금까지 68명에 불과하다. 현역으로 활동하고 있는 800명의 스모 선수를 모두 물리쳐야 최정상에 오른다. 스모는 급수에 따라 급여와 상금이 천지 차이다. 요코즈나는 천황도 무시 못 하는 인격체로 대접받는다.

역도산은 결국 출신의 벽을 넘지 못했다. 요코즈나와 맞붙어 보기 좋게 쓰러뜨렸지만, 판정은 역도산의 반칙패였다. 이긴 승패가 뒤집히자 역도산은 상투를 자르고 스모 선수의 길을 접었다. 도쿄 신바시의 나이트클럽 '은마차'에서 인생을 허비하던 역도산은 일본계 2세 미국인 사카다 해럴드를 만나 프로 레슬러의 꿈을 키운다. 지인 강창수(일본 권도회 총수)를 만나 스모에서 사용하던 '하리테(손바닥으로 얼굴을 치는 기술)' 기술을 수도로 바꿔 '가라테춉'으로 만들기도 했다.

1952년 역도산은 미국 순회 경기를 치렀다. 역도산의 가라테춉 한 방에 덩치 큰 미국 프로 레슬러들이 나가떨어졌다. 전쟁은 미국에게 졌지만 프로 레슬링에선 승리한 셈이었다. 역도산은 당시 일본인들의 응어리진 국민감정을 위로해 줬다. 조선인 출신이라는 문제로 요코즈나는 허락하지 않았지만, 프로 레슬러로서 미국인들을 때려눕히는 모습에서 일본인들은 위안을 찾았다.

1953년 이건희 회장이 일본에 막 도착했을 때 역도산은 국민적인 영웅이었다. 당시 일본에서는 역도산의 경기를 보려고 TV를 살 정도였다. 누구나 한국인인 것을 알지만 자신은 일본인이라고 강조했던 사람, 스모에서 뜻을 못 이뤘지만 프로 레슬러로 성공한 역도산은 이건희 회장에게도 영웅이었다.

일본에서 귀국 후 들어간 서울사대부고에서 이건희 회장은 레슬링 선수로 활동한다. 부친인 이병철 선대 회장을 비롯해 박두을 여사 등 모두가 이건희 회장을 말렸다. 몸과 몸이 맞부딪쳐야 하는 레슬링은 체력적으로도 힘들고 위험한 운동이었다. 부상도 흔하다 보니 부잣집 도련님이 즐길 만한 운동이 아니었다. 하지만 이건희 회장은 레슬링 선수 생활을 고집했다. 레슬링의 강한 투지와 끈기에 매료되었기 때문이다. 아무런 장비 없이 오로지 몸으로 익힌 기술만으로 상대방과 다투는 레슬링에는 앞으로 이건희 회장이 살아야 할 힘난한 세계가 있었다. 그것을 견뎌 내기 위한 강한 의지를 기를 수도 있었다. 이건희 회장이 신경영을 관철해 낸 특유의 체력과 강한 투지는 이 시절에 비롯된 것이다.

이건희 회장은 서울사대부고에서 2년 동안 레슬링 선수로 활동했다. 1959년에는 웰터급으로 전국 대회에도 출전해 입상하기도 했다. 뭐든지 한번 하면 특유의 연구로 끝을 보는 성격은 레슬링에서도 나타났다. 그러다 경기 도중 눈자위가 찢어지는 부상을 입는다. 잘못하면 실명될 수도 있어 더 이상 선수 생활을 이어 가지 못했다.

이건희 회장은 일본 와세다 대학교 유학 시절에 역도산과 직접 만나기도 했다. 역도산은 프로 레슬러로서도 수준급이었고, 사업가로서도 뛰어났다. 일본프로레슬링협회를 결성한 역도산은 미국처럼 TV 중계를 통해 프로 레슬링의 대중화에 나섰다. 방송 중계를 하면 아무도 돈을 주고 경기를 보러 오지 않을 것이라고 말리는 사람이 태반이었다. 역도산의 예측은 맞았다. TV 중계 이후 프로 레슬링 경기장을 찾는 사람들은 폭발적으로 늘어났다.

서울 올림픽이 열리기 6년 전인 1982년 국내 유력 기업들의 회장들은 올림픽 기반을 다지기 위해 투자에 나섰다. 12개 종목을 맡은 회장단이 무려 40억 원을 스포츠에 투자했다. 최원석 동아그룹 회장은 탁구협회, 이종록 삼익주택 회장은 테니스협회를 맡았다. 장익룡 진로주조 사장은 육상연맹, 이명박 현대건설 사장은 수영협회를 맡았다. 김상기 원진무역 회장은 체조협회, 최순영 신동아그룹 회장은 축구협회, 이동찬 코오롱그룹 회장은 농구협회, 조석래 동양나이론 사장은 배구협회를 맡았다. 승마협회는 변강우 공영토건 사장, 아마복싱연맹은 대우그룹의 김우중 회장이 고려되었지만 그를 대신해 대우실업 이경훈 사장이 맡았다. 이건희 회장은 21대 대한레슬링협회장을 맡았다. 당시 이건희 회장은 레슬링협회 집행진에게 다음과 같이 말했다.

"가능한 한 많은 금메달을 따내 국민들의 기대에 부응해 주기 바란다. 필요한 경비는 얼마가 돼도 좋다. 레슬링인들의 전반적인 복지 문제 등에 획기적인 대책을 세우겠다."

협회장을 맡은 이건희 회장은 레슬링 중흥 7개년 계획을 발표했다. 세계 대회 수상자들에게 종신연금을 지급하기로 했다. 전국 대표 고등학교에는 비디오를 포함한 훈련 시설을 지원했다. 아시안게임을 대비해 훈련 중인 국가 대표 선수단에게는 20인치 컬러 TV 3대를 선물했다.

이건희 회장의 노력에 힘입어 같은 해 8월 미국 콜로라도스프링스에서 열린 세계주니어아마레슬링선수권대회 자유형에서 우리나라는 금메달 1개, 은메달 3개, 동메달 1개를 획득해 종합 4위를 차지했다. 이건희 회장은 레슬링 발전을 위해서는 체계적인 교육과 동기 부여가 가장 중요하다고 판단했고, 그 판단은 적중했다.

이건희 회장은 1997년 IOC 위원이 되어 24대 회장에서 물러날 때까지 15년간 대한레슬링협회장을 맡았다. 그가 협회를 맡았던 기간은 한국 레슬링의 최대 전성기였다. 이 기간 동안 올림픽에서 7개, 아시안게임에서 29개, 세계선수권대회에서 4개 등 총 40개의 금메달을 획득했다. 레슬링은 비인기 종목에서 한때 최고의 인기 종목으로 자리 잡기도 했다.

그렇다면 이건희 회장의 레슬링 실력은 어느 정도일까? 레슬링협회에선 1단부터 10단까지 단을 두고 있다. 이건희 회장은 최고 등급인 10단을 받았다. 2003년 대한레슬링협회는 제1회 승단 심사에서 이건희 회장에게 10단을 부여했다. 올림픽 금메달을 따면 6단이 주어진다. 경기 업적은 물론 지도 경력까지 평가해 레슬링협회에서는 최고 8단까지 인정한다. 9, 10단의 경우 레슬링 발전에 크게 공헌한 인물에게 수여된다.

스포츠맨십에서 배운 삶과 인생, 끝없는 투지와 끈기

이건희 회장은 자신의 저서 《생각 좀 하며 세상을 보자》에서 삼성의 3대 스포츠를 골프, 야구, 럭비라고 밝혔다. 3가지 스포츠는 모두 경영적인 측면에서 의미를 두고 있다. 다시 말하자면 이건희 회장이 평생을 살아오면서 체득한 3가지 스포츠의 본질이다.

이건희 회장은 골프를 통해 인간이 어떤 자세로 살아야 되는가를 배울 수 있다고 강조한다.

"골프는 룰과 에티켓의 스포츠다. 지구상의 스포츠 가운데 심판 없는 경기는 골프밖에 없다. 룰은 스스로 지켜야 한다. 자율이다. 골프는 지극히 단순하지만 가장 엄격한 운동이다. 골프를 시작하면 두꺼운 에티켓 북과 룰 북을 익혀야 한다. 그렇게 복잡한 룰이나 에티켓 북이 있는 스포츠는 골프가 유일하다. 누가 보지 않더라도 내가 어떤 자세로 살아야 할지, 남한테는 어떻게 해야 할지, 제3자가 관련된 사항에선 내가 어떻게 행동해야 할지를 배우는 것이 바로 골프다."

이건희 회장의 말처럼 골프는 지극히 단순한 게임이다. 원하는 채로 공을 때려 그린 위에 있는 홀컵에 집어넣으면 된다. 하지만 그린 위에서는 수많은 상황이 발생한다. 그러면 룰과 에티켓이 적용된다.

룰은 이롭기도 하고, 해롭기도 하다. 룰에서 허용하지 않는데 자신에게 이롭게 해선 안 된다. 반면에 룰에서 허용하는데도 모르면 손해를 보게 된다. 골프는 스스로가 심판이다. 경기에 따라 홀로 쳐야 할 경우도 많다. 플레이어가 마음만 먹으면 공을 조금 움직이거나 치기 좋도록 굴리는 것도 가능하다. 골프는 자신의 양심을 시험하는 운동인 것이다.

이건희 회장은 젊은 시절 혼자 골프 치기를 즐겨 했다. 골프도 이건희 회장의 연구 대상이었다. 홀로 골프를 치며 이건희 회장은 양심을 지키는 방법과 룰을 어떻게 하면 이롭게 적용할지를 고민했다. 이건희 회장은 삼성그룹의 경영 전면에 나선 뒤부터 재계 인사들과의 골프 회동을 즐겼다. 자주는 아니었다. 2개월에 한 번 정도였다. 실력도 수준급이다. 이건희 회장은 젊은 시절 싱글 핸디캡을 기록하기도 했다. 골프에 대한 관심은 사업으로도 확장되었다.

"골프 산업은 세계적으로 한국이 경쟁력을 갖출 수 있는 산업이다. 골프 꿈나무와 전문 브랜드 육성에 박차를 가하라."

이건희 회장의 지시에 따라 삼성그룹에선 골프 사업을 지원하기 시작했다. 당시 삼성그룹의 골프 관련 사업은 제일모직에서 '아스트라'라는 브랜드로 진행하고 있었다. 1996년 5월 이건희 회장은 삼성 본관에서 아스트라 제품 품평회를 갖고 다음과 같이 말했다.

"일류 소재를 들여다가 삼류 제품을 만들었다. 이렇게 하려면 당장 사업을 접어야 한다. 문제는 디자인이다. 디자이너들이 현장을 모른 채 제품을 만드니 삼류 소리를 듣는다."

이건희 회장의 질책을 들은 아스트라 골프웨어의 디자이너 20여 명은 즉각 골프장으로 향했다. 보름 동안 골프를 쳤다. 직접 골프를 치면서 골프웨어의 소재와 색상, 기능을 고민하고 제품 디자인에 반영했다. 그해 가을 다시 신제품 전시회가 열렸다. 이건희 회장의 질책이 이어졌다.

"벨기에 브뤼셀에 가면 유럽의 부호들이 즐겨 찾는 드간이라는 매장이 있다. 거기 가서 초일류 제품이 뭔지 한번 보고 오는 게 좋겠다. 아스트라가 선진 제품과 다른 점이 무엇인지, 어떻게 다른지 가서 직접 봐야 한다. 가서 보면 부족한 부분이 한두 가지가 아니라는 것을 알게 될 것이다."

아스트라의 디자이너들은 벨기에 브뤼셀로 향했다. 드간은 거의 모든 명품들이 모여 있는 곳이었다. 골프 매장에는 명품 브랜드들이 가득했다. 이건희 회장의 지적 이후 아스트라의 실적은 조금씩 호전되었다.

아스트라는 결국 명품 대열에는 끼지 못하고 좌초하고 말았다. 제품의 질보다는 브랜드에서 고전했다. 국내 골프웨어는 모두 해외 유명 브랜드를 라이선스한 제품들이 장악하고 있었다. LG의 '닥스 골프', 코오롱의 '잭 니콜라우스', F&F의 '레노마' 등 3개 제품들은 각각 영국, 미국, 프랑스 브랜드를 라이선스해 국내에서 판매했다.

실력으로 편견의 벽을 넘고자 했던 이건희 회장은 2005년 아스트라 브랜드를 퇴출시킨다. 실패라고 보기는 어렵다. 아스트라의 모든 자산은 명품 브랜드로 자리 잡은 제일모직의 캐주얼 브랜드 '빈폴'의 하위 브랜드인 '빈폴 골프'로 넘겨졌다.

골프 여제 박세리 선수의 성공 뒤에도 이건희 회장이 있었다. 이건희 회장은 1996년 10월 세계 최고의 골프 교습가인 미국의 데이비드 리드베터를 초청해 중고생 유망주를 대상으로 집중 강습을 실시했다. 당시 리드베터는 여성 제자를 극구 사양했다. 이건희 회장은 박세리 선수에게서 가능성을 보았다. 어떻게든 최고의 골프 교습가인 리드베터의 문하생으로 넣고 싶었다. 이건희 회장의 부탁으로 리드베터는 박세리 선수를 테스트해 보기로 결정했다. 아무 말 없이 라운딩을 끝낸 리드베터는 삼성에 편지를 보냈다. 꼭 제자로 받아들여 키우고 싶으니 하루라도 빨리 미국으로 보내 달라는 내용이었다. 1997년 미국으로 향한 박세리 선수는 1998년 LPGA 투어에 참가해 LPGA 챔피언십과 US 여자 오픈에서 우승해 신인상을 차지했다. 한국에는 골프 붐이 일었다.

이건희 회장이 골프에서 삼성인의 정신으로 신사도를 찾고 명품 브랜드로의 도약을 노렸다면, 야구에서는 기업 경영의 묘를 찾았다. 야구는 9명의 선수들이 팀을 이루는 경기다. 잘 던지는 투수, 잘 치는 타자 등 뛰어난 실력을 발휘하는 스타플레이어가 가장 중요한 경기다. 하지만 그를 뒷받침하는 나머지 선수들이 없으면 제아무리 강팀이라 해도 승리는 요원하다. 특히 감독의 역할은 절대적이다. 선수들은 감독을 절대적으로 신뢰하고, 감독의 판단을 믿어야 한다. 이건희 회장도 여기에 주목해 야구를 선수, 감독, 코치의 입장에서 보라고 경영진들에게 조언한 바 있다.

"야구는 선수들 스스로 행동하고 움직이지만, 감독의 명령을 받아야 할 때도 있다. 기업 경영 활동과 비슷한 점이 많다. 뛰어난 스타플레이어와 이를 뒷받침하는 선수들, 말없이 고생하면서도 표를 내지 않는 캐처의 정신, 선수와 감독 간의 신뢰, 이것을 야구에서 배워야 한다."

2011년 삼성그룹 사장단은 서울 서초동 사옥에 하일성 스카이엔터테인먼트 대표이사(전 한국야구위원회 사무총장)를 초빙해 '프로야구 600만 관중의 성공 비결'이라는 특강을 들었다. 하일성 대표이사는 야구와 '인재 경영', 그리고 '성공의 비결'에 대해 설명했다. 삼성 사장단은 야구와 경영이 놀랍도록 흡사하다는 점과 이건희 회장의 인재론이 야구의 승리 비결과 유사하다는 점에 큰 관심을 보였다. 하일성 대표이사는 쿠바를 꺾고 전승 신화를 쓴 2008년 베이징 올림픽 당시 김경문 감독의 선수 선발 기준을 소개하며 다음과 같이 말했다.

"진정한 프로(인재)는 능력을 갖춘 자가 아니라 열정을 지니고 희생, 봉사, 협력할 줄 아는 사람입니다. 당시 김경문 감독은 잘 때리고, 잘 던지고, 잘 달리는 삼박자를 갖춘 선수보다 조직을 먼저 위할 줄 아는 선수를 선택했습니다. 그리고 각자의 기량을 잘 융합시키는 데 초점을 맞춰 전승 신화를 쓸 수 있었습니다."

이건희 회장은 3대 스포츠 중 하나로 골프, 야구의 뒤를 이어 럭비를 손꼽는다. 이건희 회장은 레슬링 선수를 그만두고 럭비부에 가입해 잠시 활동했다. 이건희 회장은 럭비를 접하며 강인한 투지와 추진력, 강력한 단결력, 순간적인 판단력에 매료되었다. 이건희 회장은 삼성 내부에서 실패를 두려워하지 않는 문화를 만들고 싶어 했다. 럭비의 정신을 삼성인에게 알리고 싶었다.

"럭비는 한번 시작하면 눈비가 와도 중지하지 않고 계속한다. 걷기조차 힘든 진흙탕에서도 온몸으로 부딪치고 뛴다. 오직 전진이라는 목표를 향해 격렬한 태클과 공격을 반복하면서 하나로 뭉친다. 그래서인지 럭비 선수들은 학교를 졸업하고 나서도 럭비팀으로 모이기만 하면 사회적인 지위에 관계없이 모두 하나가 된다."

몸을 던져서라도 난관을 돌파하는 럭비는 삼성그룹에 꼭 필요한 정신이었다. 이건희 회장은 평생을 걸쳐 경영진에게 경험을 강조했다. 우리는 흔히 실패했을 때 '좋은 경험을 했다'고 말을 한다. 성공했을 때는 '경험'이라는 말을 잘 쓰지 않는다. 이건희 회장이 말하는 경험은 바로 실패였다. 이건희 회장을 비롯해 경영진들도 끊임없이 실패하고 또 실패했다. 그럼에도 끝내 삼성전자가 세계 1등을 달성한 배경에는 패배주의를 극복한 정신이 있다.

패배 의식은 기적과 행운을 잠재운다. 할 수 있다는 가능성도 없앤다. 럭비에는 패배주의를 극복할 강인한 투지가 있다. 진흙탕에 몸을 던지고, 자신보다 덩치가 큰 상대 선수를 들이받으면서 난관을 돌파하는 럭비의 정신은 실패로 인한 패배주의를 극복하는 삼성그룹의 자산이 되었다.

이건희 회장이 3가지 스포츠를 통해 배운 삶과 인생은 결국 사람으로 귀결된다. 이건희 회장의 말이다.

"어느 국가, 사회, 기업을 막론하고 진정한 힘은 사람에게서 나오며, 그 힘은 밖에 있는 것이 아니라 각 사람들의 마음속에 있다."

이건희 회장은 생산성과
경제성을 넘어선 최고의 가치로
'질의 경영'을 선언한다.

chapter 4

청년 이건희, 세계로 향하다

"건희야, 선진국을 배우고 와라"

"오늘 걷지 않으면 내일은 뛰어야 한다. 지금 잠을 자면 꿈을 꾸지만, 잠을 자지 않으면 꿈을 이룬다."

청년 이건희

러시아의 대문호 도스토예프스키가 한 위의 말에는 삶의 고단함과 죽음의 문턱 앞에서도 불후의 명작《카라마조프 가의 형제들》을 마치도록 만든 열정이 나타난다. 오늘 무언가 하지 않으면 내일이 오지 않는다는 절박함. 내일을 위해 밤잠을 설쳐 가며 고민하는 젊음은 그래서 아름답다.

이건희 회장의 서울사대부고 시절도 그러했다. 학창 시절을 마음껏 즐겼다. 어린 시절부터 잦은 이사와 전학, 유학으로 친구들을 사귈 기회가 없었던 이건희 회장은 레슬링과 럭비를 비롯한 운동을 즐기며 학교 친구들과의 교우를 시작했다. 또래에 비해 체구가 다부졌던 이건희 회장은 힘이 장사라 친구들이 '백곰'이라는 별명을 붙여 줬다. 이건희 회장은 부잣집 아들 티를 덜 내고 친구들과 평범한 학창 생활을 보내고 싶었다. 새 교복을 일부러 빨아 색이 바랜 채 입거나, 길거리 음식을 친구들과 즐기는 등 비교적 평범한 학창 생활을 보냈다.

학창 시절이 끝나면 경영인으로서의 삶이 기다리고 있다는 점을 알았기 때문일까. 이건희 회장의 고교 학생 기록부에는 온통 '실업'과 '상대'라는 두 글자가 새겨져 있다. 희망 직업은 '실업가', 희망 학교는 '상대', 학부형의 희망도 '실업가'였다. 한때는 다른 직업을 꿈꿨을지 몰라도 당시 이건희 회장의 장래 희망은 실업가였다.

1961년 서울사대부고를 졸업한 이건희 회장은 연세대학교에 합격해 입학을 앞두고 있었다. 입학금도 이미 내놓고 수험생 시절을 막 벗어나 한숨 돌리며 망중한을 즐길 무렵 부친 이병철 선대 회장이 이건희 회장을 불렀다.

"실업가가 되려면 선진국의 문물을 누구보다도 먼저 접하고 잘 알고 있어야 한다. 다시 일본으로 건너가 공부를 하거라."

이병철 선대 회장은 급변하는 세계의 변화를 한 몸으로 느끼고 있었다. 2차 대전 이후 세계정세는 해마다 급변했다. 미국과 소련은 핵무기에 이어 최초의 유인 우주선 발사를 위해 경쟁을 벌였다. 독일에선 베를린 장벽이 세워지며 동과 서를 나눴고, 인도와 파키스탄을 시작으로 아시아와 아프리카의 옛 유럽 식민지들이 탈식민지화에 나섰다. 소련의 영원한 우방으로 여겼던 중국은 독자 노선으로 돌아섰고, 일본은 경제 대국을 위한 발걸음을 막 떼는 중이었다.

1960년 미국 민주당 대통령 후보로 나선 존 F. 케네디가 공화당 후보 닉슨을 물리치고 최연소 대통령으로 당선된 사건은 국내 기업가들에게도 충격이었다. 케네디의 당선은 미국 사회가 변하고 있음을 한눈에 보여 준 사건이었다. 케네디는 미국 대통령 중 유일한 가톨릭 신자면서 아일랜드 출신이었다. 오하이오 주 선거인단을 장악하지 못하면 대통령이 되지 못한다는 '오하이오 징크스'를 처음으로 깼고, 당시만 해도 차별이 당연했던 흑인을 위한 인권 운동을 주장한 인물이었다. 모두가 닉슨의 승리를 예상했지만 케네디가 당선되었다. 냉전 시대 속에서도 미국은 급변하고 있었던 것이다.

이병철 선대 회장은 이건희 회장의 유학을 서둘렀다. 이제 막 성년이 된 셋째 아들에겐 급변하는 세계의 변화를 몸으로 체득하는 것이 필요했다. 결국 이건희 회장은 와세다 대학교로 유학길을 떠났다.

와세다 대학교는 게이오 대학교와 함께 일본 최고의 명문으로 손꼽히던 대학교였다. 특히 1904년 일본 최초로 설치된 상학부는 역사와 전통을 자랑했다. 일본 최고의 엘리트들이 즐비했다. 후일 기업 경영을 위해서는 일본을 보고 배우는 것은 물론 일본 최고의 엘리트와도 친해져야 했다. 보고 배우는 것은 한국에서도 가능하지만, 일본 엘리트와의 인맥은 스스로 부딪치지 않으면 만들 수 없다. 일본 유학을 권했던 또 하나의 이유였다.

이건희 회장은 와세다 대학교 시절 학교 골프부에서 활동했다. 부친의 권유도 있었고, 고등학생 시절부터 운동하는 습관이 대학교 진학 이후에도 이어진 것이다. 당시 일본에서도 골프는 부유층이 즐기는 운동이었다. 퍼블릭 코스를 즐기던 이건희 회장은 자연스럽게 많은 사람들과 교분을 나누게 되었다. 사람에 대해 연구하기를 즐기던 이건희 회장은 다양한 계층의 사람들을 만났다. 어린 시절 이건희 회장의 가슴을 뜨겁게 했던 역도산과의 만남도 이때 성사되었다. 이건희 회장은 특별히 사람을 가리지 않았다. 일본 최고의 실력자들과 만날 기회가 있다면 마다하지 않고 교분을 이어 갔다.

대학에 다니면서도 이건희 회장의 오랜 취미는 계속 이어졌다. 틈이 날 때마다 새로 나온 영화를 보거나, 카메라 등을 구입해 분해하기도 했다. 당시 일본에서는 전자 업체 소니가 손바닥만 한 소형 트랜지스터라디오를 내놓아 연일 화제였다. 전자 산업의 부흥기가 막 시작되는 와중이었다. 이건희 회장은 라디오를 분해해 보고 충격에 빠졌다. 그가 분해해 봤던 시계와 카메라는 수많은 부품들이 모여 유기적으로 동작하는 일종의 기계에 가까웠다. 전자 제품은 달랐다. 간단한 회로 위에 몇 가지 전자 부품이 붙어 있는 것이 다였다. 별것 아닌 단순한 구조인데도 가격은 상당했다. 전자 산업을 통한 막대한 부가가치를 체감한 것이다.

잠시 소니의 성공 스토리를 들여다보자. 소니가 선보인 트랜지스터라디오 TR-63의 당시 가격은 약 40달러였다. 미국산 트랜지스터라디오의 복제품에 가까웠지만, 소니는 차츰 미국을 바짝 쫓아갔다. 소니는 해마다 라디오 신제품을 내놓았다. 기능과 음질은 더 좋아지고 크기는 더 작아졌다. 내부 구조는 더욱 단순해졌다. 처음 40달러에 판매되던 제품은 몇 년 안 되어 20달러까지 떨어졌다. 여전히 비쌌지만 트랜지스터라디오는 대중화되었다. 1962년 소니는 트랜지스터라디오의 가격을 10달러까지 떨어뜨렸다. 세계 최초로 트랜지스터라디오를 만들었던 미국 업체들은 필사적으로 소니의 가격을 따라잡으려고 했지만 15달러가 한계였다. 결국 소니가 트랜지스터라디오 시장을 제패했다.

소니의 성공 뒤에는 차세대 핵심 기술인 트랜지스터를 선점한 기회 요인이 주효했다. 소니의 공동 창업주 모리타 아키오와 이부카 마사루는 원래 일본에서 전기밥통을 만들어 돈을 벌었다. 1952년 이부카 마사루는 미국 출장 중 AT&T가 트랜지스터 특허권을 팔려고 한다는 얘기를 들었다. 트랜지스터가 무엇에 쓰는 물건인지도 몰랐던 시절 이부카 마사루는 AT&T에 주목했다. AT&T는 당시 세계 최대의 전화 회사로, 최고의 기술을 보유한 회사였다.

일본으로 돌아온 이부카 마사루는 AT&T와 트랜지스터에 관련된 이야기를 물리학자 출신인 모리타 아키오에게 전했다. 모리타 아키오는 트랜지스터에 대한 잠재력을 깨닫고 이부카 마사루와 의기투합해 AT&T로부터 트랜지스터 제조 면허를 샀다. 당시 돈으로 2만 5,000달러에 달하는 거금이 들어갔지만, 전후 일본이 살아날 길은 최첨단 기술이라는 생각으로 투자한 것이다.

트랜지스터 제조 면허를 사고도 소니는 어떻게 써야 할지 몰라 고민했다. 결국 이부카 마사루가 미국을 열심히 드나들며 트랜지스터의 사용처를 파악했다. 미국에서는 라디오를 만드는 데 트랜지스터를 사용하고 있었다. 당시만 해도 라디오에는 커다란 진공관이 들어갔다. 부피도 크고 전력도 많이 소모해 휴대용 라디오 개발은 불가능했다. 트랜지스터를 사용하면 작고 휴대 가능한 라디오를 만들 수 있었다. 일본으로 돌아간 이부카 마사루는 트랜지스터라디오 개발에 나섰다. 트랜지스터 제조 면허를 갖고 있어 오래지 않아 미국을 따라잡았다. 이후 일본은 트랜지스터를 시작으로 반도체 시장에서 무서운 속도로 미국을 따라잡고 전자 왕국을 세워 나갔다.

  이건희 회장은 라디오를 분해해 보며 트랜지스터의 위력을 알게 되었다. 이건희 회장은 최첨단 기술로 세계를 호령하던 미국과 당당히 견주는 전자 왕국 일본의 출발을 지척에서 지켜볼 수 있었다. 일본은 한국과 경제적 여건이 여러모로 비슷했다. 이건희 회장이 경영을 맡은 이후 사재를 털어서라도 반도체 시장에 진출하겠다고 결연하게 보인 의지도 여기에서 기인한 것이다.

끝나지 않은 공부,
미국에서의 새 삶

일본에서 학업을 마친 이건희 회장은 1965년 귀국하는 대신 미국 조지워싱턴 대학교로 향했다. 이건희 회장은 조지워싱턴 대학교 경영대학원에 진학해 MBA 과정을 공부했다. 부친인 이병철 선대 회장은 이건희 회장에게 MBA와 함께 신문방송학도 공부하게 했다.

이병철 선대 회장은 4.19와 5.16을 겪으며 언론에 깊은 관심을 갖게 되었다. 군사 정권이 들어서면서 기업가들을 부정 축재자로 낙인찍어 범죄자 취급을 했던 과거가 떠오르면 정치를 넘어서는 힘을 갖고 싶었다. 언론은 여론을 만들어 가는 힘이 있었다. 정치를 감시하고 사회를 움직이는 힘인 언론에 매료되었던 것이다. 이병철 선대 회장은 방송과 신문을 함께하는 통합 언론사를 만들고 싶어 했다.

셋째 아들이 적임자였다. 술도 잘 못하고 아무하고나 잘 어울리는 성격은 아니지만, 특유의 뚝심과 사람 보는 눈을 가진 셋째 아들이었다. 경제를 넘어서는 정치, 그 정치보다 강한 힘인 언론을 맡기기에 가장 적합한 인물이었다.

삼성은 이미 한국에서는 내로라하는 기업이 되었지만, 불안한 정치적 상황 때문에 항상 어려움을 겪었다. 매번 정권이 바뀔 때마다 삼성그룹도 풍랑을 겪어야 했다. 이병철 선대 회장이 정치를 넘어서는 힘을 갖고 싶어 한 이유였다.

이병철 선대 회장은 1964년 5월 라디오 방송인 '라디오서울RSB'을 개국했다. 같은 해 12월에는 TV 방송인 '동양TV'를 개국했다. 부산에서도 TV 방송국을 개국했다. 그 다음은 신문이었다. 이건희 회장이 조지워싱턴 대학교에서 한창 공부를 하고 있을 무렵인 1965년 9월 이병철 선대 회장은 중앙일보를 창간했다. 이병철 선대 회장은 자서전《호암자전》에서 중앙일보 창간 당시의 심경을 다음과 같이 밝혔다.

"나는 4.19와 5.16을 거치며 단 한 번 정치가가 되려 생각한 적이 있다. 기업 활동에서 얻은 수익으로 세금을 납부해 정부 운영과 국가 방위를 뒷받침하는 경제인의 막중한 사명과 사회적 공헌은 전적으로 무시되고 부정 축재자라는 죄인의 오명까지 쓰게 되었다. 경제인의 힘의 미약함과 한계를 통감한 것도 정치가가 되려고 한 동기였다. 그러나 1년여를 숙려한 끝에 정치가로 가는 길은 단념했다. 올바른 정치를 권장하고 나쁜 정치를 못 하도록 하며, 정치보다 더 강한 힘으로 사회의 조화와 안정에 기여할 수 있는 방법은 없을지를 생각한 끝에 종합 매스컴 창설을 결심했다."

통합 언론사를 꿈꿨던 이병철 선대 회장은 중앙일보 창간과 함께 서울 서소문동에 '중앙매스컴센터'라는 10층짜리 현대식 건물을 건립했다. 같은 해 12월 태평로 조선일보 건너편에 있던 라디오서울과 한국은행 건너편 동화백화점에 있던 동양TV, 새로 창간한 중앙일보 3곳은 중앙매스컴센터에 모였다. 이병철 선대 회장은 이건희 회장이 공부를 마치는 대로 3개의 통합 언론사를 맡길 계획이었다.

이병철 선대 회장이 언론 사업에 여념이 없을 당시 이건희 회장은 미국에서 자유로운 생활을 즐겼다. 여느 재벌 2세처럼 방탕한 생활을 즐길 수도 있었지만, 이건희 회장이 푹 빠져든 것은 자동차였다. 미국은 자동차의 천국이었다.

1960년대 미국에서는 슈퍼카 전쟁이 벌어졌다. 유럽에서 페라리, 람보르기니 등의 업체들이 고성능의 슈퍼카를 만들자 자동차 기술에서 앞서 있다고 생각했던 미국 자동차 업체들은 큰 충격에 빠졌다. 엔초 페라리가 1962년에 만든 '페라리 GT250'은 디자인도 뛰어났지만, 성능 면에서도 최고의 슈퍼카였다. 당시 가장 빠른 차였다. 여기에 람보르기니가 가세하면서 유럽 슈퍼카에 대한 관심이 날로 높아져 갔다.

람보르기니의 창업자 페루치오 람보르기니는 원래 트랙터를 만들었다. 그는 당시 유명한 스포츠카 업체였던 페라리의 사장 엔초 페라리를 만나려 했다가 거절당하였다. 그는 엔초 페라리가 자신을 무시했다고 생각해 스포츠카 사업을 시작했다고 한다. 1963년 마세라티, 알파 로메오 등 이탈리아에서 유명한 자동차 업체들의 엔지니어와 디자이너들을 고용한 그는 페라리에 복수를 다짐한다.

람보르기니의 목표는 단순했다. '무조건 페라리보다 빠른 자동차'였다. 1964년 람보르기니는 첫 모델인 '350GT'를 내놓는다. 회사를 창립한 지 겨우 1년 만에 페라리를 앞지른 자동차를 생산했다. 그때부터 페라리와 람보르기니는 세계에서 가장 빠른 슈퍼카를 주거니 받거니 하며 만들어 냈다. 자동차 제조 기술로는 최고라고 자부했던 미국 자동차 업체들의 자존심을 단단히 상하게 한 것이다.

자존심 회복을 위해 먼저 포드가 슈퍼카 전쟁에 나섰다. 포드는 1964년 고성능의 슈퍼카 '포드 머스탱'을 선보이면서 '아메리칸 머슬'이라는 이름을 붙였다. 엄청난 기름을 소비했지만 강력한 힘을 자랑하는 미국식 슈퍼카의 탄생이었다. 포드 머스탱은 큰 성공을 거뒀다. 같은 해 폰티악도 '템페스트 르망 GTO'를 선보였다. 1965년은 아메리칸 머슬의 전성기였다. 뷰익이 '리비에라 그랑 스포츠', '스카이락 그랑 스포츠' 2종의 머슬카를 내놓자 닷지에서는 '코로넷', 쉐보레는 '셰빌 말리부 SS', 올즈모빌은 '커틀라스 442'를 내놓으며 슈퍼카 전성시대를 열었다.

이건희 회장은 미국 생활을 시작하며 자동차를 구입했다. 어릴 때부터 정밀한 기계들을 좋아했던 이건희 회장에게 자동차는 최고의 유희였다. 어린 시절 아버지의 쉐보레 자동차를 타고 창밖을 내다보던 이건희 회장은 이제 운전석에 당당하게 앉아 미국을 질주했다. 자동차를 좋아하던 이건희 회장은 고등학생 때 이미 운전면허를 따고 자동차 운전을 했다. 당시 운전면허는 10대라 해도 부모의 동의만 있으면 딸 수 있었다.

운전만으로는 만족하지 못했던 이건희 회장은 자동차도 뜯어 보왔다. 일본과 달리 미국에서는 넓은 집에 자동차까지 뜯어 볼 수 있는 차고가 있었다. 처음에는 엄두가 나지 않았지만, 자동차에 대해 자세히 공부하다 보니 분해했다가 다시 조립하는 것도 가능해졌다. 공부를 위해 근처 자동차 정비 센터에 들러 궁금한 점을 물어보는 일도 잦았다. 2년 동안의 미국 생활 동안 이건희 회장은 총 6번 자동차를 바꿨다. 5번을 분해하고 다시 조립했다.

자동차는 첨단 기술의 산물이다. 다시 말해 기술로 빚어낸 예술이라고 할 수 있다. 디자인과 최첨단 기술이 조화를 이뤄야 하고, 사고를 미연에 방지하기 위해 첨단 소재를 사용해야 한다.

이건희 회장은 단순해 보이는 자동차 속에서 수많은 부품들이 서로 유기적으로 작동한다는 것을 자동차를 분해하며 알게 되었다. 수천, 수만 개의 부품들은 분해해 놓고 나면 별 의미를 가지지 못한다. 자동차로 조립되어야 상호 작용을 통해 도로를 질주한다. 예전에 분해해 봤던 시계나 전자 제품에 비할 바가 아니었다.

미국에서 학업을 끝낸 이건희 회장은 다시 일본 동경으로 향한다. 국내로 들어오지 못한 이유는 이른바 '사카린 밀수 사건'이 일파만파 번지며 신문들이 한국 제일의 재벌이 밀수를 했다고 대서특필하는 등 시끄러웠기 때문이다.

6년의 유학 생활,
이건희의 위기의식

정보의 홍수 속에서 우리의 삶은 점차 빨라지고 있다. 과거에는 내가 살아가기 위해 필요한 정보만 얻으면 되었다. 지금은 내가 살아남기 위해 남이 살아가는 방법을 보고 연구해야 한다. 인터넷을 통해 실시간으로 전달되는 정보는 하루에 다 읽어보기조차 힘들 정도다. 남들보다 앞서기 위해서는 잠도 줄여야 한다. 이런 조급함은 현대인들을 바쁘게 만든다.

문명의 속도는 현기증이 날 정도다. 19세기만 해도 문명은 관성에 의해 흘러갔다. 20세기로 들어선 인류는 기원 이전부터 지금까지 5,000년 동안 경험한 문명의 속도보다 몇 배나 빠른 속도를 체감해야 했다. 한 가지 기술이 새로운 기술을 낳고 또 다른 기술들이 개발되며 눈부신 문명을 쌓아 갔다. 20세기 들어 문명의 속도는 더욱 빨라졌다. 여러 분야로 나뉘어 있던 학문들이 서로 연계되면서 새로운 기술이 탄생했다. 이른바 융합의 시대다.

그레이엄 벨이 상용화한 유선 전화는 모토로라에 의해 휴대폰으로 바뀌었고, 노키아와 삼성전자를 통해 대중화되었다. 각각 따로 발전하고 있던 휴대폰과 PC가 융합되어 스마트폰이 만들어졌다. 이제 스마트폰은 들고 다니는 것이 아니라 입는 형태로 발전하고 있다. 구글 글래스나 애플과 삼성전자가 개발하고 있다는 스마트워치 등이 그것이다.

이건희 회장이 일본과 미국에서 머문 6년의 시간은 변화의 속도를 느끼기에 충분했다. 일본은 전후 상처를 딛고 최첨단 전자 왕국으로의 도약을 마련하고 있었다. 미국은 링컨 대통령의 노예해방 선언 100년이 넘게 인종 차별이 계속 진행형이었지만, 자유와 평등의 물결이 일고 있었다. 그 속에서 이건희 회장은 정치, 경제, 사회가 얼마나 빠르게 변해 가는지를 직접 체감했다. 변화에 대한 이건희 회장의 위기의식은 여기에서 시작되었다. 이건희 회장은 1993년 신경영을 선언하면서 임직원들에게 '변화의 속도'에 대해 내내 강조했다.

"5,000년 전에서 1980년까지보다 1980~1993년까지의 변화가 더 크다. 1993년까지의 변화보다 향후 10~20년의 변화가 더 클 것이다. 인간성, 도덕성 등 인간이 바뀐다는 게 아니다. 경제 제도, 시스템, 판단 속도, 정보 습득 방법의 변화를 알자는 것이다. 다음에 어떤 세상이 올 것이냐를 알자는 것이다. 1983년과 1993년을 비교해 보라. 변화를 실감하지 못하고 있다. 등허리에 진땀 날 정도의 변화다."

이건희 회장의 말처럼 1993년 이후 20년 동안 세상은 급격하게 변했다. 1인 1스마트폰 시대가 다가왔고, 소셜 네트워크 서비스가 일상화되면서 세상에서 비밀은 사라져 가고 있다. 정보를 얻는 방법도 달라졌다. 과거에는 새로운 소식을 알기 위한 수단이 신문과 책, TV가 전부였지만, 이제는 스마트폰만 있으면 모든 정보에 접근 가능하게 되었다. 과거 막연하게 여겼던 상상은 이제 현실이 되었다. 현실과 미래의 간극은 더욱 가까워졌다. 상상했던 미래가 현실이 되기 위해 걸리는 시간은 계속 줄어드는 중이다.

이건희 회장의 유학 시절에서 또 하나 주목해야 할 점이 있다. 국제적 감각을 익혔고, 표면적인 국가의 인프라가 아닌 그 내면을 들여다보는 안목을 길렀다는 점이다. 흔히 해당 국가의 사회간접자본soc을 설명할 때 우리는 항만, 공항 등의 사회 간접 시설을 떠올린다. 이건희 회장은 도로율을 얘기한다. 도로율은 도시에서 도로가 차지하는 비중이다. 이건희 회장은 해외 유명 도시와 서울을 비교하며 "서울은 도시라 할 수 없다"고 말했다.

"도쿄는 도로율이 28% 정도다. 뉴욕은 40%, LA는 45%, 워싱턴 D.C는 42% 정도다. 서울은 16%에 불과하다. 이것을 5~6년 전에는 1조 원을 안 들이고 1%를 늘릴 수 있었으나, 시간을 놓쳤다. 기회 손실이다. 지금은 도로율을 1% 늘리는 데 2조~3조 원은 들 것이다. 1천만 명이 사는 도시에서는 최소한 25%의 도로율을 유지해야 도시라고 할 수 있다."

이건희 회장의 말에는 많은 의미가 내재되어 있다. 도로율이 높다는 것은 그만큼 교통이 쾌적하고 물류나 이동이 원활하다는 의미다. 즉, 더 많은 사람들이 쾌적하게 살 수 있다는 것이다. 도시 발전의 핵심적인 요소다. 이건희 회장은 적기 투자도 강조하고 있다. 이건희 회장의 말처럼 서울에서 새로 도로를 내기 위해서는 수많은 부지를 희생하고 보상을 거쳐야 한다. 시간이 흐를수록 더욱 복잡해진다. 결국 세계적인 도시, 국제화를 위해서는 10~20년 뒤를 내다보고 투자를 하는 지혜를 갖춰야 한다는 것이다.

이건희 회장의 생각은 세계화로 그대로 이어진다. 과거 특정 민족들이 무리를 지어 국가를 만들었던 것과 달리, 지금은 세계 사회가 경제를 중심으로 통합해 간다. 대표적인 나라가 미국이다. 우리나라도 외국인들의 이주와 정착이 끊임없이 늘어나며 다민족 국가로 향하고 있다. 이 같은 과정을 거치면 결국 전 세계는 경제 기반을 중심으로 하나로 연결된다. 유럽이 EU를 만들어 유럽 공동체를 만들었던 것은 유로화를 함께 쓰면서부터다. 각 나라마다 민족, 문화, 관습 등은 모두 달라도 공동의 경제 기반을 갖게 되면서 통합한 것이다.

한번 통합되기 시작하면 상호 의존성은 극도로 높아진다. 수년 전부터 시작된 유럽 위기가 유럽 일부 국가에서 전체로 번지고 다시 미국과 아시아까지 영향을 미치는 것도 이런 이유 때문이다. 그렇다면 세계화 움직임을 기업에 적용할 수는 없을까? 이건희 회장은 이를 '복합화'로 풀어냈다.

여러 곳으로 분산되어 있으면 효율이 크게 떨어지고 시너지 창출이 어렵다고 판단해 이건희 회장은 복합화 단지를 구상했다. 연구소는 관련 분야를 모아 종합 연구소를 만드었다. 반도체의 경우

연구 결과를 생산 시설에 바로 적용하기 위해 연구소와 생산 시설을 한곳에 두었다. 가전, 휴대폰 등의 세트 사업도 제품 기획과 개발을 모두 한곳에 두었다. 바로 수원 사업장이 그 주인공이다. 수원 사업장 인근에는 화성 사업장(메모리 반도체), 기흥 사업장(시스템 반도체)이 자리 잡고 있다. 3개의 사업장은 최대한 독립성을 주되 거리상 멀지 않게 만들어 통합 연구와 제품 개발이 가능하도록 했다.

여기에서 멈추지 않고 이건희 회장은 도시 하나를 통째로 복합화하고 싶어 했다. 거대한 생산 단지를 만들고, 그곳에 근무하는 인력들도 모두 거주할 수 있도록 각종 생활 기반 시설과 인프라를 구축하고 싶어 했다. 이건희 회장은 신경영 당시 독일에서 자신의 복합화 도시에 대해 다음과 같이 말했다.

"여기 독일 도시를 봐라, 어디든지 주거 지역, 상업 지역, 공업 지역, 교육 지역을 만들어 한 도시, 한 도시를 만든다. 프랑크푸르트, 뒤셀도르프, 뮌헨, 함부르크를 만들어 고속도로로 연결시킨 결과, 이 나라 국민은 4~5시간, 하루 종일 가야 되는 지역을 2시간 만에 간다. 그러니깐 이 나라에 사는 사람 모두가 경쟁력이 올라간다. 그런데 서울은 모두 흩어졌다. 커피 한잔 마시려면 20분, 학교 가려면 1시간, 회사 가려면 1시간 30분이 걸리니 이게 무슨 도시인

가. 완전히 체계적으로 돌아가고 살아 있는 시로 만들어야 한다."

이건희 회장은 국내뿐만 아니라 해외에도 대규모 부지를 확보해 복합화 거점을 만들었다. 영국의 윈야드, 미국의 티후아나, 브라질의 마나우스 등에 현지 연구소와 생산 시설이 들어섰다. 삼성이 구축해 놓은 복합화 거점은 국제화와 세계화를 표방하고 있다. 해외 거점에서는 철저한 현지화가 진행된다. 해당 국가의 인력들을 뽑아서 쓰고, 그들에게 한국과 삼성의 문화를 전달해 역시 국제화시킨다. 다시 말하면 한국에서 해외로 보낸 인력과 해외에서 뽑은 인력을 모두 삼성맨으로 만드는 것이다. 기업 내의 세계화, 삼성화인 셈이다.

이건희의 경영 동반자,
일본 경제단체연합회

　　　　　　이건희 회장은 해외 출장이 잦은 편이다. 해외 출장 시에는 항상 규칙이 있다. 일주일에서 열흘 정도를 일본에 머무른다. 이건희 회장이 해외 출장을 가는 이유는 현장 경영이나 행사, 주요 인사 미팅이 주를 이룬다. 공식적인 일정을 마친 뒤에는 항상 일본 도쿄로 향해 자신의 집무실이 위치한 롯폰기 오크우드 레지던스에서 일주일에서 열흘가량 머무른다.

　이건희 회장은 이곳에서 일본 경제단체연합회(경단련) 회장단을 비롯한 지인들과 출장 결과를 논의해 가며 경영 구상을 마무리한다. 경영상의 난제를 함께 고민하고 해결책을 전하거나 문제의 해법을 찾기도 한다. 이른바 이건희 회장의 싱크탱크인 셈이다.

초등학생 시절 3년, 대학생 시절 4년을 일본에서 산 이건희 회장은 일본 재계에 폭넓은 인맥을 갖고 있다. 부친인 이병철 선대 회장으로부터 물려받은 인맥, 와세다 대학교 재학 시절 맺은 인맥, 일본에서 사업을 하며 맺은 경단련 회장단과의 인맥 등은 다른 기업인에 비할 바가 아니다. 이건희 회장에게 일본은 배워야 할 존재였고 넘어서야 할 나라였다. 또한 함께 걸어가야 할 동반자이기도 하다.

부친인 이병철 선대 회장은 일본에서 '경영의 신'으로 불리던 마쓰시타 고노스케를 평생 존경했다. 두 사람은 기업에 대한 철학과 경영 방식에서 유사한 점이 많다. 두 사람 모두 돈을 벌기 위해 기업을 운영하는 것이 아니라, 사업을 일으켜 나라를 부강하게 한다는 '사업보국'의 일념으로 기업을 일으켰다. 인재제일의 철학도 흡사하다. 제품보다 먼저 사람을 만들고 싶어 했다. 좋은 사람이 좋은 제품을 만들고, 이는 곧 나라를 강하게 만든다는 것이다.

마쓰시타 고노스케의 삶은 눈물 그 자체였다. 그는 부유한 집안에서 8남매 중 막내로 태어났다. 5살 무렵 부친의 사업 실패로 집안이 몰락했고, 궁핍한 생활 끝에 형제들 모두가 결핵과 전염병으로 죽고 홀로 살아남았다. 초등학교 4학년부터 마쓰시타는 돈을 벌기 위해 갖은 일을 해야 했다. 초등학교도 제대로 졸업하지 못해 어려움을 겪어야 했던 그는 전기 관련 일을 할 때는 독학으로 공부를 하기도 했다. 사업도 처음에는 실패를 거듭해 자신과 부인의 옷까지 전당포에 맡겨야 했다. 마쓰시타는 훗날 기업가로 크게 성공하게 된 비결을 하느님이 주신 3가지 은혜 덕분이라고 밝혔다.

"나는 세 가지 큰 은혜를 입었다. 첫 번째, 몹시 가난해서 어릴 적부터 구두닦이, 신문팔이 같은 고생을 하면서 많은 경험을 쌓을 수 있었다. 두 번째, 태어났을 때부터 몸이 몹시 약해서 항상 운동을 하고 건강하게 살기 위해 노력해 왔다. 마지막으로, 초등학교도 못 다녔기 때문에 세상의 모든 사람을 스승으로 여기고 열심히 배우는 일을 게을리하지 않았다. 감옥과 수도원의 차이가 있다면 불평을 하느냐, 감사를 하느냐는 것뿐이다. 감옥이라도 감사를 하면 수도원이 될 수 있다."

마쓰시타는 아무리 어려운 때라도 긍정적인 사고를 버리지 않았다. 미국발 대공황 사태가 벌어진 1929년 마쓰시타 그룹의 한 계열사가 위기를 맞았다. 애써 만든 제품들의 판매가 중단되었고, 창고에는 재고가 쌓였다. 마쓰시타는 전 직원을 불러 모았다. 비장한 분위기에서 마쓰시타가 입을 열었다.

"근무를 반나절로 줄이고, 매주 이틀씩은 휴무를 갖기로 하자. 생산도 반으로 줄이도록 하자. 하지만 아무도 해고하거나 임금을 줄이지는 않겠다. 월급은 전액 정상대로 지급될 것이다. 어려운 시절을 잘 버텨 내도록 노력하자."

정리 해고와 임금 삭감을 예상했던 직원들은 감격에 겨워 눈물을 흘렸다. 마쓰시타는 직원들과 운명을 함께하기로 결정했다. 감격한 직원들의 가족까지 제품 판매에 나섰다. 매주 이틀의 휴무일을 두었지만 아무도 쉬지 않았다. 두 달 만에 재고는 모두 소진되었고, 판매량은 예전보다 높아졌다. 공장도 정상으로 돌아섰고, 마쓰시타 그룹은 위기에서 벗어났다.

이병철 선대 회장은 마쓰시타 고노스케와 만난 적이 없다. 다만 그의 처남이자 산요의 설립자인 이우에 토시오와는 막역한 사이였다. 이우에 토시오는 마쓰시타 고노스케와 함께 마쓰시타 그룹을 일으켰다. 사업이 어느 정도 자리를 잡자 산요를 창업해 분가했다. 산요는 처음 고전에서 벗어나 일본형 세탁기 개발에 성공하며 일본 전자 업계의 황금기를 이끌었다.

이우에 토시오 사장은 혁신적인 일본형 세탁기를 만들었지만 영 판매가 신통치 않았다. 당시 빨래는 여자들 고유의 일이었다. 세탁기를 사려고 돈을 내야 하는 남성들은 빨래가 얼마나 힘든지 공감하지 못하고 있었다. 이우에 토시오 사장은 마케팅 전략을 바꿔 남편들 설득에 나섰다. 아내가 빨래라는 가사 노동에서 벗어나면 가족을 위해 쓸 수 있는 시간이 많아지고, 결국 온 가족이 행복해진다는 내용이었다. 결과는 대성공이었다. 세탁기가 일본 가정에 본격적으로 보급되면서 이우에 토시오 사장은 일본 전역의 주부들이 쓴 편지를 받게 되었다. 매일같이 많은 빨래로 고된 노동을 해야 했던 주부들의 감사 편지였다. '여러분의 라이벌은 고객의 마음'이라는 이우에 토시오 사장의 경영 철학이 그대로 드러난 대목이다.

이병철 선대 회장은 삼성 창업 이후 '사업보국', '인재제일', '고객제일'의 경영 철학으로 삼성을 키워 냈다. 그가 존경하던 마쓰시타 고노스케, 평생의 지기 이우에 토시오 등과 경영 철학을 같이하며 한국과 일본의 경제 성장을 이끌어 온 것이다. 후일 이병철 선대 회장의 인맥은 고스란히 이건희 회장에게로 이어졌다.

2005년 삼성그룹의 일본 법인 일본삼성이 자리 잡은 롯폰기 티큐브 빌딩에 일본 경단련의 간부들이 찾아왔다. 경단련은 1946년 설립된 일본의 민간 경제 단체다. 산하에 24개의 상설 위원회를 두고 있다. 각 위원회는 독자적인 권한으로 일본 정부 관계자들과 함께 정책 입안 과정부터 협의하며 주요 정책에도 관여한다. 그런 경단련의 간부가 직접 일본삼성을 찾은 이유는 하나였다. 가입을 권유하기 위해서였다. 당시 경단련에 가입된 외국 기업은 총 93개 사에 달했지만 한국 기업은 없었다. 경단련 간부들이 직접 찾아와 가입 요청을 한 것도 대단히 이례적이었다. 경단련의 요청에 따라 일본삼성은 경단련에 가입했다. 삼성은 한국 기업 중에서는 처음으로 경단련 회원사가 되었다.

이건희 회장은 2005년 일본삼성의 경단련 가입 이후 일본 재계 고위 인사와의 교분을 더욱 확대해 갔다. 특히 현재 경단련 회장을 맡고 있는 요네쿠라 히로마사 스미토모화학 회장과는 막역한 사이다. 요네쿠라 회장은 미타라이 후지오 캐논 회장에 이어 경단련 회장을 맡고 있다. 요네쿠라는 경단련 회장에 내정된 2010년 4월 경단련 주요 간부들과 함께 한국을 방문했다. 5월 공식 취임을 앞두고 이건희 회장을 만나러 온 것이다. 이건희 회장은 한남동 승지원에 요네쿠라 회장과 경단련 주요 간부들을 초청해 저녁 식사를 했다. 이날 만찬에는 이건희 회장의 장남인 이재용 삼성전자 부회장도 참석했다.

요네쿠라 경단련 회장은 일본 재계와 정부에 막강한 힘을 갖고 있다. 언론과의 인터뷰에서 "국회의원은 봉급 도둑이다"라는 말을 할 정도다. 2011년 3월 도호쿠 지방의 대지진과 그로 인한 쓰나미로 인해 후쿠시마 제1원자력발전소에 사고가 발생했을 당시 일본 정치권은 큰 혼란에 빠졌다. 간 나오토 총리는 추가 지진 발생 우려를 감안해 하마오카 원전의 가동 중지를 요청하고 나섰다. 경단련의 요네쿠라 회장은 기자 회견을 열고 "당돌하고 졸렬한 결정이며 초법적이다. 원전 가동 중단으로 산업계가 피해를 보면 그 책임은 누가 질 것인가"라고 말했다. 정부의 원전 대책이 계속 오락가락하자 오네쿠라 회장과 경단련은 간 총리가 주재한 '신성장전략실현회의'를 보이콧하며 "간 총리가 8월 중순까지 물러나지 않으면 정부의 모든 회의에서 재계 대표들은 철수할 것"이라며 간 총리를 압박했다. 결국 간 나오토 총리는 사의를 표명했다.

사카키바라 사다유키 도레이그룹 회장도 이건희 회장과 막역한 사이다. 사카키바라 사다유키 회장은 경단련 부회장을 역임했다. 사카키바라 회장은 아베 정권이 추진 중인 경기 부양 정책의 민간 자문 위원으로 활동하고 있다. 도레이그룹은 삼성그룹에서 분가한 새한그룹과 '도레이첨단소재'라는 합작사를 설립하기도 했다.

이건희 회장의 경단련 인맥들은 실제 사업 성과로 이어지기도 했다. 삼성전자는 LED 사업의 핵심 부품인 사파이어 웨이퍼 생산을 위해 스미모토화학과 합작 법인 '삼성스미모토 LED소재'를 설립했다. 소니와는 LCD 패널 생산을 위해 'S-LCD'를 설립하기도 했다. 올해 들어서는 도시바, 파나소닉, 소니 등 일본 기업들과 함께 미국에 메모리 합작 법인을 세웠다. 과거 경쟁 상대였던 일본 기업들과 어깨를 나란히 해 한일 경제 협력에 나선 것이다. 이건희 회장이 항상 강조하던 동북아 3국의 민간 경제 협력 체제의 밑그림이기도 하다.

평생의 스승 홍진기,
평생의 멘토 홍라희와의 만남

이건희 회장이 이병철 선대 회장과 함께 자신의 스승으로 손꼽는 사람은 장인인 홍진기 전 중앙일보 회장이다. 이병철 선대 회장이 이건희 회장에게 거시적인 기업 경영과 삼성가 경영 철학에 대해 가르쳤다면, 장인 홍진기 전 회장은 실질적인 기업 경영과 관련된 모든 것을 가르쳤다. 이건희 회장은 홍진기 전 회장을 만나 기업과 정치, 경제, 법률, 행정 등 입체적으로 작용하는 수많은 지식들을 어떻게 정리하고 생각할지 알게 되었다.

학창 시절 홍진기는 재능이 많은 사람이었다. 프랑스 문학에 심취해 보들레르 시집을 들고 다니며 봤고, 앙드레 지드를 좋아해 《좁은 문》을 외울 정도였다. 친구들과의 토론도 항상 문학과 관련된 내용이었다. 문학가가 꿈이었던 홍진기는 어려웠던 집안 환경 탓에 법학을 공부했다. 한때는 교수의 길을 꿈꿨지만 조선인이라는 이유로 학교를 떠나야 했다.

일제 강점기였던 1942년 홍진기는 경성지방법원 사법관 시보가 된다. 당시 행적으로 홍진기는 평생을 친일 논란의 중심에 서게 된다. 1945년 광복 이후 홍진기 회장은 미군정청 사법부 법전편찬부 서기관으로 임명된다. 조선의 법전을 정리하고 새 법률을 제정하는 기초 작업을 맡았다. 법무부 조사국장 시절 홍진기는 이승만 대통령에게 대일강화회의 준비위원회를 만들어 일본에 대한 손해배상 청구를 건의한다. 홍진기는 '원상회복의 원칙'을 내세워 대일배상 청구 조사서를 만든다. 법무국장 시절인 1953년에는 한일회담 대표로 참석해 '구보다 망언'에 대한 사과를 받아 내기도 했다.

당시 일본 수석대표 구보다 간이치는 "일본의 조선 통치는 조선인에게 은혜를 주었다. 미국과 일본간의 '대일 강화조약'이 성립되기 전에 한국이 독립한 것은 국제법 위반이다"라는 망언을 했다. 구보다의 망언으로 우리나라에서 반일 운동이 거세게 일어나 회담은 한동안 중단되고 만다. 홍진기는 2차 세계대전 이후의 탈식민지화를 근거로 '해방의 논리'를 내세워 구보다의 망언을 정면 반박했다.

"해방이라는 의미는 과거 제국주의자들의 폭력에 기초를 둔 식민 통치나, 적국의 점령 상태가 전적으로 불법이라는 것을 전제로 해 정상 상태를 회복한다는 것이다. 일본은 고의적으로 이를 외면하려 하고 있다."

홍진기는 1958년 법무부 장관을 거쳐 1960년 내무부 장관을 맡게 된다. 4.19 혁명 때는 발포 명령의 원흉으로 지목된다. 발포 명령이 떨어지자 이기붕을 찾아가 발포해선 안 된다고 했지만 받아들여지지 않았다고 홍진기는 회고했다. 5.16 군사정변 이후 설치된 군사법정은 홍진기에게 사형을 선고한다. 형이 확정되면서 무기징역으로 감형되어 3년간 옥살이를 한다. 그러다 국익에 공헌한 업적이 지대하다며 법조계에서 형 집행정지 처분을 탄원해 1963년 12월 석방된다.

석방된 홍진기에게 이병철 선대 회장이 찾아왔다. 이병철 선대 회장에게는 정치, 경제, 법률, 행정에 두루 잘 아는 전략가가 필요했다. 특히 이병철 선대 회장은 언론을 갖고 싶어 했다. 홍진기가 적임자였다. 이병철 선대 회장의 부탁을 받아들인 홍진기는 삼성에 합류한다.

이건희 회장과 홍진기 전 회장이 처음 만난 것은 1964년 와세다 대학교 경제학부 졸업반 때였다. 이병철 선대 회장이 직접 홍진기 전 회장을 대동하고 이건희 회장을 찾아왔다. 이유는 두 가지였다. 하나는 언론 공부를 하러 미국 조지워싱턴 대학교에 진학하라는 말을 하기 위해서였고, 다른 하나는 홍진기 전 회장을 소개하기 위해서였다. 둘의 만남은 수년 후 장인과 사위 사이로 맺어진다. 이건희 회장은 훗날 부인인 홍라희 관장에게 "첫 만남부터 장인이 좋았다"고 소회를 털어놓았다. 홍진기 전 회장도 당시를 회상하며 다음과 같이 말했다.

"사위를 가르치는 것은 큰 즐거움이었다. 경청을 즐기고 들은 것을 실천하기 위해 노력하는 모습을 보며 내 머릿속에 있는 것들을 사위의 머릿속으로 쏙쏙 넣어 주고 싶었다."

어린 시절부터 무엇이든 혼자서 고민하고 해결해야 했던 이건희 회장은 훌륭한 제자였고, 홍진기 전 회장은 훌륭한 스승이었다. 홍진기 전 회장은 이건희 회장이 고민하던 경제 현안을 정치, 법률, 행정과 연결시키는 방법에 대해 일러 줬다. 이병철 선대 회장이 경영자로서의 거시적인 안목을 이건희 회장에게 가르쳤다면 홍진기 전 회장은 미시적인 분석력을 전달해 줬다. 홍진기 전 회장은 이건희 회장 특유의 입체적인 사고를 더욱 발전시키고 세밀한 분석이 가능하도록 도운 것이다.

홍진기 전 회장에게는 큰딸이 있었다. 이건희 회장의 부인 홍라희 리움미술관장이다. 홍라희 관장은 덕수초등학교와 경기여중, 경기여고를 거쳐 서울대학교 응용미술과에 재학 중이었다. 1965년 대학교 3학년이던 홍라희는 국전 공예 부문에 티 테이블을 출품해 입선했다. 미술가로서의 꿈을 키워 갈 때다. 이병철 선대 회장이 부친 홍진기 전 회장과 함께 국전장을 찾았다. 홍진기 전 회장은 홍라희 관장에게 이병철 선대 회장을 모시고 국전장을 안내하라고 일렀다. 이병철 선대 회장은 홍진기 회장의 큰딸을 셋째 며느리로 점찍어 놓고 있었다.

이건희 회장이 홍라희 관장을 만난 것은 1966년 가을이었다. 이건희 회장이 미국 유학 생활을 정리하고 한국으로 돌아오려다 잠시 일본에 머무를 때였다. 대학교 졸업반이던 홍라희 관장은 모친과 함께 일본을 방문해 이건희 회장을 만났다. 하네다 공항으로 이건희 회장이 마중 나가 호텔로 안내했다. 두 사람의 첫 만남은 어색하기 짝이 없었다. 인사 외에는 별말이 없었다. 다음 날 두 사람은 영화를 보며 데이트를 했다. 많은 말을 주고받지는 않았지만, 이건희 회장은 홍라희 관장이 마음에 들었다.

이건희 회장은 홍라희 관장을 만나고 바로 한국으로 귀국했다. 다음 해인 1967년 1월 두 사람은 약혼을 하고 4월 30일 결혼했다. 결혼한 홍라희 관장은 이건희 회장의 내조에 힘쓴다. 1983년 모두 자녀 넷을 출산한 홍라희 관장은 현대미술관회 이사를 맡으며 본격적인 대외 활동에 나섰다. 현재는 리움미술관장을 맡고 있다.

이병철 선대 회장은 신혼 시절 홍라희 관장에게 매일 10만 원을 주면서 인사동에 가서 골동품을 사오라고 했다. 미술을 전공한 홍라희 관장은 '시아버님과 내가 공감할 만한 취미 생활' 정도로 여겼을지도 모르지만, 이병철 선대 회장은 이미 미술 사업을 염두에 두고 있었다.

이건희 회장의 공식 일정에는 홍라희 관장이 꼭 함께 다닌다. 출장을 가면서 홍라희 관장의 손을 꼭 잡은 이건희 회장의 모습을 심심치 않게 본다. 이건희 회장이 건강 관계로 외출을 못 할 때는 홍라희 관장이 대신 외부 활동을 하기도 한다. 지난 2011년 홍라희 관장은 이건희 회장을 대신해 고 박태준 포스코 명예회장의 빈소를 방문하기도 했다. 홍라희 관장은 삼성그룹 경영에는 일절 관여하지 않는다. 하지만 이건희 회장이 실수를 하거나 잠시 방심하는 기색이 보이면 넌지시 위기감을 심어 주곤 한다.

2012년 홍라희 관장이 '백남준 기념사업추진위원회 현판식'에 참석했다. 당시 이건희 회장과 형인 이맹희 전 회장 사이에 상속 재산을 놓고 소송전이 심화되는 중이었다. 서로 상대방을 향한 거친 언사가 오갔다. 설상가상으로 사상 최대의 적 애플이 삼성전자를 향해 연일 소송을 벌이고 있었다. 이날 오찬을 가지던 참석자들이 순식간에 몰락한 노키아 얘기를 꺼내며 방심해선 안 된다는 취지의 얘기를 하자 조용히 듣고 있던 홍라희 관장이 말을 꺼냈다.

"선대 회장이 셋째 아들이지만 이건희 회장을 후계로 선택했고, 직원들도 이건희 회장을 정통성을 가진 오너로 받아들였다. 지금과 같은 일이 생겨 이건희 회장도 힘들어하신다. 협력사이면서도 가장 강력한 경쟁자인 애플과의 관계도 걱정이다. 삼성도 자만하면 안 된다."

이처럼 홍라희 관장은 이건희 회장의 곁을 지키며 멘토 역할을 한다. 이건희 회장도 평생을 걸쳐 자신의 뒤를 든든하게 지켜 주는 홍라희 관장을 향해 무한한 애정을 보낸다.

이건희 회장은 해외 출장을 갈 때 항상 홍라희 관장과 함께 간다. 해외 유력 VIP들을 부부 동반으로 만나는 경우가 많기 때문이기도 하지만, 또 하나의 이유가 있다. 바로 현지 미술관 관람이다. 유럽이나 미국 출장을 가면 이건희 회장은 공식 일정을 마치고 하루 정도 시간을 내 홍라희 관장과 함께 현지 유명 미술관에 들른다. 이건희 회장이 홍라희 관장과 유일하게 즐기는 짧은 휴가다. 때로는 가족들과 함께 가기도 있다. 미술관에 가면 홍라희 관장이 이건희 회장의 선생님이다. 여느 부부와 마찬가지로 조용히 손을 잡고 그림들을 감상하며 노년의 데이트를 즐긴다.

최근 박근혜 대통령의 미국 경제 사절단으로 참석했을 때도 이건희 회장은 공식 일정을 마친 뒤 홍라희 관장, 두 딸과 함께 미네소타 주의 미네아폴리스로 향했다. 미네아폴리스는 예술과 문화의 도시로, 현대 미술로 유명한 워커아트센터가 위치한 곳이다.

홍라희 관장은 이건희 회장과 교육에 대한 철학도 공유하고 있다. 이건희 회장이 교육에서 가장 중요한 부분이 동기 부여라고 강조하는 것처럼 홍라희 관장도 어린 시절부터 자연스럽게 문화 예술을 체험해야 함을 강조한다. 리움미술관은 그런 철학에서 운영되고 있다. 부모와 함께 온 미취학 아동은 2인까지 무료로 관람이 가능하다. 홍라희 관장은 한 언론과의 인터뷰를 통해 다음과 같이 말했다.

"문화를 대하는 자세는 결국 문화적 감수성에서 생기는 것이다. 이런 감수성은 어릴 때부터 길러져야 한다. 어려서부터 부모 손에 이끌려 자연스럽게 문화 예술을 체험한 아이는 성인이 되어서도 문화를 생활의 한 부분으로 생각한다."

방송으로 시작한
경영 활동

일본에서 돌아온 이건희 회장은 동양방송에 입사했다. 1968년에는 중앙일보와 동양방송 이사에 취임하며 본격적인 경영 활동에 나섰다. 당시 동양방송 사장은 장인인 홍진기가 맡고 있었고, 부사장은 큰형인 이맹희가 맡고 있었다. 동양방송 시절 이건희 회장은 경영 수업을 받는 데 전념했다. 이병철 선대 회장은 사카린 사건으로 경영에서 물러나 있었다. 삼성그룹 경영은 모두 장남인 이맹희에게 맡겨졌다.

경영에서 물러났지만 이병철 선대 회장은 매일 아침 8시 40분에 출근해 오전 11시 30분에는 중앙일보로 건너갔다. 저녁 6시 정각에는 퇴근했다. 1주일에 한 번은 삼성그룹 경영 현황을 보고받고 회사 안팎의 사람들을 만났다. 일종의 '수렴청정'이었다. 일본의 지인들도 활발하게 만났다.

한국비료를 국가에 헌납한 이병철 선대 회장은 새로운 사업을 준비했다. 전자와 자동차 둘 중 하나가 목표였다. 1969년 이병철 선대 회장은 삼성전자를 창립하며 전자 사업에 진출하게 된다. 당시 이병철 선대 회장과 장남 이맹희는 전자 사업과 자동차 사업을 놓고 저울질을 했다. 이맹희는 전자와 자동차 사업을 동시에 하자고 했고, 이병철 선대 회장은 우선 전자 사업에 먼저 진출한 다음 자동차 사업에 뛰어들자고 결론 내렸다.

이병철 선대 회장의 의중이 전자 사업으로 기운 것은 일본 지인들의 영향이 컸다. 절친한 사이였던 이우에 토시오 산요 회장과 고바야시 고지 NEC 회장은 기술과 노동력과 향후 산업 전망으로 봤을 때 삼성이 새로 할 사업은 전자라고 조언했다. 이우에 회장의 초청으로 이병철 선대 회장은 산요 공장을 비롯한 일본 전자 업계를 두루 시찰했다. 당시 산요는 도쿄에 자리 잡고 있었다. 산요의 전자 단지에서는 TV, 에어컨, 냉장고 등의 가전제품들이 쏟아져 나왔다. 창고에 쌓여 있는 각종 전자 제품들은 일본에서만 판매되는 것이 아니었다. 미국, 유럽 등 전 세계 시장으로 수출되었다. 삼성을 글로벌 기업으로 키우고 싶었던 이병철 선대 회장은 전자 산업이야말로 앞으로 우리나라가 가야 할 길이라고 판단했다.

맨손으로 시작하는 만큼 이병철 선대 회장에게는 협력할 회사들이 필요했다. 자동차보다는 전자가 유리했다. 《호암자전》에서 이병철 선대 회장은 다음과 같이 회고했다.

"전자 산업이야말로 기술, 노동력, 부가가치, 내수와 수출 전망 등 어느 모로 보나 우리나라 경제에 꼭 맞는 산업이라는 결론을 얻었다. 당시 국내 기업은 상당히 낙후되어 있었다. 50년대 전자 공업에 진출한 일본은 미국, 유럽과 어깨를 견줄 정도로 컸지만, 국내 기업들은 외국 부품을 들여다가 조립하는 단계에 불과했다. 가격도 엄청나게 비쌌다. 나는 가전으로 시작해 기반을 다지면 반도체, 컴퓨터 등 산업용 분야로 발전시킬 요량도 갖고 있었다."

삼성전자가 설립된 뒤 가장 큰 난관은 사람이었다. TV 생산을 목표로 했지만 사람을 구할 수가 없었다. 이병철 선대 회장은 TV에 들어가는 핵심 기술을 확보하고 싶었다. 단순히 돈을 벌기 위한 사업이 아니라 미래를 위한 사업이었다. 일본과 미국의 기술을 따라

잡아야 했다. 국내에서 사람을 구할 수 없다는 점을 깨달은 이병철 선대 회장은 자신의 인맥을 총동원했다. 산요는 가전제품 생산을 위한 기본적인 기술을 이전해 줬다. NEC는 TV에 사용되는 진공관 기술을 전수해 주기로 했다. 브라운관은 미국 코닝을 어렵게 설득해 함께 공장을 짓고 한국에서 직접 브라운관을 생산하기로 했다.

동양방송 이사를 맡고 있던 이건희 회장의 관심은 절반 이상이 삼성전자에 가 있었다. 동양방송 이사로 재직하던 이건희 회장은 늘 일본과 미국을 오가며 전자 산업의 동향을 살폈다. 전자 제품을 뜯어 보는 것이 취미였던 이건희 회장도 전자 산업이 삼성그룹의 미래라는 확신이 있었다.

일본 유학 시절 이건희 회장은 트랜지스터를 통해 일본 전자 산업의 미래를 봤다. 소니는 트랜지스터를 이용한 초소형 라디오에 이어 1960년 세계 최초로 트랜지스터를 사용한 TV를 선보이며 TV 시장에서 큰 인기를 얻었다. 미국에서는 집적회로라고 불리는 IC에 대한 특허를 내놓고 상용화에 나서고 있었다. IC는 1개 이상의 트랜지스터와 다른 전자 부품을 포함한 반도체였다. 수십 개의 부품을 손톱만 한 칩 하나로 줄인 것이다.

IC가 세상에 처음으로 등장한 것은 1959년이다. 텍사스인스투르먼트n의 잭 킬비는 게르마늄 칩 위에 저항기와 축전기를 합한 주요 부품을 집적하는 데 성공했다. 그는 칩 위의 부품을 미세한 금 재질 선으로 연결했다. 일일이 손으로 작업한 탓에 대량 생산은 불가능했지만, 그가 발명한 IC 회로는 손톱만 한 크기의 칩 속에 방대한 정보를 집어넣는 반도체 기술의 토대가 되었다. 잭 킬비는 이 기술을 1964년 특허 신청했다. 집적회로에 관한 가장 기본적인 이 기술은 '킬비 특허'라고 부른다.

TI의 뒤를 이은 것은 페어차일드였다. 페어차일드반도체의 밥 노이스는 실리콘 산화물을 이용해 칩 표면에 부품들을 집적했다. 처음에는 2~3개의 부품이, 나중에는 1,000여 개 이상의 부품들이 칩 하나에 집적되었다. 밥 노이스도 해당 기술을 특허 신청했다.

1946년 개발된 컴퓨터 에니악은 1만 8천여 개의 진공관을 사용해 만들어졌다. 무게는 27톤에 달했고, 덩치도 42평대 방을 그대로 차지할 정도로 컸다. IC가 발명되자 더 이상 컴퓨터를 진공관으로 만들려는 시도는 없었다. 진공관은 멸종 위기를 맞게 되었다. 전자 제품에서도 진공관은 자취를 감추어 갔다. 최신 전자 기기 대부분은 트랜지스터나 IC를 사용하고 있었다.

이건희 회장의 상식으로 삼성전자는 엄한 데 투자를 하고 있었다. 초기 시장이긴 해도 진공관에 투자하는 것은 어리석었다. 설상가상 반도체의 탄생으로 미국과 일본은 컴퓨터 산업에 주목하는 중이었다. 동양방송 이사라는 직책을 맡고 있던 상황에서도 이건희 회장은 삼성전자 임직원들을 만날 때마다 다음과 같이 말했다.

"IBM을 분석해야 합니다. IBM이 무슨 생각을 하고 있는지를 연구하고 움직임을 주시해야 합니다. 반도체 시장의 판세를 거머쥐고 있는 IBM을 읽어야 반도체 산업의 맥을 짚을 수 있습니다."

동양방송과 중앙일보를 맡은 이건희 회장은 삼성전자 임직원에게 반도체의 중요성을 항상 강조했다. 아버지와 큰형이 담당하는 사업이긴 하지만, 전자 제품에 대해 해박한 지식을 가진 이건희 회장의 말은 결코 흘려들을 수가 없었다.

이건희 회장은 1974년 한국반도체라는 회사가 공장 운영 과정에서 파산에 직면했다는 소식을 듣고 이병철 선대 회장에게 인수를 권했다. 이병철 선대 회장은 비서실을 통해 사업성을 검토했다. 사업성이 전혀 없다는 보고에 이건희 회장의 건의를 거절했다. 그러자 이건희 회장이 나섰다. 자신의 사재를 털어서라도 인수하겠다고 나선 것이다. 당시 한국반도체는 미국 벤처 기업 ICII와 50대 50의 합작사로 설립되었다. 이건희 회장은 한국반도체 측의 지분 50%를 50만 달러에 인수했다.

"1973년 오일 쇼크에 충격을 받은 뒤 한국은 부가가치가 높은 첨단 하이테크 산업에 진출해야 한다는 확신을 가졌다. 때마침 한국반도체라는 회사가 파산에 직면했다는 소식을 들었다. 무엇보다 '반도체'라는 이름에 끌렸다. 앞으로 진출해야 될 산업을 물색하면서 반도체 사업을 염두에 두고 있던 중이었다. 시대 조류가 산업사회에서 정보사회로 넘어가는 조짐을 보이고 있었고, 그중 핵심인 반도체 사업이 우리 민족의 재주와 특성에 딱 들어맞는 업종이라 생각하고 있었다. 우리는 젓가락 문화권이어서 손재주가 좋고, 주거 생활 자체가 신발을 벗고 생활하는 등 청결을 매우 중요시 여긴다. 이런 문화는 반도체 생산에 아주 적합하다. 반도체 생산은 미세한 작업이 요구되고, 먼지 하나라도 있으면 안 되는 고도의 청정 상태를 유지해야 하는 공정이기 때문이다."

한국반도체를 인수한 이건희 회장은 철저하게 실패한다. 기술력이 없던 한국반도체는 트랜지스터 외에는 반도체다운 반도체를 만들 실력이 없었다. 삼성전자가 필요로 하는 대부분의 부품은 만들 수조차 없었다. 손해가 눈덩이처럼 불어났다. 그러자 이병철 선대 회장이 나섰다. ICII가 갖고 있던 한국반도체의 나머지 지분을 모두 사들이고 삼성반도체를 설립했다. 이건희 회장은 미국 페어차일드로 향했다. 수차례에 걸쳐 기술 이전을 요청했다. 페어차일드의 조건은 삼성반도체 지분의 30%였다. 기술 이전의 대가로는 혹독했다. 이건희 회장은 지분 30%를 넘기더라도 기술 이전이 필요하다고 판단해 실무진들을 페어차일드로 보냈다.

결과는 참담했다. 삼성반도체의 기술 수준으로는 페어차일드가 기술을 이전해 준다 해도 사업화가 불가능했다. 삼성반도체는 자본 잠식 상태까지 빠졌다. 기술 확보를 위해서는 삼성그룹 차원의 막대한 투자가 필요했다. 문을 닫을 것인가, 모든 것을 걸고 투자할 것인가. 이병철 선대 회장은 경험 부족 때문에 반도체 사업에서 진전이 없다고 판단해 직접 나섰다. 이병철 선대 회장은 미국과 일본을 방문하며 반도체 전문가들을 만났다. 이건희 회장의 경험 부족을 탓하던 이병철 선대 회장은 셋째 아들의 안목에 감탄했다. 한국과 똑같이 오일 쇼크를 겪은 일본의 무역 흑자 행진은 반도체 덕분이었다.

1982년 4월 이병철 선대 회장은 미국 보스턴 대학에서 명예 경제학 박사 학위를 받기 위해 미국을 방문했다. 당시 삼성그룹 부회장을 맡고 있던 이건희 회장도 동행했다. 학위 수여식이 끝나자 두 사람은 IBM, GE, HP 등의 반도체 생산 라인을 방문했다. 미국의 반도체 공장은 이병철 선대 회장에게 충격이었다. 연신 깊은 한숨을 내쉬며 '늦었다'는 회한의 말을 꺼냈다. 이건희 회장은 지금도 늦지 않았다며 이병철 선대 회장을 설득했다. 귀국하는 비행기에서도 반도체 사업의 필요성을 설명하는 셋째 아들에게 마침내 이병철 선대 회장도 두 손, 두 발을 다 들었다. 이병철 선대 회장은 같은 해 10월 '반도체컴퓨터사업팀'을 꾸리고 본격적인 반도체 사업 준비에 나섰다. 당시 개발된 반도체들의 성능, 원가, 시장 동향을 비롯해 장기, 단기 사업 계획이 꾸려져 이병철 선대 회장과 이건희 회장에게 전달되었다.

1983년 3월 15일 운명의 날이 다가왔다. 일본에 있던 이병철 선대 회장은 아침 일찍 일어나 서울로 전화를 걸었다. 한마디 말에 불과하지만 삼성의 모든 운명이 걸려 있었다. 실패하면 삼성은 역사 속으로 사라질 말이었다.

"오늘을 기해 삼성은 VLSI**초고밀도 집적회로** 사업에 투자하기로 한다."

그토록 오랫동안 반도체 사업을 피력했던 이건희 회장의 설득, 그리고 오랜 고뇌 끝에 나온 이병철 선대 회장의 한마디로 한국 반도체의 전설이 시작되었다.

chapter 5

경청과 목계의
비밀

순탄치 않았던 형제들과의 경쟁, 그리고 경영 승계

1976년 9월 중순 이병철 선대 회장이 용인 자연농원 내의 한옥으로 일가를 모두 불렀다. 위암 수술을 위해 일본 출국에 나서기 전날 밤이었다. 이병철 선대 회장은 3개월 전 위암 선고를 받았다. 앞만 보고 달려온 세월이었다. 태연한 척했지만 잠을 이루지 못할 정도로 상심이 컸다. 그때의 심경을 《호암자전》을 통해 들어 보자.

"더 들을 필요가 없었다. 역시 암이었구나. 가족들 앞에서는 태연했지만 내심으로는 착잡했다. 온갖 생각이 엇갈려 그날 밤은 늦도록 잠을 이루지 못했다."

이건희 회장은 일본으로 먼저 향해 이병철 선대 회장의 수술 준비를 하고 있어 참석하지 못했다. 나머지 아들딸이 모두 모였다. 이병철 선대 회장은 위암 수술을 위해 일본 출국을 준비 중이었다. 생과 사의 갈림길에 선 상황, 자신에게 무슨 일이 생기더라도 삼성그룹의 혼란을 막아야겠다는 생각뿐이었다. 주변을 둘러본 이병철 선대 회장이 입을 열었다.

"앞으로 삼성은 건희가 이끌어 가도록 하겠다."

의외의 대답이었다. 당시 기업에서는 장자 승계가 원칙이었다. 장남과 둘째 아들이 멀쩡히 있는 상황에서 셋째 아들을 선택한 이병철 선대 회장의 말에 모두들 아무 말도 하지 못했다. 이병철 선대 회장은 곧 일본으로 떠나 위암 수술을 받았다.

셋째 아들을 후계자로 정한 이병철 선대 회장은 본격적인 승계 작업에 나섰다. 후계자로 이건희 회장이 낙점되었다는 사실을 밝힌 것은 다음 해인 1977년 9월경이었다. 이병철 선대 회장은 〈일경日經 비즈니스〉 편집장과의 인터뷰를 통해 후계 구도 결정에 대해 구체적으로 설명했다.

"후계자를 결정했다. 우리 그룹이 좀 더 작은 규모라면 위에서부터 순서를 따져 장남을 시켜야 할 것이지만, 삼성그룹 정도의 규모는 능력이 없으면 안 된다. 장남은 성격으로 보아 기업에 맞지 않으므로 기업에서 손을 떼게 해야 한다. 둘째는 중소기업 정도의 사고방식밖에 없기 때문에 삼성그룹을 맡길 수 없다. 따라서 아들 셋 가운데 막내아들로 결정했다. 각각 본인의 능력에 따라 행방이 나누어졌다."

1978년 이병철 선대 회장은 이건희 회장에게 삼성물산 부회장 자리를 맡긴다. 세 형제간의 경영 승계를 위한 경쟁은 막을 내렸다. 삼성그룹을 이어받기 위해 치열한 경쟁을 벌였던 두 형을 제치고 묵묵히 자신의 일만 하던 이건희 회장이 후계자로 결정된 것이다.

이병철 선대 회장은 당초 장남 이맹희에게 그룹을 승계할 생각이었다. 1966년 '사카린 밀수 사건'이 벌어지자 이병철 선대 회장은 삼성그룹 경영을 장남 이맹희에게 맡겼다. 둘째인 이창희는 1965년 일본에서 박사 과정을 마친 뒤 제일모직, 한국비료, 새한

제지, 삼성물산 등을 거치며 그룹 내에서 기반을 쌓고 있었다. 두 형이 있어서 셋째 아들인 이건희 회장은 처음부터 후계자 자리를 욕심내지 않았다. 동양방송 이사를 맡고 있던 이건희 회장은 해외 사정에 밝았고, 전자 사업에 관심이 많았다.

1969년 둘째 아들인 이창희 전 새한미디어 회장은 청와대에 한 통의 투서를 넣었다. 내용은 이병철 선대 회장의 부정에 대한 것이었다. 친아들이 아버지를 경영에서 물러나게 해 달라고 박정희 대통령에게 탄원을 넣은 것이다. 이병철 선대 회장에게 한국비료를 헌납받은 박정희 대통령은 이 투서를 이병철 선대 회장에게 전달했다. 믿었던 자식이 자신을 배반했다는 생각에 이병철 선대 회장은 둘째 이창희를 내친다.

장남 이맹희도 청와대 투서 사건의 피해자였다. 투서는 군부에 있던 전두환을 통해 박정희 대통령에게 넘겨졌다. 전두환은 이맹희와 막역한 친구 사이었다. 이맹희는 자서전을 통해 청와대 투서 사건과는 아무런 관계가 없음을 밝혔지만, 둘째 아들이 벌인 일은 장남 이맹희에게도 큰 타격이었던 것이다.

이병철 선대 회장은 사카린 밀수 사건과 한국비료 헌납을 계기로 정치권에 강한 불신을 갖게 된다. 당시만 해도 사업에는 뇌물이 일상적이었다. 공장 하나를 세우기 위해 허가를 받으려면 정상적인 방법으로는 불가능했다. 정치권을 가까이하면 각종 사업에서 특혜가 주어졌다. 삼성도 정부와 공생해야 했다. 하지만 계속해서 지금과 같은 방법으로 회사를 키울 수는 없었다. 기업가에게 정치는 가깝고도 먼 것이었다. 사업을 위해 정치를 이용할 수는 있지만, 그들을 가까이해서는 안 된다는 것이 이병철 선대 회장의 생각이었다. 그런 면에서 기업의 일을 해결하기 위해 정치권에 의탁한 장남과 차남은 후계자로서 적합하지 않았다.

정치권에서 삼성은 필요로 했지만 이병철은 필요 없었다. 정치권의 뜻대로 움직이는 삼성이 필요했다. 각종 사업에 삼성이 진출하려 할 때마다 정치권에서 제동을 걸었다. 둘째 아들은 그래서 아버지를 배신했고, 아버지는 그 이유로 삼성의 경영에서 떠나야 했다. 물론 자신을 배신한 아들에 대한 섭섭함도 후계자 선정에 크게 작용했을 것이다.

1973년 여름 이병철 선대 회장은 장남 이맹희를 불렀다. 이병철 선대 회장은 종이에 이맹희가 갖고 있는 직함을 모두 적게 했다. 전부 17개였다. 삼성전자, 중앙일보, 삼성물산, 제일제당, 신세계, 동방생명, 안국화재, 제일모직, 성균관대, 삼성문화재단 등에서 부사장, 전무, 상무, 이사 직책을 갖고 있었다. 이병철 선대 회장이 연필을 들고 직함에 줄을 그으며 "이건 하기 힘들고, 이건 네

가 할 수 없지?"라고 말했다. 결국 삼성물산, 삼성전자, 제일제당의 부사장 직함 3개가 남았다. 6개월 후 이맹희는 일본으로 떠났고 다시는 돌아오지 못했다.

이맹희는 아버지의 결정에 강하게 반발해 그때부터 야인 생활을 시작했다. 장남인데도 그룹 경영에서 밀려났다는 점과 젊은 시절을 바쳐 삼성을 위해 일했지만 평가를 제대로 받지 못했다는 생각에 이병철 선대 회장과 반목하며 지냈다.

둘째 형 이창희는 결국 이병철 선대 회장에게 백기를 들고 사과에 나섰다. 이병철 선대 회장이 지시한 대로 삼성그룹의 각 사장들을 찾아가 직접 사과를 하자 삼성그룹은 이창희가 설립한 새한미디어를 지원해 주었다. 물론 삼성에 다시 발을 들여놓게 하지는 않았다.

두 형이 떠났어도 이건희 회장의 승계 과정은 순탄치 않았다. 후계 구도와 관련한 이병철 선대 회장의 결심이 확고해 보여도 언제든지 바뀔 수 있었다. 이건희 회장은 묵묵하게 자신이 갈 길을 갔다. 이건희 회장은 자신이 보고 믿는 대로 행동했다. 1974년 사재까지 털어 인수한 한국반도체는 삼성그룹을 위험하게 만들지도 몰랐다. 하지만 반도체는 꼭 필요했다. 이건희 회장은 중앙일보 이사 시절부터 삼성그룹의 경영에 크게 관여하지 않았다. 한국반도체 인수만 자신의 목소리를 냈을 뿐이다.

장남 이맹희와 둘째 이창희는 이병철의 삼성이 아닌 자신들의 삼성을 만들고 싶어 했다. 이건희 회장은 혼란의 시절에도 그저 묵묵히 자신의 자리를 지켰다. 마치 일본 에도 시대의 첫 쇼군 도쿠가와 이에야스를 연상케 한다. 도쿠가와 이에야스는 다음과 같은 유훈을 남겼다.

"인생은 무거운 짐을 지고 먼 길을 가는 것과 같다. 서두르지 마라. 무슨 일이든 마음대로 되는 것이 없다는 걸 알면 굳이 불만을 가질 필요가 없다. 인내는 무사장구無事長久의 근본, 분노는 적이다. 승리만 알고 패배를 모르면 해가 자기 몸에 미친다. 자신을 탓하되 남을 나무라면 안 된다. 미치지 못하는 것이 지나친 것보다 나은 것이다."

일본 전국 시대는 그야말로 대혼란기였다. 일본 전국 통일의 기초를 마련한 사람은 오다 노부나가였고, 일본 전국을 통일한 사람은 임진왜란을 일으킨 장본인인 도요토미 히데요시였다. 둘을 제치고 새로 막부를 열며 일본 최초로 '쇼군'이 된 사람은 도쿠가와 이에야스다. 도쿠가와 이에야스는 불과 여섯 살의 나이로 적에게 볼모로 잡혀가 살아야 했다. 몇 번이나 성과 이름을 바꿔 가며 참고 또 참으며 살아야 했지만 최후의 승자가 되었다.

　오다 노부나가, 도요토미 히데요시, 도쿠가와 이에야스의 일면을 보여 주는 '손안의 새'라는 우화가 있다. 세 사람에게 울지 않는 새를 쥐어 주었다. 오다 노부나가는 울지 않는 새를 보고 "울지 않는 새는 목을 쳐라"라고 말한다. 그의 과감한 성격을 단적으로 이해하게 되는 대목이다. 똑같은 상황에서 지략가인 도요토미 히데요시는 "울지 않으면 울게 만들겠다"라고 말한다. 모든 수단과 방법을 동원해 결국 새를 울게 만드는 것이다. 도쿠가와 이에야스는 "울 때까지 기다리겠다"라고 말한다. 적당한 때를 기다리는 인내심이 보인다. 실제로는 오다 노부나가의 말만 역사 속에 기록되어 있고, 도요토미 히데요시와 도쿠가와 이에야스의 일화는 후세가 만들어 내었다고 한다.

　오직 살아남기 위해 '원숭이'라는 별명을 들으면서도 오다 노부나가에게 충성을 다짐했던 도요토미 히데요시는 뛰어난 지략으로 한 시대를 풍미했지만, '쇼군'의 자리를 욕심내 임진왜란을 일으킨다. 빈농의 아들이었던 도요토미 히데요시가 막부를 열기 위해서는 천황에게 대장군 자리를 하사받아야 했다. 임진왜란이 일어난 여러 원인 중 도요토미 히데요시가 천황에게 대장군 칭호를 받기 위해서라는 해석이 가장 유력하다. 도요토미 히데요시는 조선 정벌에 실패하고 후계마저 제대로 정하지 못해 전국 통일의 업적을 도쿠가와 이에야스에게 넘긴다.

  도쿠가와 이에야스는 도요토미 히데요시가 죽은 뒤에도 때를 기다린다. 결국 오다 노부나가와 도요토미 히데요시가 이룬 모든 업적은 도쿠가와 이에야스가 이어받았다. 삼성가 세 형제도 이와 같은 삶을 살았다. 인내하고 조용히 때를 기다리며 자신의 일을 해 온 이건희 회장이 결국 모든 것을 이어받은 것이다.

경청,
목계의 비밀

이병철 선대 회장은 1985년 폐암 진단을 받았다. 그의 나이는 이미 76세. 10여 년 전 위암으로 수술받을 때와는 달랐다. 예전과 달리 담담했다. 이병철 선대 회장은 당시 심경을 일본인 저널리스트를 통해 다음과 같이 전했다.

"인간인 이상 생로병사를 피할 수는 없다. 불치병이라면 받아들여야 하지 않을까. 하지만 차분히 떠난다는 건 아무래도 이상에 지나지 않는 것 같고, 적어도 살아서 아등바등하는 흉한 꼴만은 남들에게 보여 주지 말아야겠다고 생각할 뿐이다."

이미 삼성그룹은 셋째 아들이 중심이 되어 움직이고 있었다. 2년 전 시작한 반도체 사업은 선진국과의 기술 격차를 조금씩 줄여 갔다. 할 만큼 했고 이룰 만큼 이루었다는 생각이 들면서도 삶에 대한 아쉬움이 묻어났다. 아직 글로벌 삼성, 세계 1등은 요원했다. 죽기 전에 보고 싶었지만 이제는 늦었다. 이병철의 삼성이 아닌 이건희의 삼성으로 세계 1등이라는 숙제를 넘겨야 했다.

노환과 폐암이 겹치며 건강은 자꾸 나빠져 갔다. 정신만은 또렷했다. 1987년 10월 이병철 선대 회장은 종교인들에게 20가지의 질문을 남겼다. 첫 질문은 '시작', 마지막 질문은 '종말'에 대한 것이었다. 1987년 11월에는 한일경제협회 고문직을 사퇴하고 병석에 누웠다. 11월 19일 이병철 선대 회장은 장녀인 이인희 한솔그룹 고문과 이건희 회장, 막내딸 이명희 신세계그룹 회장 등 3명의 자녀와 장손인 이재현 CJ그룹 회장을 불러 놓고 구두로 유언을 했다. 이병철 선대 회장은 이건희 회장에게 정식으로 삼성의 경영권을 물려준다는 유언을 남기고 숨을 거뒀다.

이병철 선대 회장의 임종 직후 삼성그룹은 발 빠르게 움직였다. 잠시만 지체되어도 승계 과정에서 각종 잡음이 발생할 수 있었다.

사장단은 전원 만장일치로 동의해
이건희 회장을
새 총수로 추대했다.

그만큼 셋째 아들에게 기업을 물리는 일은 이례적이었다. 먼저 신현확 전 삼성물산 회장은 삼성 계열사 사장단 회의를 긴급 소집했다. 사장단은 전원 만장일치로 동의해 이건희 회장을 새 총수로 추대했다.

1987년 11월 이건희 회장은 아버지가 사용하던 자신의 새 집무실로 향했다. 이병철 선대 회장이 쓰던 집기들을 정리하고 자신이 사용할 집기들을 넣은 이건희 회장은 이병철 선대 회장이 남긴 휘호를 한쪽 벽에 걸었다. '경청傾聽'이라는 두 글자였다. 이건희 회장은 유학을 마치고 삼성으로 첫 출근할 때를 떠올렸다.

이병철 선대 회장은 첫 출근을 한 이건희 회장을 집무실로 불렀다. 이병철 선대 회장은 책상 위에 화선지를 펼쳐 놓고 조용히 먹을 갈고 있었다. 10여 년 전부터 해온 일이었다. 복잡다단한 그룹 경영 중에 망중한을 즐기기 위해 잡은 붓은 평생의 취미 생활이 되고 말았다.

지금까지 많은 글씨를 써 온 이병철 선대 회장이었지만 그날은 특별한 날이었다. 새까만 먹 덩어리가 물과 만나 진한 묵색을 띠었다. 이병철 선대 회장은 책상 위에 있는 붓을 집어 들어 넓은 화선지에 두 글자를 쓰고 낙관을 찍었다. 두 글자는 '傾聽'이었다. 주의 깊게 잘 듣는다는 뜻이었다. 이병철 선대 회장은 다시 화선지를 놓고 두 글자를 적었다. 두 번째로 쓴 글씨는 '목계木鷄'였다. 흔들림 없는 경영자로서의 자세를 뜻했다.

이병철 선대 회장은 삼성그룹 경영진에게도 '경청'을 강조한 바 있다. 1979년 12월 20일에 열린 정례 사장단 회의였다.

"경영자는 남의 충고를 귀담아들을 줄 알아야 한다. 남의 이야기를 경청하며 참고할 줄 알아야 발전이 있다. 남의 충고를 무시하고 자기 고집대로 하다가 회사와 자기 자신을 망치는 경우가 있다. 특히 각 사는 고문단을 잘 활용하라."

경청은 어린 시절부터 이병철 선대 회장으로부터 배웠던 삶의 지혜였다. 삼성에 입사하고 난 뒤부터 이건희 회장은 말수를 더욱 줄였다. 남의 말을 귀 기울여 듣는 것이 중요하다는 사실은 누구나 공감하나 실천하기는 쉽지 않다.

우리 주변을 살펴보자. 토론을 할 때면 남들보다 한 마디라도 더 하려고 애쓴다. 자신의 생각을 조리 있게 말해 주장을 관철시켜야겠다는 생각만 할 뿐, 상대방의 이야기를 주의 깊게 들으려 하지는 않는다. 조직의 장들은 직위가 낮은 사람의 말에 귀 기울이지 않는다. 그들의 입장에서 이해하고 들어 주는 대신 변명과 핑계로

만 든다. 실제 변명과 핑계라고 해도 왜 그렇게 얘기하는지를 잘 들어야 문제를 해결할 수 있다. 수직적 상하 관계, 남의 얘기를 잘 듣는 법 대신 잘 말하는 법을 먼저 가르치는 문화만 퍼졌다. 때문에 삼성가에서 평생의 경영 철학으로 전해 내려온 경청은 단순히 듣고 공감하는 차원을 넘어 조직에 신뢰를 가져오고 기회를 부여하는 계기의 원동력이 되는 것이다.

최근 수년간 얘기되는 '소통'의 근본적 해결책도 경청에서부터 시작된다. 미래학자 피터 드러커는 소통을 위한 필수 요소는 경청이라고 강조한다. 피터 드러커는 '내가 만일 경청의 습관을 갖지 못했다면 나는 누구도 설득할 수 없었을 것'이라고 말했다. 동양에서는 '이청득심以聽得心'의 지혜를 전한다. 내가 듣고 있으면 상대의 마음을 얻는다. 내가 들을 때는 내가 이득을, 내가 말할 때는 남이 이득을 취한다는 뜻이다. 미국 대법관 출신의 유명 법학자 올리버 웬델 홈즈도 '말하는 것은 지식의 영역이고, 듣는 것은 지혜의 영역'이라고 말했다.

경청을 중요시하는 이건희 회장은 은퇴한 경영진들을 고문으로 위촉해 그들의 지혜를 얻는다. 삼성그룹에서 사장 이상을 역임한 경영진은 은퇴 후 2~3년간 상근 고문으로 위촉된다. 경우에 따라 3년 이상 고문으로 위촉되는 사람도 많다. 고문들은 직접적인 경영에 참여하지는 않지만 중요한 의사 결정에 조언을 한다. 고문에게는 별도의 사무실과 비서, 차량, 기사가 지원된다. 경영진으로 재직할 때의 급여 50~70%가 지급된다. 단순한 예우 차원이라기보다 경영 활동 전반에 걸쳐 그들의 지혜를 경청하기 위해서이다.

이건희 회장은 최근 경청의 지혜를 아들인 이재용 삼성전자 부회장에게 넘겼다. 선대 회장으로부터 전해진 단순하지만 거두기는 어려운 경청의 지혜는 이렇듯 삼성에서 대대로 전해지는 것이다.

이병철 선대 회장이 남긴 또 하나의 지혜는 '목계'다. 잠시《장자》의〈달생〉편에 나오는 우화 하나를 찾아보자. 고대 중국 주나라 선왕은 닭싸움을 몹시 좋아했다. 어느 날 선왕은 닭을 잘 훈련시킨다는 기성자라는 사람의 소문을 듣는다. 선왕은 즉시 싸움닭 한 마리를 주면서 기성자에게 훈련을 부탁한다. 10일이 지나자 선왕이 기성자를 불러 훈련은 어떻게 되어 가느냐고 물었다.

"아직 멀었습니다. 닭이 허장성세가 심한 것이 교만하여 싸움할 준비가 안 되었습니다."

선왕은 다시 10일을 기다렸다가 기성자를 불러 닭의 훈련 상태를 물었다.

"아직 상대 닭의 울음소리를 듣거나 모습만 보고도 싸우려 하는 것이 훈련이 덜 되었습니다."

선왕은 또다시 10일을 기다린 후 훈련 상황을 물었다. 기성자는 고개를 흔들었다.

"아직도 상대 닭을 보면 살기를 번득이니 훈련이 덜 되었습니다."

선왕은 기성자를 믿고 10일을 더 기다렸다. 기성자가 마침내 자신 있게 말했다.

"이제는 훈련이 거의 되었습니다. 상대 닭이 살기를 번득이며 싸움을 하려 달려들어도 아무 내색을 하지 않습니다. 멀리서 바라보면 나무로 만든 닭과도 같습니다. 싸움닭으로서의 덕이 갖춰 줬습니다. 다른 닭이 감히 상대하지 못하고 등을 돌려 도망을 칩니다."

이병철 선대 회장은 허장성세를 없애고, 살기를 감추고, 종래는 어떤 세파에도 흔들림이 없어야 한다는 경영자의 자세를 목계의 우화를 통해 알리고 싶었던 것이다. 경청과 함께 목계는 이건희 회장이 삶을 대하는 자세 그 자체가 되었다. 잦은 세파에도 흔들림 없이 자신이 갈 길을 걷는다. 사재를 털어 한국반도체를 인수할 당시에는 수많은 반대에도 불구하고 자신의 의지를 견지했다. 세계적인 경제 위기가 와도 이건희 회장은 곧 호황기가 올 것이라고 판단되면 무모하다고 할 정도로 과감한 투자에 나선다. 수없이 많은 경청의 과정을 거쳐 자신이 갈 길을 정한 다음에는 목계처럼 흔들리지 않는 초연함을 보인다.

성공만 했을 것 같은 이건희 회장은 경영에 나서면서 많은 실패를 했다. 많은 실패 속에서도 삼성이 전자 왕국을 세운 이유는 실패를 두려워하거나 연연해하지 않기 때문이다. '실패를 두려워하지 않고 연연해하지도 않는다.' 하루에도 몇 번씩 일희일비하는 현대인들이 지혜로 삼아야 할 부분이다.

이건희의 결심,
'나는 삼성의 메기다'

        삼성그룹 경영을 맡은 이건희 회장의 삶은 끝없는 관행과의 전쟁이었다. 삼성이 영속하는 기업이 되려면 모든 것이 변해야 했다. 이병철 선대 회장의 후계자 결정이 끝난 뒤에도 이건희 회장은 그룹 경영에 본격적으로 나서지 않았다. 그가 처음으로 나선 것은 삼성그룹 부회장을 맡던 시절인 1981년 1월이었다.

  이건희 회장은 처음으로 삼성그룹 임원들을 모두 한자리에 모아 자신의 경영관을 밝혔다. 모든 분야에 빨리 알고 대처하는 입체적 사고가 필요하며, 단기 업적 위주의 평가 방식은 고쳐야 한다고 이건희 회장은 강조했다. 특히 2급 두뇌 1,000명보다 1급 두뇌 2명이 더 소중하다는 '천재 경영', 월급봉투의 두께보다 사명과 성취감을 심어 줘야 한다는 '동기 부여'가 주 내용이었다.

"삼성에서는 아주 우수한 사람이거나 무사안일주의자여야 중역이 된다는 이야기를 들었다. 여러분이 전자에 속하는지 후자에 속하는지는 모르지만, 요즘은 한 사람만 잘해 가지고 일이 잘되어 가는 그런 세상이 아니다. 이제까지는 자기가 맡은 한 가지 분야만 잘해도 상무, 전무로 승진할 수 있었다. 그러나 앞으로는 이 사회가 그런 것을 용납하지 않을 것이다. 모든 분야를 알며 변화에 대처할 수 있는 입체 사고를 가져야 한다. 입체 사고를 할 수 있는 사람만이 대기업의 중추 역할을 하게 될 것이다."

기업 홍보에 관해서도 전 임직원이 관심을 갖고 자신의 일처럼 생각해야 한다고 강조했다. 결국 자신에게 주어진 일만 챙기지 말고 종합적인 사고를 하라는 얘기를 기업 홍보와 연관 지은 것이다.

"삼성은 좋은 일을 많이 했는데, 그에 상응하는 평가를 받지 못했다. 내 일만 하면 된다는 사고에서 나온 결과가 이렇게 된 것이다. 나는 기업 활동을 표현하는 예술이 곧 홍보라고 생각하고 있다. 홍보팀이 있지만 그 사람들에게만 맡겨서는 안 된다. 80년대를 살아가려면 홍보에 관심을 갖고 정치, 경제, 교육, 예술, 종교, 법률 이런 것에 모두 신경 써야 한다. 일반 상식이나 갖고 서류를 작성하고 물건이나 팔아서 실적을 내면 세일즈맨으로서 내 일은 끝나는 것이 아닌가, 기술자는 제품이나 나오면 되는 거 아니냐 하는 생각을 가져서는 안 된다."

당시 삼성그룹 전체에 만연해 있던 실적 지상주의에 대해서도 가차 없는 비판을 가했다. '능력제일'에서 '인재제일'로 삼성그룹의 기조가 바뀐 것도 이때부터였다.

"젊은 인재, 우수한 인재를 어떻게 뽑아서 키우느냐에 회사의 운명이 달려 있다. 그리고 단기 실적, 업적 위주의 폐단, 이것은 내가 꼭 없애겠다. 나는 이번 중역 인사에서 5년간 그 사람의 업적을 다 뒤졌다. 본인은 생각도 안 했는데 된 사람, '나는 될 것이다' 생각했는데 안 된 사람도 있을 것이다. 시작할 때 고생하며 기초를 다져 놓은 사람은 표도 안 나타나고 생색도 안 낸다. 그 자리를 물려받은 사람은 일하기 쉽고 일도 잘된다. 여기서 누가 점수를 더 받아야 하는가. 단기적으로 그 해에 나타나는 숫자, 업적만 갖고 따져서는 안 된다. 이런 풍토가 있어서는 전체 삼성이 발전할 수 없다."

마지막으로는 사원들에게 동기를 부여하는 상사, 우수한 인재 영입을 위해 최선을 다하는 임원이 되어 달라고 당부했다.

"상사뿐 아니라 친구, 후배 등 누구나 인간미가 있어야 한다. 60년대에는 월급봉투 두께만 보고 일했지만, 앞으로 젊은 사람들에게 이건 문제가 안 된다. 어디 가나 월급은 비슷해진다. 돈이 아니라 사명감, 성취감, 희망을 주고 애정이 있는 그런 상사가 돼야 한다. 판단을 안 해주는 책임자나 중역은 아주 질색이다. 우리 집안에는 삼고초려라는 가훈이 있다. 우수한 사람을 영입하기 위해 온갖 노력을 다한다. 1급 두뇌, 2급 두뇌를 나누기는 어렵지만 앞으로 선진 기업에서는 2급 두뇌 천 명보다 1급 두뇌 두 사람이 훨씬 낫다는 얘기가 나오게 된다."

이 같은 이건희 회장의 주문은 삼성의 관행을 과감하게 깬 것이었다. 성과주의로 대표되던 삼성의 인사 체계에 일대 혁신을 가져오겠다는 삼성그룹 부회장의 말은 당시 재계에서도 큰 화제가 되였다. 단기간의 성과가 아닌 5년간의 업적을 검토해 중역들을 인선하고, 삼성그룹에 만연한 무사안일주의를 없애겠다는 말은 일종의 선언에 가까웠다.

이건희 회장의 선전 포고는 '메기론'으로 이어진다. 메기론은 삼성의 성장을 이끌어 온 가장 기본적인 경영 원칙 중 하나다. 이건희 회장은 삼성그룹 경영을 맡은 지난 25년 동안 끊임없이 위기를 부르짖으며 경영진에게 위기의식과 긴장감을 강조하며 깨어 있어야 한다고 주문했다. 이건희 회장이 1991년 〈한국일보〉에 기고한 '메기와 미꾸라지'라는 글을 살펴보자. 이건희 회장은 1992년 7월 그룹 임원 연수에서 다시 한 번 '메기론'을 교육하기도 했다.

"내가 어렸을 때 선친으로부터 들은 이야기다. 선친께서는 20대 시절 고향 의령에서 가업인 농사를 잠시 거드신 적이 있는데, 그때 논에는 으레 미꾸라지를 키웠다고 한다. 한쪽에는 미꾸라지만 키우고 다른 한쪽에는 미꾸라지 속에 메기를 한 마리 넣어서 키웠는데, 가을이 돼 수확을 해보니 미꾸라지만 키운 쪽은 시들시들 오그라져 있고 메기랑 같이 키운 쪽은 살이 통통했다. 메기가 잡아먹으러 다니니까 항상 긴장하고 계속 움직여야만 했고 많이 먹고 튼튼해진 것이다. 메기보다 빨라야 살아남지 않겠는가.

결과적으로 메기가 없는 것보다 있는 것이 더 낫다는 말씀이었는데, 요컨대 '건전한 위기의식'을 항상 가지라는 뜻으로 나는 이해하고 있다. '안전하다고 생각되는 순간이 가장 위험스럽고, 위험하다고 생각되는 순간이 가장 안전하다'는 말처럼 불의의 재난이나 커다란 실패는 우리가 마음을 놓고 있을 때 느닷없이 다가오는 법이다. (중략)

이웃 일본은 일찍이 미국, 독일 등으로부터 기술을 들여와 자기 기술로 정착시켜 오늘날의 경제 대국으로 성장하였으나, 이제는 더 이상 모방할 기술이 없어 그들 스스로 독창적인 기술을 개발하지 못하면 살아남지 못하며, 한번 뒤떨어지면 영원히 2류 기업으로 전락해 버린다는 사실에 위기감을 느끼고 있고, 차세대를 겨냥한 첨단 기술 개발에 온갖 노력을 다하고 있다. 말하자면 메기가 없어진 시점이 바로 위기의 출발점이라는 영악한 자각을 벌써 하고 있다는 얘기다.

어떤 형태로든 메기는 필요하다. 수많은 임직원을 거느리고 있는 기업의 최고경영자는 좋은 의미에서 '메기'가 돼야 한다. 그러나 더 욕심을 부리자면 최고경영자는 물론이고 직원들 모두가 스스로에 대한 메기가 될 때 비로소 그 조직은 활기와 의욕이 넘치고, 그래야 진정한 의미의 자율 경영도 가능해질 것으로 나는 생각한다."

이건희 회장은 평생을 '삼성의 메기'로 살았다. 성공했거나 실패했거나 이건희 회장은 항상 위기를 얘기한다. 범세계적인 경제 위기가 도래 했을 때도 위기를 얘기했고, 삼성전자가 세계 1등이 되었을 때도 위기라는 말을 늘 달고 살았다. 사상 최대 실적을 달성했을 때도 '지금이 최대 위기다'라고 말했다.

기업에게는 변곡점이 있다. 아무리 좋은 실적을 내는 회사라 해도 영원히 성장한다는 것은 불가능하다. 어느 정도 목표를 성취하면 자만하고 혁신의 동력이 멈추기 시작한다. 혁신이 멈춘 회사에게는 내리막길만 있을 뿐이다. 전통을 자랑하는 세계 최고의 기업들이 수백 년 동안 살아남는 까닭은 끊임없이 변신을 하기 때문이다.

이건희 회장은 1980년대 삼성을 바라보며 위기감을 느꼈다. 당시 삼성의 사업 구조는 후진국형이었다. 막대한 부를 쌓고 있었지만 나라와 함께 성장하고 있어서 가능한 것이었다. 세계화를 하지 않으면 1990년대에는 살아남지 못한다는 절박감을 느꼈다. 경제가 고도화되면서 더 이상 국내 사업만으로는 영속성을 보장할 수 없었다. 세계로 나가야 했고, 그러기 위해서는 1970~1980년대의 삼성을 완전히 바꿔야만 했다. 세계 1등이 아닌 2등, 3등으로는 영원히 일류 회사가 될 수 없다는 위기감이 작용했다. 이건희 회장이 삼성의 메기가 되기로 한 이유인 것이다.

2010년으로 들어서면서 이건희 회장은 새로운 위기를 느낀다. 기존 사업에 대한 한계점 인식이 위기의 실체였다. 지금 하고 있는 사업 외에 새로운 성장 사업이 없다면 삼성은 멈출 수밖에 없다는 것이다. 이건희 회장이 어떻게 삼성의 메기 역할을 다시 한 번 맡을지 많은 사람들이 궁금해하고 있다.

잭 웰치
그리고 도요타

1987년 12월 1일 호암아트홀에서 이건희 회장의 취임식이 열렸다. 삼성을 상징하는 사기를 들고 좌우로 흔드는 이건희 회장의 표정은 비장했다. 이건희 회장은 취임사를 통해 '초일류 기업' 달성을 핵심으로 하는 '제2창업'을 선언했다.

"우리는 지금 국내외적으로 수많은 시련과 도전이 몰려드는 격동의 시대를 살고 있습니다. '삼성 제2창업'의 선봉으로 혼신의 힘을 다하여 그 소임을 수행할 것입니다. 삼성은 이미 한 개인이나 가족의 차원을 넘어 국민적 기업이 되었습니다. 삼성이 지금까지 쌓아 온 훌륭한 전통과 창업주의 유지를 계승하여 더욱 발전시켜 나갈 것이며, 미래 지향적이고 도전적인 경영을 통해 삼성을 세계적인 초일류 기업으로 성장시킬 것입니다. 첨단 기술 산업 분야를 더욱 넓히고, 해외 사업의 활성화로 그룹의 국제화를 가속시키고, 국가와 사회가 필요로 하는 인재를 교육시키며, 그들에게 최선의 인간관계와 최고의 능률이 보장되도록 하겠습니다. 지금 사회가 우리에게 기대하고 있는 이상으로 봉사와 헌신을 적극 전개할 것입니다. 새로 출범하는 삼성의 제2창업에 찬란한 영광이 돌아오도록 힘차게 전진합시다."

이건희 회장은 초반 의욕적인 경영 행보를 보인다. 취임 8개월이 지난 1988년 7월 제주도 KAL 호텔에서 열린 전경련 주최 최고경영자 세미나에서 이건희 회장은 '급변의 시대를 어떻게 헤쳐 나갈 것인가'를 주제로 특강을 한다. 이건희 회장은 전경련 회장단을 상대로 첨단 기술의 급진적인 변화와 고도 정보사회가 도래하고 있다고 강연했다.

눈여겨볼 점은 소프트웨어 및 시스템화의 급진전이 경제 여건의 큰 변화를 가져올 것이라고 지적한 대목이다. 이와 함께 종전의 양

위주 경영 전략에서 질 위주 경영 전략으로 전환하고, 첨단 기술을 기반으로 한 성장성이 높은 산업 중심으로 기업 변신을 추진해야 한다고 강조했다. 양에서 질로 변화를 추구하기 시작한 것이다.

이건희 회장은 한국의 경영자상으로 다섯 가지를 제시했다. 첫 번째는 자기의 위치를 정확히 알아야 한다는 것이다. 몸으로 하던 경영에서 머리로 하는 질적 경영을 할 수 있어야 한다고 두 번째로 강조했다. 세 번째로는 전문경영인인가, 오너인가 하는 개념의 구분 없이 평생직장의 개념으로 전문 경영을 실천할 수 있어야 한다고 했다. 네 번째로는 실천력을, 다섯 번째로는 국제 감각을 갖고 있어야 한다고 강연했다.

이날 이건희 회장은 언론과의 인터뷰에서 회장 취임 이후의 소감을 다음과 같이 밝혔다.

"회장 취임 후 8개월이 지났는데 8년이 지난 느낌이다. 선친 묘소에는 한 달에 두어 번씩 찾아가 보고 있으며, 1주기가 지날 때까지는 지나친 활동을 삼가겠다는 뜻에서 공식 활동을 자제하고 있다. 종전에는 삼성 하면 직원이 15만 명인 대기업 정도로만 생각했는데, 막상 맡고 보니 외국에서까지 삼성에 대해 많은 관심을 갖고 지켜보는 등 눈에 안 보이는 압박을 느끼고 있다."

선대 이병철 선대 회장으로부터 내려온 무노조 원칙에 대해서는 다음과 같이 말했다.

"근로자의 복지 등 노조를 위한 노조는 좋다고 본다. 하지만 문제는 경영권 등을 내놓으라고 하는 데 있다. 팬암 등 세계적인 거대 기업이 노조 때문에 몰락하는 사례들이 많은데, 이를 고려해야 할 것이다."

삼성그룹의 오너로서 갖고 있는 생각에 대해서는 전문경영인이라고 답했다.

"오너라기보다는 전문경영인이라는 말로 대신하고 싶다. 저의 주식 지분은 6%가 약간 넘는다. 계열사 임원들과 식사하는 자리에서도 전문경영인이라고 분명히 밝힌 적이 있다. 하긴 그때 임원들도 이미지상 분명히 나더러 오너라고 말했다. 스스로는 전문경영인이라고 생각한다."

취임 1년이 지나면 공식 활동에 본격적으로 나서겠다는 약속은 지켜지지 못했다. 이건희 회장은 1987년 취임 이후 1993년까지 국내 대기업 총수 중 누구보다도 조용한 5년을 보냈다. 태평로 삼성 그룹 빌딩의 28층 회장실도 거의 찾지 않은 채 승지원과 한남동 자택에 머무르며 경영 구상에 나섰다. 그룹의 주요 회의에는 강진구 삼성전자 회장이 참석했다. 별다른 대외 행보도 없이 청와대에서 경제인들을 부를 때만 이따금씩 모습을 드러냈다.

하지만 삼성은 변하는 중이었다. 이건희 회장은 초일류 기업을 향해 빠르게 움직였다. 이건희 회장은 패스트 팔로어 fast follower 전략을 선택했다. 정답은 정해져 있었다. 롤모델을 정하고 그 회사가 성공한 비결을 따라가는 것이었다. 이건희 회장은 제너럴 일렉트릭의 회장 잭 웰치에 주목했다.

잭 웰치는 엔지니어로 제너럴 일렉트릭에 입사해 1981년 제너럴 일렉트릭 역사상 최연소 회장 겸 최고경영자가 되었다. 잭 웰치는 회장 취임과 함께 미국 뉴욕 시 피에르 호텔에서 '저성장 경제에서 빠른 (기업의) 성장'이라는 제목의 명연설을 했다. 간단히 정리하자면 다음과 같다.

"기업의 목표는 극대화된 가치를 주주들에게 돌려줘야 하는 것이다. 그러려면 시장에서 1위, 적어도 2위 기업이 되어야 한다. 세계 경제의 성장보다 빠르게 이익을 늘리려면 빠른 속도로 의사 결정을 하고, 최선의 방안을 모색해 비용을 줄이며, 수익을 내지 못하는 사업은 과감하게 정리해야 한다."

잭 웰치는 '세계 1, 2위가 될 수 없는 사업에서는 철수한다'는 경영 방침을 이어 갔다. 대규모 정리 해고와 구조 조정을 통해 원가 경쟁력을 극대화하고 인수 합병, 국제화를 추진하면서 제너럴 일렉트릭의 전성기를 만들었다. 1999년 잡지 〈포춘〉은 '20세기 최고의 경영자'로 잭 웰치를 꼽은 바 있다.

제너럴 일렉트릭은 여러모로 삼성과 비슷한 면이 많았다. 전자 분야 사업을 미래 성장 동력으로 삼았다거나 세계 1, 2위가 될 수 없는 사업은 과감하게 정리하는 점은 이건희 회장의 생각과 맥을 같이했다. 세계화 속에서 3등이 살아남을 길은 없다는 것이 이건희 회장의 생각이었다.

이건희 회장은 삼성경제연구소에서 잭 웰치와 제너럴 일렉트릭에 대해 철저히 분석한 자료를 바탕으로 벤치마킹을 했다. 삼성경제연구소는 잭 웰치와 제너럴 일렉트릭의 저력을 넘버원 경영, 스피드 경영, 6시그마 운동 3가지로 분석했다. 이건희 회장은 이를 1등 경영, 속도 경영, 질 경영으로 구현했다.

이건희 회장이 가장 심혈을 기울였던 부분은 6시그마다. 품질 경영 기법 중 하나인 6시그마는 기업 또는 조직 내의 다양한 문제를 구체적으로 정의하고 계량화, 평가한 다음 개선, 유지, 관리하는 경영 기법이다. 모토로라가 처음 개발한 품질 개선 방법으로, 당시에는 품질 불량의 원인을 찾아 해결하기 위해 만들어졌다. 6시그마는 1995년 잭 웰치가 제너럴 일렉트릭에 도입하며 기업 내 혁신을 위해 사용되었다. 제너럴 일렉트릭은 제품의 품질 관리가 아닌 회사의 모든 부서 업무에 6시그마를 적용해 각자의 상황에 알맞은 정량적, 통계적 기법으로 회사 전체의 생산성을 끌어올렸다.

경영 전반에 걸쳐 제너럴 일렉트릭을 벤치마킹했다면 제품 생산에 있어서는 도요타의 도요타 생산 방식TPS을 벤치마킹했다. 1973년 1차 오일 쇼크 당시 전 세계 대부분의 기업이 어려움을 겪었지만 유독 도요타는 실적이 상승했다.

당시만 해도 제품 생산 방식으로는 헨리 포드가 만든 대량 생산 시스템이 일반화되어 있었다. 많이 만들수록 원가 부담이 줄어들어 이익이 많이 남는다는 기본적인 생산 시스템이다. 하지만 범세계적인 경기 침체가 진행되면서 재고 부담이 생기면서 오히려 더 많은 손해가 났다. TPS는 포드의 대량 생산 시스템과는 전혀 다르다. 필요할 때 필요한 만큼만 생산해 재고를 최대한 줄이는 것이 도요타의 생산 방식이었다.

TPS의 핵심은 5번의 왜Why?로 귀결된다. 5번의 질문을 통해 개선해야 할 점을 찾아내고 낭비와 오류를 줄이는 것이다. 도요타에서는 개선의 우선순위를 사람, 물건, 설비 순으로 한다. 가장 먼저 사람이 하는 작업에서의 낭비와 오류를 줄이고, 그 다음이 설비다.

삼성그룹은 6시그마에 도요타의 TPS를 더해 삼성 고유의 혁신 운동으로 만들었다. 경영을 맡은 이건희 회장은 가장 먼저 주요 기업들을 연구해 그 성공 방법을 벤치마킹했다. 이른바 패스트 팔로어(빠른 추종자) 전략으로 대표된다. 당시 삼성은 전자 사업에서 막 걸음마를 뗀 상황이었다. 쫓아가는 입장에서는 이미 정답이 정해져 있다. 먼저 앞서 간 기업들의 성공 사례는 최고의 참고서였던 셈이다.

은둔의
경영자

중국 춘추전국 시대 초나라 장왕은 신하의 모반으로 인한 죽음을 간신히 모면하고 수도로 돌아왔다. 장왕은 신하들을 모아 놓고 다음과 같이 말했다.

"앞으로 내게 간하는 자는 사형에 처할 것이다."

이 말을 마친 장왕은 3년에 걸쳐 국정은 돌보지 않은 채 주색으로 세월을 보냈다. 선친인 목왕의 죽음으로 어린 나이에 나라를 맡은 장왕이 주색으로 세월을 보내자 간신들에게는 최고의 세상이 되었고 충신들은 오직 안타까워하며 살아야 했다. 보다 못한 충신 오거는 죽음을 각오하고 간언할 결심으로 장왕에게 다음과 같이 말했다.

"수수께끼를 하나 내볼까 합니다. 언덕 위에 큰 새가 한 마리 있습니다. 이 새는 3년 동안 날지도 않고 울지도 않고 있습니다. 대체 이 새는 무슨 새입니까?"

잠시 생각하던 장왕이 대답했다.

"3년이나 날지 않았으나 한번 날면 하늘에 오를 것이고, 3년이나 울지 않았으나 한번 울면 세상 사람들을 놀라게 할 것이오."

자신을 섣불리 판단하지 말라는 의미와 함께 나름의 각오를 보인 대답이었다. 장왕은 오거에게 사형을 명하지 않고 돌려보냈다. 몇 달이 지나도 여전히 장왕은 주색에 빠져들었다. 이번에는 대부 소종이 나서 정사를 돌보라고 직언했다. 장왕이 말했다.

"경은 내가 내린 포고문도 보지 못했소?"

이미 소종은 죽음을 각오한 터라 다음과 같이 말했다.

"예, 보았습니다. 전하께서 국정에 전념해 주신다면 죽어도 여한이 없겠나이다."

장왕은 그날로 주색을 멀리하고 국정에 나섰다. 수백 명에 달하는 간신을 주살하고 오거와 소종을 중심으로 충신들을 대거 등용했다. 장왕의 3년은 때를 기다리기 위함이었다. 이후 '날지도 않고 울지도 않는다'라는 뜻의 '불비불명不飛不鳴'이라는 고사 성어는 몸을 낮추고 때를 기다리는 사람을 일컫는 말이 되었다.

삼성그룹 회장에 취임한 이건희 회장 역시 '불비불명'에서 지혜를 찾았다. 장왕은 3년을 기다렸지만 이건희 회장은 5년을 기다렸다. 1년 동안은 선대 회장의 1주기를 기다렸고, 나머지 4년은 기존 비서실을 개편하고 삼성의 혁신을 위한 밑그림 준비에 나선 것이다. 이건희 회장은 1993년 신경영에 나서기 전까지 태평로 삼성그룹 빌딩 28층 회장실로 거의 출근을 하지 않았다. 그룹 사장단 회의는 삼성전자를 맡고 있던 강진구 회장이 주재했다. 전경련 회장단 회의도 강진구 회장이 참석했다.

밖에서는 각종 소문들이 돌았다. 건강에 문제가 생겼다는 얘기부터 식물인간이라는 얘기까지 시중에 나돌았다. 몇 년간이나 해괴한 소문이 도는데도 이건희 회장은 침묵했다. 그는 삼성 내부에서의 전쟁에 나선 터였다. 장남과 차남을 제치고 삼성그룹을 승계하다 보니 내부에 이건희 회장에 대한 반대 세력이 있었다. 가지 많은 나무에 바람 잘 날 없다는 말처럼 집안 내부도 다스려야 했다. 이건희 회장은 1993년 8월 〈동아일보〉와의 인터뷰에서 다음과 같이 말했다.

"1982년에 교통사고를 당해 한동안 진통제에 의지했던 적이 있습니다. 식물인간이니, 마약중독이니 하는 얘기가 나돌아 다녔던 것 같습니다. 중상모략도 끼어들고 해서 계속 소문이 커졌죠. 이걸 안 믿은 사람은 제 자신과 가족들뿐입니다. '내 자신이 아니면 그뿐'이라 생각하고 해명하고 싶지도 않았습니다. 소문은 더 요란하게 났죠. 내 건강은 직접 보면 알 것입니다. 지난 6개월간 밤낮 직원들과 함께 일한 것을 보면 누구나 각종 루머가 거짓임을 알 것입니다. 기업이 1세에서 2세로 넘어가는 과정에는 거부 세력도 있게 마련인데, 거기서 그러한 얘기들이 번졌습니다. 회장에 취임한 게 1987년 말인데 지난해(1992년) 이맘때가 돼서야 집안 정리가 대충 매듭지어졌습니다."

삼성그룹을 맡은 이건희 회장이 가장 고민한 것은 비서실이었다. 선대 회장 때의 삼성은 비서실이 막강한 권력을 쥐고 있었다. 모든 중요한 사업은 비서실에서 결정했다. 일종의 암실 경영이었던 셈이다. 비서실의 권력은 회사를 넘어 이건희 회장에게도 위협적이었다. 이건희 회장은 선대 회장 시절의 사장단 회의를 다음과 같이 평가한 바 있다.

"선대 회장에 대한 비판이 아니라, 과거 삼성의 사장단 회의는 '어전 회의'였다. 비서실장이 회의 전날 사장단을 상대로 PD 노릇을 했다. A 사장은 이것을 준비하고, B 상무는 회장이 이걸 물어볼 테니 준비하라는 등……. 이게 과거 10년간 사장단 회의의 모습이었다."

비서실을 통해 철저하게 준비된 회의는 잘 짜인 각본에 따라 움직였다. 이건희 회장이 볼 때는 오히려 회장의 눈을 가리는 회의였다. 숫자로만 보자면 삼성은 이미 제국을 만들었지만, 계열사 곳곳에는 문제가 산적해 있었다. 이건희 회장에게는 모래성에 가까웠다. 삼성그룹을 개혁하려면 먼저 비서실을 개혁해야 했다. 회장과 비서실만으로 거대한 삼성그룹이 유기적으로 움직이는 것은 불가능했다. 각 계열사가 자율적으로 경영하는 체제를 만들어야 했다. 이건희 회장은 회장 취임 직후 비서실 개편에 대한 의지를 표명했다.

"선대 회장은 경영권의 80%를 쥐고, 비서실이 10%, 각 계열사에 10%를 나눠 행사했다. 나는 앞으로 회장이 20%, 비서실 40%, 각 사장이 40%를 행사하는 식으로 바꾸겠다."

이건희 회장의 말은 회장의 권한을 크게 낮추고 비서실과 계열사 사장의 권한을 높이겠다는 모양새였다. 실상은 달랐다. 선대 회장 당시 비서실은 회장과 동일한 존재였다. 즉, 비서실과 회장이 경영권의 90%를 쥐고 10%의 경영권만 있는 각 계열사를 지배했다. 이건희 회장의 발언은 비서실을 크게 축소하겠다는 말과도 같았던 것이다.

비서실 개혁은 1990년 1월부터 시작되었다. 당시 비서실장은 선대 회장이 총애하던 소병해 실장이 13년 동안 맡고 있었다. 비서실 밑에는 총 15개의 조직이 있었다. 비서팀, 연수팀, 재무팀, 홍보팀, 감사팀, 품질안전팀, 전산팀, 기능관리팀, 국제금융팀, 기획팀, 경영관리팀, 운영1팀, 운영2팀, 운영3팀 등이다. 사실상 삼성그룹 전체를 관할하는 조직이었다. 이건희 회장은 15개에 달하는 비서실 조직을 10개로 축소했다. 비서팀, 인사팀, 재무팀, 홍보팀, 경영지도팀, 국제팀, 기획팀, 경영관리1팀, 경영관리2팀 등이 그것이다.

1990년 12월 이건희 회장은 소병해 실장을 삼성생명 대표이사 부회장으로 승진시키고 이수환 제일합섬 사장을 비서실장으로 임명했다. 다음 해 1월 이건희 회장은 정기 인사를 통해 이수환 비서실장을 비롯한 총 20명에 달하는 비서실 임원 대부분을 교체했다. 비서실장은 이수빈 삼성생명 부회장이 맡았다. 비서실 임원의 교체는 창사 이래 최대 규모였다. 1992년에는 비서실 차장에 이학수 전 부회장을 임명하고 3개 팀을 다시 해체했다. 1992년에도 상당수 임원들이 교체되었다. 무려 3년에 걸쳐 비서실의 역할 재정립에 나선 것이다.

이건희 회장은 비서실의 교체와 함께 삼성그룹의 개혁에 나서기 시작했다. 내부 조직을 재정비한 이건희 회장은 삼성그룹이 만들고 있는 제품들의 '일류화 상품 추진 계획'에 나섰다. 이제 삼성그룹을 본격적으로 바꿔야 하는 시기가 온 것이다.

1991년 7월 노태우 대통령의 미국 재계 사절단 일행으로 초청받은 이건희 회장은 미국과 캐나다 순방을 가기 직전 일본에 들렀다. 잠시간의 일본 체류 기간 동안 이건희 회장은 캠코더, VCR 등을 직접 비교해 보고 "우리 제품 품질이 이렇게 뒤떨어진 줄 몰랐다"면서 "이런 제품을 갖고 어떻게 세계 시장을 석권하며, 어떻게 유통 시장 개방에 대비하겠는가"라고 말했다.

전자뿐만이 아니었다. 삼성그룹이 만드는 모든 제품은 한국에서는 1등이었지만, 해외에서는 값싼 저질 공산품에 불과했다. 이건희 회장은 비서실 임원들을 불러 지난 1981년부터 범그룹 차원에서 추진한 세계 일류화 상품 개발과 관련된 모든 지시 사항의 이행 여부를 체크하라고 지시했다.

1991년 정부는 유통 시장 개방 대책을 발표했다. 유통 시장이 전면 개방되는 시기는 1996년. 이건희 회장의 마음은 급했다. 글로벌 유통 공룡으로 불리는 까르푸, 월마트가 국내 진출에 나선다는 소문이 돌았다. 유통 업체들과 함께 외국 유명 가전 업체들도 국내 진출을 노리고 있었다. 삼성전자가 만드는 제품으로는 유통 시장 개방을 견딜 수 없었다. 특단의 대책이 필요했다. 삼성에게도 변화가 필요했다.

이건희 회장은 1992년 1월 삼성그룹 경영을 시작하며 내세운 '21세기 초일류 기업', '제2창업' 정신에 따라 그룹의 로고CI를 개정하기로 결정했다. 현재 사용하고 있는 로고다. 새 술은 새 부대에 담자는 이건희 회장의 생각이었다. 당시 삼성그룹이 사용하던 로고는 국내에서 호감을 사고 있었다. 다만 세계 시장에서는 인지도가 매우 낮았다. 3개의 별을 형상화한 이미지는 시대에 뒤떨어진다는 평가였다.

이건희 회장은 창업 55주년인 1993년 3월을 목표로 비서실 홍보팀과 제일기획 실무진으로 CI 추진팀을 구성했다. 세계 최고의 CI 전문 업체인 L&M사가 협력 파트너로 선정되었다. 예산은 10억 원에 달했다. 이건희 회장은 단순히 로고만 바꾸는 것이 아니라, 임직원들의 마음가짐MI, 행동 양식BI까지 포함해 모든 것을 바꾸고자 했다. 의식 개혁과 체질 개선까지 도모한 것이다.

1993년 3월 삼성 창립 55주년을 기념해 새로 만들어진 CI는 '영원한 삼성', '글로벌 삼성'이라는 의미를 함축하고 있다. 바탕의 파란색은 하늘과 바다를 상징한다. 비스듬한 타원은 우주와 세계를 의미한다. 영어로 SAMSUNG를 넣은 것은 글로벌화의 의지를 표방한다. S자의 윗부분과 G자의 아랫부분이 파란색 타원과 연결된 모양에는 내부와 외부를 하나로 연결시켜 우주, 세계와 함께 살아 숨 쉬고 인류 사회에 이바지하겠다는 염원을 담았다. A자에서는 가로선이 빠졌다. 개방성을 상징한다.

새 로고는 창립 55주년 기념식에서 처음으로 소개되었다. 1993년 3월 22일 서울 올림픽공원 체조경기장에서 삼성그룹 창립 55주년 기념식이 열렸다. 이건희 회장이 새로운 삼성 로고와 함께 등장했다. 1만 명의 삼성그룹 임직원 앞에 선 이건희 회장은 '제2창업 제2기'를 선언했다.

"2000년까지 남은 7년은 세계 초일류 기업으로 살아남느냐, 아니면 주저앉고 마느냐를 결정하는 마지막 결단의 시기다. 오늘을 기해 지난 5년 동안 쌓은 준비와 수련의 씨앗이 혁신적 창조를 통해 알찬 열매를 맺도록 해야 한다. 이를 위해 제2창업 제2기를 새로이 선포한다."

이건희 회장은 선대 이병철 선대 회장이 추구해 온 3개 경영 이념인 사업보국, 인재제일, 합리추구를 '창업 이념'으로 보존하고 '인재와 기술을 바탕으로 최고의 제품과 서비스를 창출하여 인류 사회에 공헌한다'는 새 경영 이념을 제정했다.

"삼성 제품은
저 구석 창고 앞으로 가보세요"

1990년대 초기 이건희 회장은 좀처럼 잠을 이루지 못했다. 세기말적 변화에 대한 기대감도 있었지만 위기감이 더 컸다. 새로운 도약이 될 것인가, 모든 것을 빼앗아 버리는 종말의 시발점이 될 것인가. 이대로 가면 삼성은 물론 나라마저 2류, 3류로 떨어질 것이라는 위기감에 잠 못 드는 밤이 이어졌다.

당시 가장 큰 변화는 냉전 시대가 마침내 막을 내리고 범세계적인 경제 전쟁이 시작된 것이었다. 세계 경제를 지배하던 GATT 체제는 자유 무역을 표방하는 WTO 체제로 바뀌었다. 과거 냉전 시대에는 미국, 소련으로 대표되는 강대국의 정치 이념이 세계를 지배했다. 경제 전쟁 시대는 다르다. 모든 국가들은 각자의 출발선상에서 달리기를 시작해야 했다. 서로의 덩치에 차이가 있기 때문에 출발선은 다를 수밖에 없었다. 이건희 회장이 과거에는 2류, 3류도 자기 영역에서 살아갈 수 있었지만 세계화 시대에서는 1류가 아니면 살아남지 못한다고 강조한 이유였다.

위기감이 절정에 달한 것은 삼성의 착각과 자만이었다. 한국에서 1등을 한다고 자만하고 있었다. 세계 시장에서는 2등, 3등도 하지 못했다. 자기 위치가 어딘지도 모르면서 커다란 착각에 빠졌던 것이다. 이건희 회장의 신경영은 이런 위기감에서 출발했다. 당시 이건희 회장의 말이다.

"1977년 삼성전자의 불량률을 거론하면서 그대로 가면 망한다고 했다. 1987년에도 같은 이야기를 했더니, 매년 망한다고 해도 망하지 않는데 왜 그렇게 걱정하느냐고 했다. 매년 200~300억 원씩 이익이 나고 있는데 왜 망하느냐는 것이다. 참 한심한 일이다. 그 정도 이익이 난 걸 갖고 자랑하고 있으니 한심하다. 망하지 않고 그저 근근이 연명하고 있는 것을 잘되고 있다고 착각하고 있다. 지금까지 우리는 그저 미국, 일본의 잘하는 회사를 쫓아가면 되었다.

그런데 지금은 어떤가. 선진국은 기술 이전을 회피하고 있고 동남아, 중남미의 개발도상국들은 우리를 맹렬히 추격하고 있다. 이런 상황인데도 우리는 긴장감이 없고, 내가 제일이라는 착각에서 벗어나지 못하고 있다."

이건희 회장의 말은 지금 삼성의 현실에 비춰 봐도 그대로 적용된다. 미국은 IT 기술과 서비스에서 여전히 앞서며 세계 시장을 이끌고 있고, 장기간 경기 침체에 빠졌던 일본은 다시 부상하는 중이다. 세계의 공장 중국은 이제 공장을 벗어나 기업으로 성장하고 있다.

이건희 회장의 위기감은 1등에 대한 열망, 더 나아가 강박 관념으로까지 번졌다. 1993년 2월 이건희 회장은 그룹 비서실 전 임직원 100여 명을 대상으로 국내 산업 시찰을 지시했다. 29명으로 구성된 1차 시찰팀이 수원 삼성전자, 울산 현대자동차와 삼성석유화학, 창원 삼성항공과 중공업 등 5개 공장을 견학했다. 2차 시찰팀은 총 35명으로 삼성전자 기흥 반도체 공장, 여천 제일모직, 광양 제철, 거제 삼성중공업 등 4개 공장을 시찰했다. 3차 시찰팀은 인천 제일제당, 대산 삼성종합화학, 구미 모직·합섬·통신, 온양 반도체, 울산 현대중공업 등 7개 공장을 견학했다. 이건희 회장은 여기에 더해 삼성그룹 신임 임원으로 선임된 100명의 이사대우를 대상으로 산업 시찰을 지시했다. 산업 시찰은 삼성 자신을 알기 위해서였다. 이건희 회장은 다음과 같이 말했다.

"산업 현장을 모르는 임직원들이 사무실에서 무엇을 하겠는가. 사무직들이 땀 흘려 일하고 있는 공장 근로자들의 근면성을 배워야 기업이 발전할 수 있다. 갈수록 어려워지고 있는 경영 환경 속에서 계열사의 공장 현황을 제대로 파악하지 못하고 어떻게 경영 전략을 수립하겠는가."

비서실의 산업 시찰을 마무리한 이건희 회장은 미국 로스앤젤레스로 향했다. 이건희 회장은 공항에 도착하자마자 수행원들과 함께 시내에 있는 전자 제품 매장을 찾았다. 매장에는 제너럴 일렉트릭, 소니, 파나소닉 등 미국과 일본의 가전제품들이 가득했다. 삼성전자 제품은 아예 보이지 않았다. 분명 미국에 TV와 VCR 등을 수출하고 있었다. 해당 매장에도 당연히 삼성전자 제품이 있어야 했다.

매장을 돌아다니던 이건희 회장은 한쪽 구석에 먼지를 뒤집어쓰고 있는 삼성전자 제품을 발견했다. 이건희 회장은 얼굴이 화끈거리는 것을 감출 수 없었다. 진열대에 서지도 못한 제품, 경쟁 제품보다 싼 가격에도 불구하고 아무도 찾지 않는 제품을 만드는 회사. 바로 그것이 삼성전자였던 것이다. 이건희 회장은 생각했다.

'이대로 가면 삼성은 망한다.'

화끈거리는 얼굴로 센추리 프라자 호텔로 향한 이건희 회장은 비서실에 호텔의 대형 행사장을 통째로 빌리라고 했다. 이건희 회장은 LA 시내 가전제품 매장에 들러 세계 주요 전자 제품 78개 모델을 모두 구매하여 삼성전자 제품과 비교 전시를 하라고 지시했다. 한국에 있는 삼성전자 사장단도 모조리 호출해 '전자부문 수출상품 현지 비교평가회의'를 열었다.

이건희 회장은 삼성전자 임원들과 78개 품목의 제품을 일일이 비교했다. 평가는 신랄했다. 이건희 회장은 거의 모든 제품에 신랄한 비판을 쏟아 냈다. 이미 2년 전인 1991년 LA에서 마쓰시타의 VCR을 임직원 앞에서 직접 뜯어 보면서 많은 지적을 했던 터였다. 하나도 달라진 게 없었다. 성능이 뒤떨어지는 것은 물론이고, 제품의 품질도 엉망이었다. 비교 평가를 끝내고 이건희 회장은 회의를 소집했다.

"내 재산 10배 더 늘어나 봐야 나에게는 아무 뜻이 없다. 나는 내 청춘과 재산과 생명과 명성을 걸고서 여러분들 보고 마음대로 해 보라고 하는데, 그 반도 못 따라오고 있다. 전자는 20년 전부터 해 온 이야기를 안 듣고 있다. 그동안 수백 번 속아 왔다. 정말 이런 종류의 회의는 오늘로 마지막이다."

뒤를 이어 품질과 미국 수출 전략에 대한 쓴소리가 이어졌다.

"왜 미국에 수출을 늘려 나가야 하는가. 미국 시장에 수출하면서 20여 년간 엄청난 결손을 보았다. 삼성 TV, VCR은 싸구려의 대명사 같다. 품질 문제는 삼성을 싸구려 대명사로 하기에 충분했다. 이번에 LA에 온 전자 사장, 임원들은 미국의 전자 제품 매장을 직접 둘러보고 그들이 우리 제품을 진열해 놓은 꼴을 보았다. 우리 상품이 얼마나 천덕꾸러기가 되어 있는지, 또 한쪽 귀퉁이에 얼마나 많은 먼지가 쌓여 있는지 똑똑히 보고 왔을 것이다. 2등은 현상 유지밖에 안 되고 못 큰다. 2등, 3등은 맨날 바쁘다. 맨날 그 모양 그 꼴이다. 내가 말 안 해도 사장이 가보았어야 하고, 회장보다 더 잘 알아야 하는데 회장이 제일 잘 안다."

회의 도중 이건희 회장의 눈앞에 1992년 바르셀로나 올림픽 남자 육상 100m 경기가 떠올랐다. 자메이카 출신의 영국 린포드 크리스티 선수와 나미비아의 프랭키 프레더릭스 선수가 출발점에 섰다. 출발을 알리는 소리와 함께 두 사람은 결승점을 향해 질주했다. 막상막하의 실력으로 무섭게 100m를 질주한 두 사람은 거의 동시에 결승선을 통과했다. 승리는 린포드 크리스티가 차지했다. 그의 기록은 9.96초. 2위를 차지한 프랭키 프레더릭스 선수의 기록은 9.97초. 불과 0.01초라는 차이로 메달의 색깔이 바뀌었다. 0.01초의 차이는 린포드 크리스티와 프랭키 프레더릭스 선수의 운명을 갈랐다. 린포드 크리스티는 전 세계 언론의 스포트라이트를 받으며 영국의 영웅이 되었다. 프랭키 프레더릭스는 조국 나미비아에 첫 은메달을 안겼지만 기억조차 잘 나지 않게 되었다.

기업 경영도 마찬가지다. 1등은 기억해도 2등은 기억하지 못한다. 하지만 0.1점 차의 2등, 아니 10등이라면 나름 의미가 있다. 10점 차의 2등은 구제불능이다. 이건희 회장이 말을 이어 갔다.

"조금이라도 졌으면 완전히 진 것이다. 올림픽에서 0.1점에 순위가 정해져 금메달과 연금이 결정된다. 경쟁이 뭐냐? 옛날엔 0.5점 차가 분명히 진 것이고, 요즘은 0.1점 차라도 진 것은 진 것이다. 그러나 나는 0.1점 차로 10등을 해도 좋다고 생각한다. 10점 차로 2등해 봐야 아무 소용없다. 개방화, 지구화의 이 시대에 국제적 선두 그룹 1군에 들어가 있어야 한다. 0.1점이라도 남이 잘하면 내가 진 것이다. 상대방을 인정하고 이기려 노력해야 한다.

　국내 체전에서 금메달과 올림픽에서의 금메달은 몇 초 차이가 난다. 체전에서 1등 했다고 나한테 자랑하지 마라. 그런 것 들으면 화가 난다. 1980년대에는 국내 챔피언이면 챔피언이었다. 지금은 세계에서 챔피언이라야 챔피언이다. 우리 제품을 봐라. 이렇게 많이 세계 수준에 뒤떨어졌다. 과거 10년간 당신들이 놀았다는 증거다."

LA 회의를 시작으로 이건희 회장은 신경영에 본격 나선다. 삼성전자는 이미 암에 걸려 있었다. 빨리 손을 쓰지 않으면 암세포가 기하급수적으로 번져 다시는 회생 불가능한 상태로 변할 상황이었다.

"이럴 수가, 삼성은 3류였다", 후쿠다 보고서

1990년대 들어 우리 삶은 급격하게 바뀌었다. 케이블TV를 비롯해 위성 방송이 가정마다 설치되고, PC의 보급률이 급격하게 늘어났다. 데이콤이 PC 통신 천리안을 시작한 이후 하이텔, 나우누리, 유니텔 등 4대 PC 통신 서비스가 본격적으로 나오면서 가입자가 350만 명을 넘어섰다.

케이블TV와 PC 통신은 우리의 생활을 크게 바꿨다. 수많은 방송 채널들이 생기며 해외의 영화, 음악, 최신 트렌드 등이 실시간으로 우리 안방에 전달되었다. PC 통신은 시간에 구애받지 않고 언제나 최신 뉴스를 제공했다. 한국이 아닌 미국에 있는 사용자와도 문자로 채팅하며 연락을 주고받게 되었다. 이른바 세계화가 시작된 것이다. 이 같은 일은 미국, 유럽, 일본도 마찬가지였다.

디자인 역시 마찬가지였다. 최첨단 패션 정보는 전 세계에 실시간으로 전달되었다. 패션과 디자인에 대한 관심이 높아졌다. 세계인이 공유하는 일상의 한 부분이 되었다. 당시 〈뉴욕타임스〉는 1990년대의 패션 트렌드를 다음과 같이 말했다.

"패션의 최신 유행어는 미니, 맥시, 스트레치가 아니라 세계화다."

패션의 세계화는 개성의 강조로 흘러갔다. 이건희 회장은 이미 수년 전부터 제품의 디자인을 강조했다. 회사 CI를 새로 만든 것도 디자인 경영의 일환이었다. 디자인이 기업의 가장 소중한 자산이자 기업 경영의 승부처가 될 것이라고 강조했다. 이건희 회장은 삼성 특유의 디자인을 만들고 싶어 했다. 고유의 아이덴티티를 부각해 삼성의 철학을 담고 싶었던 것이다.

1993년 6월 일본 동경의 오쿠라 호텔에선 이건희 회장 주재로 삼성전자 기술개발 대책회의가 열렸다. 당시 삼성전자 사장을 맡고 있던 윤종용과 비서실장이었던 이수빈을 비롯해 후쿠다 다미오 삼성전자 디자인 고문이 회의에 참석했다. 회의가 끝날 무렵 일본인인 후쿠다 고문이 이건희 회장에게 보고서 하나를 내밀었다. 바로 '후쿠다 보고서'였다. 이건희 회장은 회의를 마치고 후쿠다 고문을 비롯한 일본인 고문들을 따로 불러 회의를 다시 시작했다. 어두운 표정의 이건희 회장이 입을 열었다.

"그동안 삼성전자를 보고 느낀 점을 허심탄회하게 얘기해 봅시다."

후쿠다 고문은 다음과 같이 삼성전자의 조직 문화를 비판했다. 이미 사표를 쓸 생각이었다. 1948년생인 후쿠다 다미오 현 교토공예섬유대학원 교수는 1973년 교토공예섬유대학교 디자인공예과와 공예학 석사를 수료하고 일본전기디자인센터 디자인부, 교세라연구소 디자인실을 거쳐 1989년 삼성전자 디자인센터에서 통신 부문의 디자인 고문을 맡고 있었다.

후쿠다는 삼성전자에서 근무하면서 많은 어려움을 겪었다. 2~3년 동안 담당 사업부장에게 3차례의 의견서를 내면서 삼성전자의 문제점을 지적했지만 받아들여지지 않았다. 직접 만든 개선 방안은 무려 10회나 되는데도 번번이 사업부장은 무시하기 일쑤였다.

후쿠다를 포함하는 일본인 고문들은 연신 삼성전자에서 일하며 느꼈던 불합리함, 경영진과의 불통에 대해 비판했다. 마치 경영진에 대한 성토장을 방불케 했다. 후쿠다 고문은 이건희 회장에게 '삼성전자가 이 상태로 가면 결코 세계 유수의 업체들과의 경쟁에서 이길 수 없다'고 강조했다. 고문들의 입에서 삼성전자의 문제점이 적나라하게 쏟아져 나왔다. 저녁 6시부터 시작한 고문들과의 회의는 새벽까지 이어졌다.

다음 날 이건희 회장은 프랑크푸르트로 향했다. 그의 손에는 56페이지에 달하는 '후쿠다 보고서'가 있었다. 이건희 회장은 보고서를 읽었다. 잠시 눈을 붙이려 하다가도 도저히 그럴 수가 없어 몇 번이나 보고서를 들여다봤다. 이건희 회장은 당시 심경을 다음과 같이 말했다.

"그 보고서에는 만화 같은 일이 적혀 있었다. 나는 평생 낙관적이고 긍정적으로 살아왔다. 웬만한 실수나 수십, 수백억 원의 손해에도 눈 하나 까딱하지 않았다. 그러나 이번에는 화가 몹시 치밀어 올랐다. 지금까지 사장들, 비서실장, 비서실 팀장들이 모두 나를 속였기 때문이다. 집안에 병균이 들어왔는데 5년, 10년 동안 나를 속였다. 내 측근들이 이 정도라면 나머지 사람들은 어느 정도였겠는가."

후쿠다 보고서는 삼성전자가 확보해야 할 기술, 상품 개발 프로세스 혁신, 사업부제에 따른 디자인 경영 방안 등 3가지 부분으로 구성되어 있다. 보고서의 핵심인 '경영과 디자인'에서는 경영자와 디자이너 간의 시각차를 조명했다. 삼성전자 경영진의 디자인에 대한 질문과 후쿠다 고문이 제시한 해결책이 핵심 내용이다.

보고서에 따르면 삼성전자 경영진은 디자인을 '상품의 기능에 맞춰 형태와 색을 창조하는 행위'로 규정하고 있었다. 후쿠다 고문은 이에 대해 디자인은 제품의 편의성을 높이고 부가가치를 높여 이용자의 생활을 창조하는 문화적 행위라고 답변했다. 후쿠다 고문은 삼성전자의 문제점을 해결하려면 제품을 만들 때 기획 단계부터 상품 전체의 전략, 출시 시기, 마케팅 전략 등을 명확히 하고, 그 정보를 디자인 부서와 공유해야 한다고 강조했다. 당시만 해도 삼성전자에서 디자인은 제품의 형태를 정하고 색을 입히는 행위 정도에 불과했던 것이었다.

보고서에는 삼성전자 내부의 조직 문화에 대한 비판도 있었다.

"여러 개의 디자인 안을 제출하면 경영진은 그중 하나를 선택하는 대신 모든 디자인 안을 절충하자고 나선다. 경영진의 말에 따라 디자인 안을 절충하면 각 디자인의 핵심 포인트가 사라지지만, 디자이너들은 아무 이견 없이 그냥 따르는 경우가 많다. 실패한 디자인에 대한 노하우도 축적되지 않고 있다. 명확한 책임 부서가 없기 때문에 모두들 내 책임이 아니라는 식으로 대한다."

이건희 회장은 고문 제도에 심혈을 기울였다. 고문 제도를 잘 활용하면 제품 개발에 큰 도움이 된다는 생각이었다. 디자인에 대한 경영진의 무지는 그렇다 쳐도, 애써 스카우트까지 해온 일본인 고문들이 수십 차례 의견을 제시했지만 묵살했다는 점은 이해할 수 없었다. 이건희 회장은 앞서 4개월 전 미국 LA에서 열린 전자 관련 사장단 회의에서 일본인 고문들을 적극 활용하라는 지시를 한 바 있다. 일본인 고문들과의 잡음을 없애고 동료라 생각하여 활용을 극대화할 답을 내라고 지시했다. 하지만 일본인 고문은 삼성전자 내부에서 골칫거리였다. 상당수가 경영진과의 불화로 회사를 떠나야 했다. 이건희 회장은 폐쇄적인 삼성전자의 문화를 바꿔야 한다고 강조했다.

"전자의 나쁜 습관은 배타적이고 폐쇄적이라는 것이다. '기술 제휴해라', '합작해라' 했는데도 말을 안 듣는다. 자체 개발하면 3~5년 걸리고 돈도 5억 원 가까이 들지만, 기술 제휴하면 1년 만에 개발되고 돈도 1억밖에 안 들어 본전을 뽑을 수 있는데도 말을 안 듣고 안 한다. 그래서 일본 기술자 소개해서 보내 줬더니 싸우고 배타하고 결점만 잡아내 쫓아 버리는 짓을 하고 있다. 이제는 데려오려고 해도 못 데려온다. 1급 기술자가 뭐가 답답해서 오겠는가. 기술 제휴하던 시절에 잘만 했으면 지금 삼성전자는 돈방석에 앉았을 것이다. 50만 평 땅에서 몇만 명이 일하면서도 몇백억 이익을 내고 있으니 말이 안 된다. 자선 사업이 낫다. 수원 단지에 종합 운동장 세우고, 삼성 스케이트장 만들고, 어떤 회사처럼 삼성월드 만들면 돈도 더 벌고 삼성 PR도 할 수 있다."

후쿠다 보고서는 삼성에 '질의 경영'과 '디자인 혁신'을 불러일으킨다. 이건희 회장은 디자인 혁명이 향후 전 세계 기업의 승부처가 될 것이라고 강조했다. 특히 지금까지 선진 제품을 모방해 온 삼성전자도 혁신의 길로 나아가야 한다고 주문했다. 디자인 혁신에 대한 이건희 회장의 얘기를 들어 보자.

"소니나 벤츠는 멀리서도 알아볼 수 있는데, 우리 제품은 가까이서 봐도 다른 회사 제품과 구별이 잘 안 된다. 왜 그런가. 우리 것은 임시방편의 디자인이기 때문이다. 상품 기획이 제대로 안 되어 있고, 디자인도 통일되지 않고 있다. 창의성 발휘를 위한 노력이 부족할 뿐만 아니라, 분위기도 조성되어 있지 않고, 선진 제품의 디자인을 임기응변적으로 모방하는 안이한 습관에 길들여져 있기 때문이다. 지금까지 우리는 디자인을 창조의 업이 아닌 미적 요소로만 생각해 왔다. 분위기가 이러니 국제적인 경쟁력이 없다. 선진 제품의 능가는커녕 잘 모방하는 것만을 자랑한다. 지금이라도 삼성의 모든 제품 디자인은 21세기에 어떻게 가져갈지 혁명 차원에서 발상하고 연구해야 한다. 제품에 삼성의 철학을 담아라."

양적 성장의 부작용,
몰래카메라 경영

'몰래카메라'라고 하면 흔히 1991년 4월에 첫 방송된 MBC의 버라이어티 프로그램 〈일요일 일요일 밤에〉와 개그맨 이경규를 떠올린다. 연예인들이 조작된 상황극에 당황하는 모습을 숨겨 놓은 카메라로 보여 주며 이경규는 국민 스타로 떠올랐다. 방송에서 소개된 몰래카메라는 일종의 관음증을 해소하고 돌발적인 상황에 대처하는 연예인들의 숨겨진 모습들을 보여 주기 위함이었다. 이건희 회장은 평상시 임직원들이 관행처럼 해오던 잘못을 고치는 데 몰래카메라를 사용했다.

몰래카메라와 이건희 회장의 인연은 흥미롭다. 이건희 회장은 1966년 말부터 1977년까지 10여 년간 동양방송과 중앙일보 이사직을 역임했다. 방송과 언론 사업에 뛰어들면서 이건희 회장은 다양한 아이디어를 냈다. 당시 우리나라 방송 시장은 코미디 프로그램이 최고의 인기였다. 동양방송 이사를 맡았던 이건희 회장은 직접 일본의 유명 프로그램들을 보고 연구하여 도입하기도 했다. 1970년대 일본에서는 〈뭐든지 하겠습니다 쇼〉라는 버라이어티 프로그램이 큰 인기를 끌었다. 카메라를 숨겨 놓고 다양한 상황을 만들어 몰래 지켜보는 내용으로 일본 시청자들에게 큰 인기를 얻었다. 이 프로그램의 내용을 눈여겨봐 뒀던 이건희 회장은 후일 경영에 도입한다.

삼성그룹이 처음으로 몰래카메라를 도입한 것은 1980년대였다. 계열사 중 일부 임직원들이 고객을 위해 남겨 둔 주차하기 편한 자리를 차지하는 얌체 짓을 하고 있었다. 비서실 임직원들이 카메라를 들고 나섰다. 임직원들의 얌체 짓은 그룹 임원 회의에서 방영되었다.

이건희 회장은 1989년 사내 방송국 SBC를 개국한다. 새로운 정보의 상당수를 비디오를 통해 얻었던 이건희 회장은 사내 방송을 통해 임직원들을 교육하고 싶어 했다. 해외의 유명 다큐멘터리를 임직원들에게 시청하게 하는 것은 물론, 자체 제작한 방송을 통해 혁신의 메시지를 전달하려 했다.

SBC는 삼성그룹 내부의 뉴스를 신속하게 전달하는 역할을 한다. 이와 함께 임직원들의 교양 증진을 위한 교양 프로그램, 기업 문화 개선을 위한 시트콤, 단편 드라마, 자체 제작 영화까지 만든다. 삼성그룹 각 계열사의 이벤트 현장을 중계하거나 취재해 전 계열사에 홍보하는 역할도 한다.

SBC의 또 다른 역할 중 하나는 내부 고발 프로그램이다. 각종 부조리한 상황과 비리, 문제점 등을 촬영해 방송으로 만든다. 이건희 회장에게 직접 보고하고 사내 방송을 통해 내보낸다. 엄격한 윤리 규정을 적용하는 삼성그룹에게 몰래카메라는 항상 화제였다. '몰래카메라' 또는 '카메라 출동'이라고 불렸다.

1993년 6월 첫째 주 SBC가 제작한 사내 방송은 삼성그룹 전체에 큰 충격을 줬다. 방송 내용은 세탁기 라인의 제조 공정을 촬영한 것이었다. 제조 공정에서 이상한 일이 벌어지고 있었다. 플라스틱 부품을 가져온 작업자가 조립하려 했지만 크기가 맞지 않아 조립이 불가능했다. 잠시 후 작업자는 칼을 들고 와 부품을 깎아내고는 부품 조립을 했다. 제대로 된 부품을 만들지 못해 억지로 끼워 맞춰 세탁기를 만들었던 것이다.

30여 분 정도의 이 방송은 품질 불량의 사례로 보도되었다. 사실 SBC가 숨어서 몰래 촬영한 영상이 아니었다. 삼성전자 직원들은 평상시처럼 일을 했고, SBC는 작업 현장을 공개적으로 촬영했을 뿐이었다. 촬영되고 방송되기 전까지 잘못이라는 자각 자체가 없었던 것이다. 방송이 된 이후에야 문제의 심각성을 알게 되었다.

이건희 회장은 독일 프랑크푸르트에 머무르고 있어 비디오테이프로 방송을 지켜봤다. 충격이었다. 세탁기 제조 라인에서 벌어지는 일만 해도 화가 머리끝까지 치밀었지만, 더 놀라운 것은 작업자들의 태도였다. 아무렇지도 않게 칼로 부품을 깎아 맞추는 모습은 당연한 일인 듯이 천연덕스러웠다. 이건희 회장은 즉각 관계자들을 프랑크푸르트로 불러 모았다. 이건희 회장은 불량을 '암'이라고 표현했다.

"오늘 삼성전자의 불량을 담은 테이프를 보았다. 테이프 내용 자체가 대단한 것은 아니다. 고발, 위기의식을 가지라는 뜻에서 홍보팀을 시켜 구석구석 잘못을 찾아내라고 했다. 그게 대단한 것은 아니다. 그 정신이 대단하다. 썩었다. 완전히 썩었다. 내 자신이 후계자가 된 게 1970년대 말이다. 그때부터 모든 제품의 불량을 암이라고 했다. 암은 진화한다. 초기에 자르지 않으면 3~5년 내에 재발, 사람을 죽게 만든다. 삼성전자는 자칫 암의 만성기에 돌입할 우려가 있다. 과거 삼성의 업인 설탕, 모직의 불량은 포장이 찢어지고 먼지가 나는 정도였다. 한일합섬이든 삼양사든 큰 차이가 나지 않았다. 그러나 VCR의 불량은 아끼는 테이프를 갉아먹는다. 울화통 터진다. 내가 몇 번이나 경험했다. TV로 재미있는 영화를 보는데 퓨즈가 나간다. 당연히 회사를 욕하고, 불량을 경험한 사람은 다시는 그 제품을 사지 않는다. 안 사는 것뿐만 아니라 사지 말라고 떠들고 다닌다."

이건희 회장의 말처럼 삼성전자 제품은 불량이 많았다. 비디오테이프가 걸려 잘라 내야 하는 일도 잦았다. 일본, 미국 제품보다 품질이 크게 떨어졌다. 항상 선진 제품들을 분해해 가며 자사 제품과 비교해 오던 이건희 회장은 품질 개선을 위해 부단하게 노력해 왔다. 이제는 임직원들의 의식 구조가 불량을 아무렇지도 않게 생각한다는 사실을 알게 된 것이다.

취임 이후 이건희 회장이 그렇게 화내는 모습은 처음이었다. 파문은 컸다. 삼성전자 가전 사업 담당 부사장, 세탁기 분야를 맡고 있는 담당 임원이 사표를 제출했다. 이건희 회장은 사표를 반려했다. 임직원들의 의식 교육을 하자는 것이지, 책임을 묻자는 것이 아니라고 말하고 그들을 문책하지 않았다.

　몰래카메라는 2개월 후 다시 한 번 등장했다. 이건희 회장은 같은 해 8월 '신경영'을 화두로 한 강연을 마치고 귀국했다. SBC는 아침 방송을 통해 이건희 회장의 해외 강연을 방영했다. 동시에 방송 시청 행태를 몰래카메라로 촬영해 20분용 테이프로 만들고 각 계열사에 배포했다.

　방송 내용은 이렇다. TV 화면에서는 이건희 회장이 열변을 토하고 있다. 잠시도 멈추지 않고 임직원들에게 '질의 경영'을 강조하는 모습에선 비장함까지 느껴진다. 같은 순간 카메라에 잡힌 임직원들은 방송 중 신문을 보거나, 아예 TV를 보지 않고 딴전을 피우는 사람도 있었다. 한 계열사 직원은 방영 시간 중 커피를 뽑으러 나가기도 했다. 모든 것을 바꾸자고 회장이 나섰지만, 임직원들은 그 얘기를 잘 들어 보려고도 하지 않았다.

　딴짓을 한 직원들은 아무런 처벌도 받지 않았다. 이건희 회장은 자신의 강연을 듣고 임직원들이 같은 생각과 동기를 갖게 되기를 바랐기 때문이다.

chapter 6

신경영
선언

프랑크푸르트 선언,
"마누라, 자식 빼고 다 바꿔라!"

《논어》에서는 나이 30세를 가리켜 이립而立, 40세를 불혹不惑, 50세를 지천명知天命이라 했다. 30세는 모든 기초를 세우는 나이이고, 40세는 사물의 이치를 터득하고 세상일에 흔들리지 않을 나이라는 뜻이다. 50세는 하늘의 뜻을 아는 나이라는 뜻에서 지천명이라는 명칭을 붙였다.

옛말이 크게 틀리지 않다는 말이 있듯 이건희 회장의 삶도 그러했다. 30세 이전까지는 공부와 연구를 거듭했다. 30대에는 부친인 이병철 회장의 뒤를 쫓으며 경영 수업에 전념한다. 40대 불혹의 나이부터는 자신의 뜻을 펼치기 위해 삼성 내부를 개혁했다. 50대가 되며 이건희 회장은 지금까지 얻었던 경험과 삶에 대한 공부, 삼성에 입사하고서 얻은 20년간의 모든 경험과 연구를 보태 삼성그룹 전체를 바꿔야겠다고 결심했다. 바로 '신경영'이다.

　1993년 6월 7일 독일 프랑크푸르트의 캠핀스키 호텔. 이건희 회장이 테이블에 앉아 담배를 꺼내 물었다. 이건희 회장의 앞에는 삼성그룹 임원들이 자리했다. 이건희 회장은 마이크에 입을 가까이 가져다 대기 위해 고개를 살짝 숙이고 양팔을 벌려 테이블을 짚고 있었다. 좌중을 노려보는 눈은 장시간 비행의 피로도 잊은 듯 회의에 참석한 임원들을 주시했다. 테이블 위에는 꽁초가 수북이 쌓인 재떨이가 놓여 있었다.

　프랑크푸르트로 오는 동안 이건희 회장은 후쿠다 보고서를 정독했다. 도착한 뒤에는 SBC의 세탁기 영상을 보았다. 이건희 회장의 감정은 배신감과 참담함이었다. 모든 것을 바꿔야 했다. 이건희 회장은 비행기를 전세 내 1,800여 명에 달하는 삼성그룹 주요 임직원들을 모두 독일로 불렀다. 제품 하나 더 만드는 게 문제가 아니었다. 삼성은 고인 물이었다. 오랫동안 고여 있다 보니 썩어 버리고 말았다. 이제부터 이건희 회장이 만들려는 것은 끊임없이 흐르는 물이었다. 처음에는 작은 개천에 불과하겠지만, 성공하면 바다를 향해 도도히 흘러가는 강이 될 것이다. 만약 실패한다면 바싹 말라 버릴 것이다.

"감정의 표현에는 여러 가지가 있다. 쓸쓸함, 씁쓸함, 허무함, 화가 나는, 울화통 터지는, 한심한, 체념하는……. 가장 무서운 감정은 포기다. 나는 평생 두 번의 포기를 했다. 오늘 아침 한 번 더 하려 했다. 삼성전자에 문제가 발생했다. 전관, 코닝, 중공업, 물산, 모직, 제당도 아직 양으로 채워 가고 있다. 완전 포기 상태다. 3년 전보다 더 허무하다. 이렇게 내 말을 못 알아듣나? 해도 너무한 거 아닌가? 내 자신이 개인의 부귀영화를 누리자는 것 아니다. 현재 내 재산 충분하다. 명예 때문이다. 성취감이다. 성취감은 여러분, 삼성그룹, 우리나라가 잘되게 하는 것이다. 질을 키우면 양이 커진다. 질이 커지고 탄탄해지면 우리와 후손들이 잘되는 것이다. 나는 그동안 별별 어려움, 허무, 슬픔, 화, 울화통, 울고, 웃고 다 겪었다. 포기하기는 싫다. 한번 포기하면 회복 불가능이다."

이건희 회장은 이날 평생 할 말을 모두 쏟아 냈다 해도 과언이 아닐 정도로 말을 이어 갔다. 20년 전 비디오테이프에 담긴 이건희 회장의 육성은 시종일관 격앙된 상태고 감정은 매우 격하다.

다시 이건희 회장이 말을 이었다.
'마누라, 자식 빼곤 다 바꾸자'는
신경영 선언이다.

가끔 말에 두서가 없기도 하다. 다시 이건희 회장이 말을 이었다. '마누라, 자식 빼곤 다 바꾸자'는 신경영 선언이다.

"제대로 하자. 하루 2~3시간 일해도 된다. 나머지는 집에 누워도 좋다. 마누라, 자식 빼고 다 바꾸자. 내가 회장 자리에 앉아 보자는 생각을 가져 보자. 작은 것부터, 우선 나, 마누라, 자식을 부탁하든 협박하든 변화시켜야 한다. 나 자신 먼저 변하자. 실천하지 않는 발상은 필요 없다."

양을 버리고 질을 추구해야 삼성도 살고 우리나라도 산다는 내용이 특강의 핵심이었다. 삼성은 2류라는 것이 이건희 회장의 당시 결론이었다. 더 이상 1류가 아닌 2류, 3류가 살아남을 길은 없었다.

"삼성은 2류다. 삼성전자는 3만 명이 만든 물건을 6,000명이 하루에 2만 번씩 고치고 다닌다. 이런 비효율 낭비적 집단은 지구상에 없다. 이걸 못 고친다면 구멍가게도 안 된다. 질을 위해서는 한 달이고 두 달이고 공장을 무조건 세우게 할 거다. 회의 방식에서 보고, 목표, 관리, 평가에 이르는 모든 회사의 일을 질 중시로 전환한다. 형식보다 본질과 원리, 원칙을 중요시하는 것으로, 질 없는 양은 알맹이 없는 빈 껍질일 뿐이다. 질을 높이면 저절로 양을 넘어 스케일이 나온다. 제품 가격이 높아지고, 재고가 없어지고, 판매가 확대된다. 근무 시간도 줄어든다. 이는 삼성인 모두의 삶의 질을 높일 것이다. 개인이 변하면 삼성이 변하고, 삼성이 바뀌어야 다른 그룹도 변하고, 정부도 변한다."

이건희 회장이 강조한 질의 경영은 지금은 아주 일반적인 경영 논리다. 양의 경영은 고도 성장기 생산자 중심의 논리이다. 많이 만들고 많이 팔아서 이익을 최대한 많이 남긴다는 경영자 위주의 논리다. 반면 질의 경영은 소비자가 중심이 된다. 소비자의 입장에 맞춰 제품의 질을 최대한 높이면 결국 양도 늘어나게 된다는 것이다. 모든 것을 바꾸라고 한 까닭은 종전 우리나라가 양의 성장만을 거듭해 오다 보니 관성처럼 굳어져 제품의 질을 챙길 생각은 아예 못했기 때문이다. 인식의 전환을 완전히 체질화하기까지 많은 물리적인 장벽을 넘어야 한다. 프랑크푸르트 선언을 시작으로 모든 것을 바꿔 보자는 일종의 호소였던 것이다.

삼성전자의 내부 자료에 따르면 1993년 삼성전자 컬러 TV의 불량률은 6~8%에 달했다. VCR은 8%에 달했다. 냉장고, 전자렌지, 세탁기 등 백색 가전제품의 불량률은 3~4%에 달했다. 반면 일본산 컬러 TV와 VCR의 불량품은 3% 미만이었다. 백색 가전제품의 불량률은 1%에 불과했다. 이건희 회장의 강의에서 탁월한 지점은 분석력이다. 모든 제품을 직접 분해, 분석해 보며 얻은 통찰력이 그대로 드러난다.

"전자렌지 부품은 500개가 안 되며, VCR은 아무리 많아도 800개가 안 되고, 컬러 TV는 500~600개 안 되는 것 아니냐. 자동차를 봐라. 일본의 혼다와 도요타는 1만 5,000개, 2만 개의 부품을 사용한다. 단위가 다르다. 2만 개의 부품에 불량률은 거의 0이다. 고장은 사고지, 고장이 아니라고 한다. 자동차처럼 움직이고 충격받고 비바람 맞고 아침과 저녁 온도 차가 심한 환경에서도 불량률이 0에 가까운데, 집 안에서만 사용하는 전자 제품이 3%, 5%, 6%라니……. 지금 어떻게 하면 제품의 패션화를 해서 모양을 좋게 하느냐는 문제를 얘기해야 하는데, 불량 이야기를 하고 있다. 일본 수준으로 불량률을 낮추기 위해서는 적자가 나도 좋다. 협력 업체에 10억~20억 원의 선금을 줘도 좋으니 개선 대책을 당장 만들어라."

질의 경영을 위해서는 시장 점유율의 하락과 적자도 감수하고, 여기에 더해 자신의 사재까지 털겠다는 발언도 불사했다. 이미 SBC

세탁기 파문 이후 해당 공장의 라인을 48시간 가까이 세우고 대책을 강구하도록 했다. 품질 개선이 안 된다면 전체 생산 라인을 세울 각오도 했다. 이건희 회장으로서는 모든 것을 건 승부와도 같았다.

"(질 경영을 위해서라면) 10~15%까지 시장 점유율이 줄어들어도 좋다. 적자는 다른 계열사가 메우면 된다. 그래도 적자가 나면 내 사재라도 털겠다. 시장 점유율 하락이 가슴 아프다면 내가 더 아프다. 그것은 (시장 점유율을) 올리기 위한, 승리하기 위한 작전상 후퇴 아닌가. 점유율은 별 문제 없다. 적자도 몇 달이다. 질로 가면 이익은 자연히 올라간다. 최악의 경우 내려가면 내 재산을 내놓겠다."

6월 15일 이건희 회장은 10시간이 넘게 질의 경영에 대해 강의했다. 강의 직후 이건희 회장은 이수빈 비서실장과 주요 사장단을 자신의 방으로 불렀다. 차를 마시며 이건희 회장이 물었다.

"내가 기업 경영의 중점을 품질에 두도록 지시했는데, 왜 이 모양인가."

삼성은 한창 커 가는 회사였다. 이건희 회장의 질의 경영은 너무 급진적이었다. 자칫 잘못하면 질도 못 챙기고 양에서도 밀려 돌이키지 못할 상황으로 빠져들 수도 있었다. 이미 사장들끼리는 양도 포기할 수 없다는 내용에 합의를 했다. 이수빈 비서실장이 답했다.

"회사의 생산량을 채우기 위해서는 양을 무시할 수 없습니다. 그래도 이제는 질과 양의 비중을 50대 50으로 맞췄습니다. 내년에는 질의 비중을 60%로 끌어올릴 생각입니다."

이건희 회장은 들고 있던 티스푼을 테이블에 내려치고 문을 박차고 나갔다. 마치 찻잔이 깨지는 듯한 '쨍그랑' 소리에 모두들 사색이 될 정도였다. 이건희 회장은 국내에 남아 있던 비서실 차장(이학수 전 부회장)에게 국제 전화를 걸었다. 수년간 품질에 대해 강조했고, 더 이상은 안 되겠다는 생각에 머나먼 독일에서 회의를 열며 질의 경영에 대해 설파했지만, 비서실을 비롯한 경영진은 아직도 못 알아듣고 있었다. 이건희 회장이 말했다.

"왜 그동안 내가 지시한 사항(질적 경영)에 대해 제대로 전달하지 않았나?"

이건희 회장과 이학수 비서실 차장과의 통화는 무려 1시간 20분 가까이 계속되었다. 이건희 회장은 계속 '왜'를 외치듯이 말한다. 이건희 회장은 이수빈 비서실장, 이학수 비서실 차장과의 대화 내용을 모두 녹음하여 호텔 연회장에서 틀었다. 지금도 질의 경영과 관련한 사례로 회자되고 있다. 이 일을 계기로 이건희 회장은 비서실장을 현명관 현 삼성물산 상임고문으로 교체한다.

끊임없는 경영 혁신,
7.4제와 정보 관리

신경영 이후 삼성에는 대대적인 경영 혁신이 시작되었다. 가장 대표적인 것이 '7.4제'로 불리는 출근 시간 조정이었다. 삼성의 출근 제도는 오전 8시 30분 출근, 오후 5시 30분 퇴근이었다. 이것을 오전 7시 출근, 오후 4시 퇴근으로 바꾼 것이다.

"7시에 출근해서 4시에 모든 일과를 끝내 봐라. 퇴근 후에는 운동을 하든지, 친구를 만나든지, 공부를 하든지 하고 6시 30분이면 집에 들어가라. 회사가 스케줄을 그렇게 만들어 주면 자연히 가정적인 사람이 된다. 4~5시에 회사에서 퇴근할 수 있게 되어 밤늦게 친구 안 만나면 가족 불러내서 저녁 먹게 되고, 이런 게 일주일에 두어 번은 될 것이다. 회사도 필요 없는 전기 안 켜도 되니 전기세부터 절약되지 않겠나. 6시 넘어서까지 무엇하러 회사에 앉아 있나. 그 대신 아침에 일찍 오자. 교통 막히니 7시까지 출근하자. 대신 과장급 이하는 4시에 다 퇴근하고, 과장에서 부장까지는 5시까지는 정리하고 다 나가라. 이건 명령이다. 윗사람이 퇴근해야 나도 한다는 발상은 안 된다. 안 나가는 사람이 나쁜 사람이다. 만약 안 가면 부서장이 책임져야 된다."

이건희 회장의 지시에 비서실은 당초 출근은 7시, 퇴근은 5시로 바꿀 것을 통보했다. 1시간씩 시간외근무수당을 지급하고 있다는 점을 감안한 조치였다. 보고받은 이건희 회장은 시간외수당은 그대로 지급하되 퇴근 시간을 4시로 조정하라고 지시했다.

삼성이 7.4제를 시작하자 삼성 계열사가 모여 있는 태평로 인근의 식당, 유흥업소들은 때 아닌 불황을 맞았다. 영어 학원, 헬스장 등은 때 아닌 호황이었다. 이건희 회장의 생각대로 제도를 바꿨더니 임직원들의 생활이 달라졌고, 다시 주변의 변화로 이어졌던 것이다. 삼성이 7.4제를 실시하면서 협력 업체들도 여기에 맞추는 경우가 많아졌다. 일부 기업들은 삼성의 시계에 맞춰 자신의 시계를 바꾸었다.

1993년부터 시작된 7.4제는 2003년까지 이어졌다. 2003년 삼성은 공식적으로 7.4제를 폐지한다. 문제는 잦은 야근이었다. 4시 퇴근을 강제했던 초기 분위기와 달리 일부 부서에서는 생산성이 떨어지면서 야근을 해야 했다. 외부 협력사들과 긴밀하게 연락을 주고받아야 하는 부서에서는 7.4제가 처음부터 맞지 않았다. 9시 출근, 6시 퇴근하는 회사들이 많아 오전 2시간은 협력사 임직원들이 출근할 때까지 기다려야 하고, 오후에도 일이 채 끝나지 않아 결국 6시에 퇴근하는 경우가 종종 있었다.

결국 삼성은 7.4제를 폐지했다. 이후 계열사별로 탄력 근무 제도를 운용 중이다. 각 업무에 맞게 출퇴근 시간을 조정한 것이다. 일반 부서는 오전 9시부터 오후 5시, 해외 관련 부서는 오후 2시부터 10시까지 일하는 식이다.

2012년부터는 '하루 4시간 근무제'도 도입했다. 종전에는 하루 8시간 근무해야 한다는 내용을 근로 조건에 포함했지만, 주당 40시간만 채우면 하루 4시간만 일해도 되도록 제도를 바꾼 것이다. 이 같은 출퇴근 제도는 수원의 완제품 부문 연구소와 화성 반도체 연구소에서 적용하고 있다. 연구원들은 하루 8시간 근무를 9시간으로 늘리면 일주일 중 하루는 4시간만 근무하고 퇴근할 수 있다.

신경영의 또 다른 핵심 중 하나는 삼성 특유의 기록 문화가 시작되었다는 것이다. 이건희 회장은 보고서 문화를 녹음 문화로 바꾸고 싶었다. 보고서는 후일 다른 방향으로 변질될 우려가 있었다. 누구나 실수는 부인하고 실패는 감추고 싶어 하게 마련이다. 같은 실수와 실패를 하지 않으려면 당시의 데이터가 원본 그대로 있어야 했다. 녹음이 제격이었다.

비서실은 각 부서에 녹음기를 지급하고 중요한 사건이 발생하면 시간 단위로 기록하게 했다. 사장단 회의에서 사내 보고서를 일체 없애고 회의록은 오디오 녹음으로 대체하도록 했다. 이를 위해 계열사 사장에게 3개의 녹음기가 지급되었다. 사무실, 자택, 그리고 휴대용으로 쓰라는 의미였다. 임원들에게는 1개씩의 녹음기가 지급되었다. 지금도 삼성은 방대한 양의 기록을 매일같이 남기고 있다.

"사원부터 임원을 거쳤던 사람이 후임에게 인수인계를 할 때면 책 한 권 분량의 기록이 있어야 제대로 인수인계가 된다. 만났던 사람도 소개시켜 주고 실패, 성공 사례도 남겨야 되는 것 아닌가. 그런데 말 몇 마디로 인수인계를 하고, 명함이나 주고, 책상과 주소만 바꾸고 가 버리면 된다는 생각이 팽배하다. 잘한 것, 잘못한 것다 기록하고 원래 정보 그대로를 남겨 놓아야 한다. 앞으로 경영자가 바뀌고, 관리자가 바뀌고, 담당자도 무수히 바뀔 것이다. 바뀐 사람이 와서 전에는 어떻게 했나 보려면 아무 데이터도 남아 있지 않은 게 우리 현실이다."

이건희 회장은 특히 '실수의 기록'은 무엇보다도 중요하게 남겨야 한다고 강조했다. 실수, 실패의 원인을 찾기 위해서는 기록이 필수다. 그 기록을 토대로 대책을 세우고 다시 기록해 놓으면 똑같은 실수나 실패를 되풀이하지 않는다는 것이다.

"실수와 실패는 우리의 재산이다. 집안을 꾸려 가고, 인생을 살아가고, 회사를 조직해 운영해 나가는 데는 실수가 재산이 된다. 이걸 다 모아서 기록해 앞으로 같은 실수는 되풀이하지 않아야 한다. 처음 발상을 해서 처음 해보는 일은 얼마든지 실수해도 된다. 이건 재산이 된다. 그런데 삼성물산이 했던 것과 똑같은 실수를 삼성전자가 하고 있다. 물산이 7~8년 전 사업의 국제화에서 했던 실수를 삼성전자가 내수에서 국제화되며 똑같은 실수를 하는 것이다. 이걸 전관이 또 하고, 또 다른 계열사가 되풀이한다. 심지어는 삼성전자 안에서도 오디오 사업부에서 한 실수를 타 사업부에서 그대로 하고 있다. 망조다."

또 다른 경영 혁신은 '현장 경영'이다. 이건희 회장은 단순히 생산 현장뿐만 아니라 사회간접자본과 인프라에 대한 폭넓은 이해가 필요하다고 강조했다. TV 한 대를 팔더라도 미국에서는 어떻게 판매되고 있는지, 경쟁 제품은 어떤 것들이 있는지, 소비자들은 어떤 생각을 갖고 있는지 경영자가 직접 눈으로 봐야 한다는 것이 이건희 회장의 지론이다. 경영자가 현장에서 직접 얻어야 할 정보를 보고로 대신하는 것은 업무 태만이 아니라 기만이라고 질책하기도 했다.

"내가 여러분보다 물건을 많이 사봤으니 더 많이 아는 게 당연하다. 그런데 사업부장이나 사업본부장은 프로 경영자니까 나보다 더 많이 알아야 한다. 나는 부품의 개념 알고 핵심 부품까지만 알면 되지만, 사업부장은 그 옆의 부속 부품은 무엇인지, 경쟁사는 어떻게 하고 있는지, 그 질과 비용은 어떻게 되는지, 일본은 어떻게 움직이고 있는지 등을 다 알아야 한다. 삼성전자에서는 경영진들이 국내 대리점조차도 제대로 가보지 않는 실정이다. 책임을 맡고 있는 사람이 차 타고 책상에 앉아만 있으면 된다고 생각하는 것은 업무 태만 정도가 아니라 기만이다."

　이건희 회장의 현장 중시 경영은 지금도 이어지고 있다. 삼성그룹은 2대의 전용기를 운용한다. 1대는 이건희 회장이 주로 사용하고, 나머지 1대는 삼성전자 사장단들이 주로 사용한다. 전용기 2대는 1년 내내 거의 쉬는 날이 없을 정도로 바쁘게 전 세계를 날아다닌다. 3개의 비행팀이 번갈아 가며 운행을 맡고 있다. 국내 전용기 운항팀 중 가장 바쁘다.

　삼성전자 사장단들은 1년 내내 주요 지역의 현장을 돌아다닌다. 중요한 VIP와의 미팅이 아니라 미국 가전 유통 매장을 보기 위해 가는 경우도 있다.

　연구원들도 기회가 있을 때마다 해외 출장을 지원한다. 심지어는 평생 국내 영업만 맡아 해외에 나갈 일이 없는 국내 영업사업부 임직원들도 해외 출장에 나선다. 해외 법인의 우수 영업 사례가 있으면 직접 현장에 나가 배우고, 반대로 국내 영업 우수 사례가 있으면 해외 법인으로 가서 교육하기도 한다.

　삼성의 모든 정보를 하나로 모아 새로운 부가가치 창조에도 나섰다. 종합적인 사고방식과 시야를 넓히기 위해서는 각 계열사에서 벌어지는 다양한 상황을 그룹 전체가 공유해야 한다는 것이 이건희 회장의 생각이었다. 이건희 회장은 1993년 3월 동경 사장단 회의에서 이 같은 견해를 밝혔다.

"지나간 정보는 쓰레기고, 살아 있는 정보가 참 정보다. 정보는 돈과 직결된다. 평소 사소한 정보라도 축적하고, PC에 넣어 한곳에 모아 정보 공유도 해야 한다. 아무리 사소한 정보라도 모으면 큰 정보가 된다고 수없이 얘기했다. 우리나라의 정보 수준은 낮다. 소위 기록하는 문화가 없다. 고려 이후 800년, 조선 초기 등 기록 문화가 없다."

1993년 9월 신경영 사무국은 '토픽스TOPICS'를 만든다. 토픽스는 도스DOS 환경에서 만든 삼성그룹의 사내 인트라넷 시스템이었다. 초기 토픽스는 임직원들 간의 정보 공유를 위해 만들어졌다. 각종 기술 자료와 논문, 업계 동향 등이 토픽스를 통해 공유되었다. 여기에 더해 이건희 회장은 임직원들이 자유롭게 각종 정보와 의견들을 제시할 수 있도록 시스템 개편을 지시했다. 일종의 신문고 역할도 함께한 것이다.

당시 정부 기관에서도 삼성과 같은 고도의 정보 데이터베이스를 가진 곳이 없었다. 1994년 2월에는 감사원을 비롯한 정부 각 기관에서 토픽스를 견학하기에 이르렀다.

현재 토픽스는 인터넷 웹이 활성화되면서 웹 기반인 '마이싱글mySingle'로 발전했다. 마이싱글은 삼성 내부의 다양한 정보 처리와 함께 결제 등 행정 처리 같은 삼성 내부 경영의 핵심 요소로 자리 잡았다.

말로 안 될 때는 행동으로,
'휴대폰 화형식'으로 보여 준 충격 요법

나를 바꾸기 위해서는 가장 먼저 나를 알아야 한다. 나를 아는 방법은 나에 대한 실수와 약점을 파악하고 이해하여 받아들이는 데 있다. 어물쩍하게 나의 약점과 실수를 덮어 두려 하면 결코 자신을 변화시킬 수 없다. 기업도 마찬가지고, 국가도 마찬가지다. 독일과 일본이 좋은 예다. 과거사에 대해 명확하게 인정하고 사죄한 독일은 세계 대전 이후에도 줄곧 유럽 경제에서 주도권을 놓지 않고 있다. 반면 일본은 어떠한가. 국민들에게 자존감을 심어 주겠다는 이유로 과거사를 부정하고 사과조차 제대로 하고 있지 않다. 전 세계의 지탄을 받는 것은 물론, 경제적으로도 후퇴의 길을 걷고 있다. 새 출발을 위해서는 자신의 과거를 반성하고 거기에서 미래를 찾아야 한다.

1993년 7월 5일 일본 동경에서 이건희 회장은 과거사에 대한 청산, 그리고 새 출발을 지시했다. 질의 경영이 왜 필요한가에 대해서는 충분히 얘기했다. 이제는 삼성인들의 인식 변화가 중요했다. 모든 것을 변하게 하려면 과거사에 대한 청산이 필요했다. 질의 경영으로 비서실과 충돌을 일으킨 이건희 회장은 지금까지 비서실에서 보고해 온 모든 것을 믿지 않기로 했다. 숨겨진 과거가 많을 것이다. 이번 기회에 모든 것을 청산해야 한다는 생각이었다.

"과거 비서실은 게슈타포, KGB라고 불릴 정도로 권위에 싸여 있었다. 내가 뜯어고쳤다. 회장이 된 뒤 비서실에 과거의 모든 잘못을 다 내놓으라고 했다. 많이 내놓을수록 상을 준다고도 말했다. 그러나 안 나왔다. 나는 도와주려고 했는데, 과거 비서실은 '체' 병에 걸려 있었다. 공장이라도 방문할라치면 비서실은 회장 얼굴 보지 말고 열심히 일하는 체해라. 부동자세 취해라 등 내 앞에서 좋은 소리만 했다. 안 되는 것 갖고 오라 해도 안 되었다. 각 사는 지금까지의 문제점, 실수, 허위, 비리 등 덮어 두었던 모든 것을 끄집어 내놓아라. 악성 재고 숨긴 것, 장부상의 이익만 내는 껍데기도 모두 드러내라. 과거가 잘못되었다고 싹쓸이하면 또 다른 문제가 생긴다. 누구 잘못도 책임도 묻지 않겠다. 단 올해 말까지 전 그룹 차원에서 과거의 모든 비리를 내놓아라."

이건희 회장이 하고 싶었던 신경영은 단순히 품질만을 챙기기 위한 것이 아니었다. 삼성 임직원들의 도덕성 회복을 위한 것이기도 했다. 이틀 뒤인 7월 7일 삼성 본관 대회의실에서 열린 사장단 회의에서 삼성그룹 사장단은 이건희 회장의 지시에 따라 '과거 청산'을 시작했다. 사내의 모든 문제점을 명명백백히 밝히고, 이를 제도와 관행상의 문제점으로 구분했다. 조직도상 최소 단위까지 건별 내용, 향후 대책 등을 정리하고 전사 차원의 개선 방안을 마련해 실시하기로 했다.

7월 27일 이건희 회장을 분노하게 만든 또 하나의 사건이 발생한다. 이번에는 냉장고였다. 금성사(현 LG전자) 창원 냉장고 공장에 삼성전자 직원 2명과 금성사 납품 업체 직원 2명이 가짜 명함을 이용해 당시 히트 상품이었던 '김장독 냉장고' 생산 라인을 보러 몰래 들어갔다. 그들은 1시간여 동안 공정 과정을 살펴보다 붙잡혀 경찰에 구속되었다. 이 사건으로 삼성전자와 금성사는 소송까지 진행하게 되었다.

일본 후쿠오카의 뉴오타이 호텔에 머물고 있던 이건희 회장은 사건 보고를 만 하루가 지난 28일 밤 9시 20분경에 받았다. 이날은 이건희 회장이 삼성그룹 계열사 임원급과 차장급 이상 간부 직원 100여 명과 함께 10시 정각부터 마지막 현지 회의를 열기로 한 날이었다. 회의 직전에 보고를 받은 것이다. 이건희 회장은 10시부터 시작한 회의에서 이례적으로 3차례에 걸쳐 이 문제를 언급했다.

새벽 2시 뉴오타니 호텔 14층 이건희 회장의 방에서 긴급 임원 회의가 소집되었다. 당시 삼성그룹 임원들은 '금성사 냉장고에 무슨 대단한 기술이 있겠는가', '기업 간에 흔히 있는 일', '질 경영과 무슨 관계가 있느냐' 등 잘못을 인정하지 않거나, '경쟁사 제품과 항상 품질 비교를 하며 우위에 서야 한다는 강박 관념이 삼성 사람들에게 있다'며 변명하기도 했다. 도덕적인 측면에서 치명적인 잘못을 저질러 놓고도 인정하지 않는 모습은 도덕적 불감증에 가까웠다. 이건희 회장에게는 별것 아닌 일이 아니었다. 명백한 도둑질이었다. 격노한 이건희 회장이 말을 꺼냈다.

"기술을 도둑질해 어떻게 초일류가 되겠는가. 돈을 주고 외국에서 사오라는 기술은 사오지 않고 이게 무슨 짓이냐. 삼성을 위해선 미안한 얘기지만, 이번 사건은 어쩌면 잘 터진 사건이다. 모두가 파악력이 부족하다. 위기의식이 없으니깐 상황 인식이 안 되는 거다. 15만 명의 종업원이 있으면 언제, 어떤 사건 사고가 생길지 모른다. 사건 자체도 문제가 되지만, 사건의 본질이 무엇인지를 통찰해 근원을 해결하는 것이 더 중요하다. 보고 배울 수 있는 기술이라면 그건 기술이 아니다. 그런 단순한 기술은 이제 못 써먹는다. 도덕적 불감증이 더 큰 문제다. 비싼 값에라도 기술을 사와서 우리가 개량하면 비싼 게 결코 아니다. 남이 다 개발해 놓은 기술에 어렵게 매달릴 필요가 없다."

삼성전자는 즉각 상황실을 설치하고 창원 현장에 간부 사원을 파견해 금성사에 사과했다. 사건과 관련된 내용은 시간 단위로 모두 기록해 대책 마련에 나섰다.

이건희 회장은 후쿠오카 특강을 마치고 8월 초 귀국했다. 독일 프랑크푸르트에서 출발한 이건희 회장의 대장정은 총 68일 동안 8개 도시를 돌며 임직원 1,800여 명이 참여한 가운데 350여 시간의 토론으로 마무리되었다. 그 후 삼성전자는 각 사업 부문별로 품질 향상에 나섰다. 구성원들의 인식도 변해 갔다. 이건희 회장은 더 이상 '은둔의 경영자'가 아니었다. 그룹 전면에 나서 개혁 작업을 진두지휘하며 삼성을 변화시켰다. 하지만 질의 경영은 아직 정착된 상태가 아니었다.

삼성전자는 1988년 첫 휴대폰 SH-100을 출시했다. 당시만 해도 모토로라가 세계 휴대폰 시장을 장악하고 있을 때였다. 국내도 마찬가지였다. 1994년 10월 삼성전자는 '애니콜'이라는 브랜드를 발표했다. 언제 어디서나 통화가 잘된다는 의미로 붙인 이름이었다. 모토로라를 향한 선전포고이기도 했다.

시장 점유율 확보에 급급했던 무선사업부는 무리하게 제품 출시를 서둘렀다. 이렇게 출시된 제품이 애니콜 브랜드를 붙인 첫 모델인 'SH-770'이었다. 품질은 고려 대상이 아니었다. 모토로라가 차지하고 있는 시장 점유율을 조금이라도 뺏어 오기 위해서는 신제품 투입이 필요한 상황이었다. 질의 개념이 아닌 양의 개념으로 휴대폰 사업이 진행되었다. 그해 삼성전자 휴대폰의 불량률은 11.8%까지 치솟았다. 무리한 제품 출시와 질은 무시하고 양적 성장만 추구한 결과였다. 1년 전부터 이건희 회장이 질의 경영을 부르짖었지만, 일부 사업부를 제외하면 여전히 양적 성장을 추구하던 때와 동일했다.

1995년 설을 맞아 이건희 회장은 삼성그룹 주요 경영진에게 휴대폰을 선물했다. 휴대폰을 사용해 본 경영진들의 반응은 신통치 않았다. 고맙다는 인사 대신 통화가 안 된다거나 아예 불량품이어서 제대로 작동하지 않는다는 불만도 있었다. 새로 출시한 휴대폰의 높은 불량률을 보고받은 이건희 회장은 만감이 교차했다. 말로만 해서는 삼성을 바꿀 수 없다는 생각이 들었다. 다시 한 번 나서야 했다. 말로 통하지 않으니 이번에는 행동으로 보여 줘야만 했다.

이건희 회장은 1995년 1월 불량품을 무조건 새 제품으로 바꿔 주라고 지시했다. 당시 휴대폰은 대당 150~200만 원대에 달했다. 회사의 손해가 너무 컸다. 무려 15만 대에 달하는 불량품이 수거되었다. 같은 해 3월 이건희 회장은 15만 대의 휴대폰을 구미 사업장 운동장에 쌓으라고 했다. 무선사업부의 임직원들이 모두 운동장 주변에 모였다. 대형 해머를 든 10여 명이 쌓여 있는 불량품들을 향해 망치질을 했다. 총 500억 원어치의 휴대폰들이 산산조각 났다. 조각난 휴대폰에 불을 붙였다. 검은 화염과 함께 휴대폰들이 녹아내렸다.

휴대폰 화형식 이후 애니콜은 '한국 지형에 강하다'는 슬로건을 걸고 통화 품질을 최우선으로 개발된다. 휴대폰 화형식의 충격은 대단했다. 삼성전자는 불량률을 줄이기 위해 휴대폰 제조 공정을 개선하는 한편, 제품 품질 개선에 총력을 기울인다. 그 결과는 숫자로 나타났다.

1994년 4위에 그쳤던 삼성전자의 휴대폰 시장 점유율은 1995년 19%까지 상승해 모토로라의 뒤를 바짝 쫓았다. 1995년 국내 휴대폰 시장 1위를 차지한 삼성전자는 2007년 모토로라를 제치고 세계 휴대폰 시장 2위를 차지한다(1위는 노키아). 지금은 노키아마저 제치고 세계 휴대폰 시장 1위, 스마트폰 시장 1위를 차지하고 있다. 이건희 회장의 말처럼 질을 높이는 것만으로 자연스럽게 양이 뒤를 따라온 것이다.

"여직원들 근무복 없애라"

이건희 회장의 프랑크푸르트 선언 이후 방송계에서는 해당 필름을 구하려는 치열한 경쟁이 벌어졌다. 결국 MBC가 이를 최초로 입수해 1993년 8월 90분짜리 특집으로 '이건희 신드롬의 충격파-출근부를 찍지 마라'를 방영했다. MBC는 삼성 신경영의 취지와 이건희 회장의 위기감을 그대로 살리기 위해 핵심 내용들을 편집해 강연 그대로 방송에 내보냈다. 이건희 회장은 넥타이를 풀고 연신 담배를 피우며 고압적인 자세로 강연을 해 거부감을 사기도 했다. MBC에 항의하는 시청자도 있었다. 강연의 내용보다는 대기업 총수가 반말로 임직원들을 나무라듯이 강연하는 것을 문제 삼았다. '내가 시키는 대로 해, 왜 안 해'라고 말하는 듯한 이건희 회장의 모습은 큰 충격이었던 것이다.

이건희 회장은 회장 취임 후 신문 지상의 인터뷰를 제외하면 모습을 드러내거나 사생활과 관련한 발언을 한 적이 거의 없었다. 당시 강연을 두고 '대기업에서 벌어지는 일상적인 일'로 여긴 사람들도 많았다. MBC는 삼성 내부의 비공개 강연이고 그만큼 우리나라가 중요한 기로에 서 있기 때문에 특집 방송 편성에 나섰다고 해명했지만, 이건희 회장은 권위적이며 고압적인 대기업 회장의 전형처럼 여겨지기도 했다.

프랑크푸르트 강연 당시 이건희 회장은 분노해 있었다. 더 이상 좋은 말로는 안 되겠다는 생각을 가진 만큼 회장의 권위를 최대한 이용하겠다는 의도도 있었다. 다소 강압적이었다. 모두 조금도 바뀌지 않는 경영진들을 대상으로 한 것이었다. 사실 직원들에게는 항상 배려하고 자신들의 삶을 이해하고자 노력하는 회장님이었다.

신경영 당시인 1993년 6월 이건희 회장이 독일 베를린에 있는 삼성전관(현 삼성SDI)의 독일 생산 법인에 도착했을 때다. 이건희 회장은 경영진과 함께 화장실에 들러 개선 사항을 지시했다.

"화장실은 편안하고 아늑하게 느껴져야 할 공간인데, 너무 어둡고 지저분하다. 벽에 조화라도 붙이고, 비누는 손을 뻗으면 바로 잡히는 곳에 있어야 하는 것이 상식이다. 거울도 너무 작다. 좀 더 큰 것으로 교체하는 게 좋겠다."

같은 해 말경 이건희 회장이 삼성전자의 전국 생산 시설을 점검하기 위해 나섰다. 공장에 따라 조금씩 차이는 있었지만, 공장 시설이 그다지 좋지 않았다. 화장실은 지저분했고, 회색 일색인 공장에서 검정색이나 회색, 청색의 작업복을 입은 직원들이 쉴 새 없이 일을 하는 광경은 그리 유쾌한 모습이 아니었다. 작업복은 회색 일변도의 공장을 더욱 우울하게 보이게 만들었고, 싸구려 소재를 사용해 작업상의 불편함까지 있었다. 이건희 회장은 생산직 직원들에게 직접 작업복이 불편하지는 않은지, 작업상의 애로 사항은 없는지 꼼꼼하게 물어 보며 큰 관심을 나타냈다. 이건희 회장은 삼성전자 경영진에게 다음과 같이 지시했다.

"공장의 근무 환경이 상당히 열악하다. 사무직 직원들과의 차이도 많이 난다. 획일적인 디자인과 싸구려 소재를 사용하다 보니 생산직 직원들의 사기가 이만저만 떨어진 것이 아니다. 질의 경영을 위해서는 직원들을 위해 일하고 싶은 일터를 만들어야 한다. 최고의 디자이너에게 작업복 디자인을 맡겨라."

이건희 회장의 지시에 따라 삼성전자는 디자이너 이신우를 섭외해 작업복 디자인을 맡겼다. 유명 디자이너가 직접 생산직 직원들이 입을 작업복을 디자인한 것은 처음이었다. 다음 해 2월 삼성전자의 새 작업복이 공개되었다. 여성은 취향에 따라 연두색과 보라색의 버튼다운 셔츠를 카디건에 받쳐 입도록 했다. 남성은 아이보리 색의 점퍼가 디자인되었다. 하의는 여자가 베이지색, 남자가 청색 바지를 입도록 했다.

소재도 차별화했다. 작업복으로는 파격적으로 울 50%의 혼방 소재를 써서 고급화했다. 가격에서도 큰 차이가 난다. 종전 작업복은 여성복의 경우 한 벌에 2만 5,000원 정도였다. 새로 디자인한 옷은 8만 원 이상이 들었다. 이건희 회장은 작업복을 보고 크게 흡족해했다. 생산직 직원들의 사기가 올랐고, 무채색 위주의 작업복이 아닌 화사한 색상의 작업복들로 인해 작업 분위기가 한결 부드러워졌다.

1995년에는 인사 제도를 대대적으로 손보며 학력 제한 철폐, 성차별 폐지, 연봉제 도입 등을 주요 내용으로 하는 혁신적인 신인사 제도를 선보였다. 당시 기업들은 대학 졸업자를 대상으로 신입 사원을 선발했다. 고등학교 졸업자는 아예 서류 전형도 하지 않았다. 여자 직원들은 아무리 회사에서 직급이 높아도 남자 직원들이 입지 않는 유니폼을 입어야 했다. 거의 모든 기업들은 여자 직원들에게 유니폼을 입혔다. 남성들이 업무를 보면 보조 역할을 하는 것이 여자 직원들의 임무였다. 외근에서도 여자 직원들은 남자 직원들을 옆에서 도와주는 일에 그쳤다.

이건희 회장은 신인사 제도를 통해 '대졸 신입 사원 채용'이라는 명칭을 '3급 신입 사원 채용'이라는 말로 바꿨다. 학력 기준을 철폐한 만큼 직급별 자격 요건을 심사하기 위해 필기시험을 보강하고, 전공 분야와 관련한 전문 지식 평가 면접을 신설했다. 고졸 생산직 직원 채용은 종전 방식을 그대로 유지하는 대신, '고졸'이라는 용어를 '5급'으로 바꿔 쓰도록 했다. 고졸자의 취업 기회를 보호하기 위해 대졸자는 5급 채용 시험에 응시할 수 없도록 제한했다. 고졸이 3급 신입 사원 채용 시험을 보는 것은 가능했다. 대학교에서 전공 공부를 하지 않은 고졸자가 3급 시험에 합격하기는 어려운 일이지만, 독학으로 시험에 통과해 3급 시험에 합격하는 응시자들이 상당수 있다.

여성 사무직 직원들의 유니폼은 모두 없앴다. 업무상의 차별도 대거 없앴다. 지역전문가 및 장기, 단기 어학연수에서 여성들의 기회를 늘렸다. 해외 주재원 파견도 일정 비율 이상 여성 직원들을 내보냈다. '임신을 하면 회사를 그만두기 때문에 투자할 필요가 없다'는 것이 당시 사회의 통념이었다. 이건희 회장은 반대로 회사가 투자를 안 하기 때문에 결혼해서 임신하면 회사를 그만두고 육아에 전념한다고 생각했다. 여성 특유의 섬세함과 끈기, 도덕성은 남성들과는 달랐다. 먼저 투자를 해야 여성들도 자신들의 능력을 한껏 발휘한다는 생각이었다.

1995년 3월에는 전국 사업장의 화장실 개조 작업에 나섰다. 지저분한 화장실을 특급 호텔의 화장실처럼 만들어 임직원들의 사내 생활 수준을 높이겠다는 의도였다. 목표는 일본 최고급 호텔인 오오쿠라 수준이었다.

"하루에도 몇 번씩 가야 하는 화장실을 호텔 수준으로 개조할 필요가 있다. 가면 얼른 나오고 싶은 지저분한 화장실이 아니라 깨끗하고 편안한 공간으로 만들면 자연스럽게 화장실은 생각하는 공간이 된다."

이건희 회장의 지시로 전국 사업장의 화장실이 호텔식으로 개조되었다. 여자 화장실에는 별도의 파우더룸도 설치했다. 여성 임직원들에 대한 이건희 회장의 애정이 느껴지는 부분이다.

이건희 회장은 경영자 입장에서 직원들의 복지에 힘쓰는 것 외에 임직원들과의 직접적인 소통 채널도 열었다. 이미 신경영 사무국을 통해 사내 인트라넷 시스템인 토픽스가 기획되고 있었지만, PC 사용이 가능한 사무직 직원들에게 국한되었다. 이건희 회장은 직원들과 직접 소통할 새로운 창구를 원했다. 1993년 9월 이건희 회장은 자신의 한남동 자택에 팩스를 설치하고 팩스 번호를 삼성그룹 전 임직원들에게 공개했다. 팩스라면 누구나 손쉽게 하고 싶은 말을 보낼 수 있다는 이건희 회장의 생각은 뜨거운 반향을 일으켰다. 팩스로 각종 건의와 개선 사항들이 쏟아졌다. 이건희 회장은 일부를 제외한 대부분의 건의 사항을 비서실을 통해 즉각 처리하도록 했다. 한 직원이 팩스로 건의한 내용을 바탕으로 사회봉사단도 만들었다.

지방 사업장의 직원 부인이 이건희 회장을 팩스로 초청한 일도 있었다. 1995년 9월 이건희 회장이 삼성전관 가천 공장을 방문했다. 이날 이건희 회장은 직원 식당에서 사원들과 함께 줄을 서서 식사를 하며 애로 사항을 들었다. 이건희 회장은 생산직 직원들을 격려하며 근무 환경에 대해 꼼꼼히 물어보는 등 직원들의 목소리에 귀 기울였다. 공장 방문을 마친 이건희 회장은 울산에 거주하는 삼성전관 이길구 부장의 가정을 방문했다. 이건희 회장이 직원 집에 들른 것은 회장 취임 이후 처음 있는 일이었다.

이건희 회장을 집으로 초대한 사람은 이길구 부장의 부인 김혜경 씨였다. 지난 7월 삼성은 제주도에서 2박 3일간 부부 동반 교육을 실시했다. 교육 직후 김혜경 씨가 감사 편지를 한남동 팩스로 보내면서 이건희 회장을 초청했고, 이건희 회장이 흔쾌히 받아들여 집을 찾은 것이다. 이건희 회장은 40여 분 동안 차를 마시고 담소를 나누면서 부부를 격려했다.

"편지로 지방 근무의 애로점을 듣고 직원들 생활을 조사해 보니, 차장과 부장 때 생활이 제일 어렵다는 얘기가 많았습니다. 이 고비만 잘 넘기면 될 겁니다."

김혜경 씨는 이건희 회장에게 넥타이를 선물했다. 이건희 회장은 부부에게 자신의 사인이 새겨진 손목시계를 선물했고, 아이들에게는 게임기를 선물했다.

"고객님, 삼성의 이건희입니다. 사과드리겠습니다"

신경영을 이야기하면서 빼놓을 수 없는 부분이 삼성의료원이다. 이건희 회장은 삼성의료원을 통해 삼성의 서비스 산업이 무엇을 추구해야 하는지를 명확하게 설명하고 있다. 삼성의료원은 이건희 회장의 오랜 꿈이었다.

당시 종합병원 의사들은 상전, 환자들은 하인 대접을 받는 것이 일반적이었다. 미어터지는 대기실에서 3시간을 기다려 만난 의사는 단 3분의 진료를 하고 다음 환자들을 받았다. 의사들은 불친절하기 짝이 없었다. 환자가 자신의 상태를 물어보면 잔뜩 의학 용어만 늘어놓고는 못 알아듣는 환자를 비웃기도 했다. 촌지라도 집어 줘야 그나마 조금 친절하게 설명했다.

입원 문화도 지금과 사뭇 다르다. 누군가 입원이라도 하면 간병은 자식이나 며느리, 사위 등 가족이 밤을 새워 가며 해야 했다. 회사 일을 팽개치고 입원실에서 먹고 자며 간병을 해야 했다. 전문 간호사나 간병인도 없이 보호자가 직접 했던 것이다. 이래서야 입원한 환자를 돌보다 보호자들도 환자가 될 형편이었다.

1991년 8월 강남구 일원동에서 삼성의료원 기공식이 진행되었다. 이후 지상 20층, 지하 5층의 본관과 지상 8층, 지하 4층의 별관 및 부속 건물로 삼성의료원이 들어섰다. 병상은 총 1,100여 개가 놓였다. 이건희 회장이 특히 신경 쓴 부분은 입원 환자였다. 이건희 회장은 병상 1개당 1명 이상의 간호사가 근무하는 종합병원을 만들고 싶었다. 1993년 4월 이건희 회장은 공사가 한창 진행 중인 삼성의료원에 방문해 다음과 같이 지시했다.

"3시간 걸려 3분 진료를 받고, 한 사람이 입원하면 며느리, 사위 등이 꼭 가서 밤새워야 하는 게 한국 병원의 문제점이다. 회사 일 팽개치고 문병 가니 한국 사회가 망가진다. 낙후된 병원이 환자 입장에서 얼마나 큰 고통인지 너무도 잘 알면서 그대로 둔다는 것은 사회적으로 책임 있는 기업의 총수로서 할 일이 못 된다. 일본의 종합병원들은 입원실에 보호자들이 상주하지 않는다. 간호팀 전원은 일본에 가서 종합병원에 직접 입원해 보고 간호팀이 어떻게 일해야 하는지, 입원실에 보호자들이 없으면 병원이 어떻게 되는지를 보고 와라."

신설된 삼성의료원 간호팀의 전문 간호사 8명이 이건희 회장의 지시대로 일본으로 향했다. 일본에서 본 종합병원은 한국의 종합병원과는 전혀 달랐다. 깨끗하고 선진화된 시설 속에서 환자들은 전문 간호사의 간호를 받으며 요양을 했다. 병문안을 위해 찾아오는 사람들은 있었지만, 환자 옆에 쪼그리고 앉아 숙식을 하며 간병하는 경우는 찾아볼 수 없었다.

삼성의료원에는 간호본부가 만들어졌다. 간호본부에는 전문 간호사들을 교육하는 프로그램이 신설되었다. 지금은 연차별, 전문 분야별 간호사들을 육성하기 위해 해마다 6~10개의 전문 간호 과정을 운영하며, 간호 관리자 육성을 위한 교육도 실시하고 있다.

1994년 9월 다시 한 번 이건희 회장이 삼성의료원을 찾았다. 8월부터 삼성의료원은 의료원 직원과 가족을 대상으로 진료를 개시했다. 이건희 회장은 병원의 각 시설은 물론 병상, 화장실, 진료 시설 등을 직접 돌아보며 세부적인 개선 사항을 지시했다.

이건희 회장의 지시 중 눈에 띄는 점은 병원 특유의 약품 냄새가 나지 않도록 환기에 신경 쓰게 한 점이다. 어느 병원이나 알코올, 포르말린 등 병원 특유의 냄새가 있게 마련이다. 병원에서 나는 각종 약품 냄새는 병을 떠올리게 한다. 병을 고치려고 병원을 찾은 환자가 병원 냄새를 맡고 오히려 병을 떠올린다는 것이 이건희 회장의 생각이었다.

이건희 회장의 개인적인 취향도 있다. 이건희 회장은 냄새에 민감하다. 이건희 회장의 한남동 자택은 식당과 주방이 붙어 있지만, 주방에서 요리하는 냄새가 식당에서 나지 않도록 설계했다. 음식을 요리하면서 나는 냄새가 식사의 풍미를 해치기 때문이다. 삼성물산이 타워팰리스를 지을 때도 이건희 회장은 음식 요리 냄새가 나지 않도록 별도의 환기 장치를 마련하는 등 각별히 신경을 썼다.

1994년 11월 9일 마침내 삼성의료원이 개원했다. 1,100여 개의 병상이 놓였고, 1,200여 명의 간호사들이 근무에 들어갔다. 곧이어 12월에는 간호부장을 맡고 있던 이정희 씨를 이사로 승진 발령했다. 의사의 보조 역할을 하던 간호사들의 지위를 향상시킨 것이다.

최첨단 시설을 갖춘 삼성의료원은 병원 업계에서 큰 화제가 되었다. 하지만 문제가 생겼다. 최고 수준의 의료 시설을 갖추고 환자들에게 쾌적한 환경을 제공했지만, 의료진들의 인식이 문제였다. '환자 중심의 병원'을 표방했음에도 삼성의료원의 의사들은 여전히 불친절했다. 심지어 '환자에게 왜 꼭 친절해야 하는가'라는 의문을 가진 의료진들도 있었다.

1994년 12월 삼성의료원에 입원해 있던 환자에게 한 통의 전화가 걸려 왔다. 그 환자는 삼성의료원 의료진들의 불친절에 강한 불만을 제기했었다.

"안녕하세요. 삼성그룹의 이건희입니다. 저희 불찰로 인해 불편을 겪으신 점, 진심으로 사과드립니다."

전화를 한 사람은 이건희 회장이었다. 의료 서비스의 선진화를 위해 오랜 시간 공을 들여 삼성의료원을 개원했지만, 의사와 간호사들의 태도는 바뀌지 않았다. 최첨단 시설을 구비한 삼성의료원임에도 그 안에서 일하는 사람은 여전히 과거에 머물렀다. 결국 이건희 회장이 직접 나서서 환자에게 전화를 걸어 사과한 것이다. 단순히 말로 해결하지 못하면 직접 나서 솔선수범하는 이건희 회장다운 면모다. 당연한 수순처럼 의료진들에게 이건희 회장의 호통이 이어졌다.

"의료진은 정말 친절해야 한다. 저렇게 좋은 시설에 불친절이 있어서야 되겠는가. 사람이 너무 많아 바빠서 그랬다면 일의 양을 반으로 줄이더라도 친절해야 한다. 그리고 '삼성은 왜 꼭 친절해야 하는가'라고 말하는 의사들이 있다는데, 다른 곳이 안 하는 것을 삼성이 해서 오늘날 삼성이 되었음을 잊어서는 안 된다."

직접 환자에게 전화해 사과까지 한 이건희 회장의 일화는 그대로 삼성그룹 전체로 확산되었다. 삼성의료원은 눈에 띄게 친절해졌다.

이건희 회장은 장례 문화 개선에도 일조했다. 당시 병원의 장례 문화는 마치 시장 바닥 같았다. 상주들은 '아이고~, 아이고~' 소리를 내며 연신 곡소리를 읊어 댔고, 문상 온 사람들은 고인을 즐겁게 보내야 한다며 크게 웃고 떠들면서 밤새도록 술을 마셨다. 한쪽 구석에서 고스톱을 치며 밤을 새웠다. 자욱한 담배 연기와 지독한 술 냄새, 고함소리가 상가는 물론 병원 전체에 퍼질 정도였다. 입관 직전에 촌지를 주는 것도 관례였다.

이건희 회장은 술판, 도박판 일색인 장례 문화를 경건한 방향으로 바꾸고 싶어 했다. 1995년 가을 영안실에 대한 보수 공사에 들어갔다. 영안실 벽 전체에 흡음제를 붙였다. 예전에는 상주가 쉴 공간이 없었다. 별도의 방을 만들어 상주들이 밤을 새는 대신 잘

수 있도록 배려했다. 문상 공간 외에 휴게실을 만들고, 샤워실도 구비해 상주들의 불편함을 최대한 없앴다. 환기 시설도 모두 새롭게 구비했다. 향냄새는 물론 담배와 술 냄새가 밖으로 새어 나가지 않도록 배려했다. 촌지 문제는 정기 감사를 통해 근절했다.

의식 문화 캠페인도 벌였다. 늦은 밤에는 상주가 쉬도록 배려해 주자는 내용부터 문상객들의 무분별한 도박판 자제까지 포함되었다. 삼성의료원이 나서자 현대 아산병원도 뒤를 이었다. 곧 종합병원 대부분이 장례 문화 개선에 나섰다. 과거로부터 이어져 왔던 장례 문화는 삼성의료원을 시작으로 마침내 새롭게 바뀌었다.

영안실 개보수를 마치고 새로 개장한 1995년 겨울 이건희 회장이 삼성의료원에 입원했다. 건강해 보이던 회장이 갑자기 입원한다고 하자 삼성의료원에는 긴장감이 흘렀다. 잠시 후 이건희 회장이 병원에 도착했다. 비서진과 함께 병원으로 걸어 들어온 이건희 회장은 간단한 건강 검진을 받았다. 건강에는 이상이 없었다.

이건희 회장은 3일 동안 20층 특실에 입원했다. 3일간 입원한 동안 이건희 회장은 모자로 얼굴을 가리고 병원 곳곳을 돌아다녔다. 직접 환자 입장에서 병원을 돌아다니며 시설과 서비스 등을 점검했다. 이건희 회장은 3일간 입원하고는 별말 없이 퇴원했다.

현재 삼성서울병원은 1,951개의 병상과 40개의 진료과, 8개의 특성화 센터와 110여 개의 특수 클리닉을 운영하고 있다. 의사 수는 1,200여 명, 간호사는 초기 삼성의료원을 개원할 때처럼 병상 수보다 많은 2,000여 명이 근무하고 있다.

이건희 회장의 호통,
그리고 IMF

1996년 우리나라는 경제협력개발기구OECD 회원국으로 가입했다. OECD는 경제적으로 자유시장의 원칙을 받아들인 선진국들이 회원으로 참여하는 국제기구이다. OECD에 가입한다는 것은 개발도상국에서 선진국으로 지위가 상승한다는 의미이다. 반면 자유시장 원칙에 따라 시장을 전면 개방해야 한다는 문제점도 있다.

우리나라는 1990년대 초부터 OECD 국가들에게서 가입을 권유받았다. 시장 미성숙을 이유로 가입을 미루다 1992년 4년의 시한을 두고 OECD 회원국으로 가입하겠다는 입장을 표명했다. 1995년 3월에는 OECD 가입 신청서를 제출했다. 이미 가입은 확정되어 있던 상황이었다. 1996년 한국은 축제 분위기였다. 한국전쟁이 만든 폐허 위에서 일어선 우리나라는 어느새 해외에서 '제2의 일본'이라는 평가를 받고 있었다.

삼성에게도 1996년은 특별한 해였다. 삼성전자는 메모리 반도체에서 1등을 달성하면서 엄청난 외화를 벌어들였다. 1996년 삼성은 연평균 17%라는 경이적인 성장률을 기록하며 성장 일로에 들어섰다. 처음으로 삼성 내부에서 '위기'라는 말이 사라졌다. OECD에 가입하게 된 가장 큰 요인이 반도체 성공이라는 자신감 때문이었다. 전 세계에서는 한국, 그리고 삼성전자의 성공을 예의 주시했다. 불과 10여 년 전만 해도 반도체 기술이 없어 이리 뛰고 저리 뛰던 삼성전자는 이미 세계 반도체 시장을 좌지우지 하고 있었다. 자만심이 가득했다.

그런 때에 오히려 이건희 회장은 위기를 느꼈다. OECD 회원국 가입을 계속 반대하던 그였다. OECD 회원국 가입은 개발도상국에서 선진국으로 지위가 향상된다는 의미도 있지만, 선진국과 동일하게 시장에서 경쟁해야 한다는 의미이기도 했다. 아직은 때가 아니었다. 반도체는 어느 정도 자리를 잡았어도 나머지 사업들은 세계적인 경쟁력을 갖추지 못한 상황이었다. 환율 덕에 이익을 내고 있지만, 시장 개방과 함께 외부 여건이 바뀌면 금세 위기에 빠질지도 몰랐다. 사업이 잘되는 만큼 분명 나태해져 있었다. 다시 한 번 이건희 회장은 삼성의 메기가 되기로 결심했다.

1996년 4월 멕시코 티후아나 전자 복합 단지를 방문한 이건희 회장은 미국 샌디에이고로 자리를 옮겨 긴급 사장단 회의를 소집했다. 영문도 모르고 미국행 비행기를 타고 온 사장단을 둘러본 이건희 회장이 입을 열었다. 서릿발 같은 목소리였다.

"반도체가 조금 팔려서 이익이 난다니까 자기가 서 있는 위치가 어디인지도 모르고 그저 자만에 빠져 있다. 수년간 반도체 사업의 호황으로 투자 경비가 과다 지출되는 등 경영상의 거품이 가득하다."

이건희 회장은 사장단을 무섭게 질책했다. 회장 취임 후 처음으로 위기라는 말이 안 나올 정도로 성공에 취해 있던 사장단이었다. 분명 삼성전자는 반도체를 제외하면 아직 일본과 미국 전자 업체에 비해 약체였다. 반도체의 성공이 모두에게 착시 현상을 가져왔던 것이다. 이건희 회장은 원가 및 경비 절감 방안을 내놓으라고 지시했다. 삼성그룹은 즉각 전 분야에 걸쳐 향후 3년 동안 원가 및 경비의 30%를 절감하기 위한 '경비 330 운동'을 만들고 비상 경영에 돌입했다. 내부적인 사업 구조 개편도 했다. 성장 한계에 들어서 세계 1등 달성이 불가능한 사업은 과감히 정리하고 차세대 사업에 집중하기로 했다.

삼성이 비상 경영에 들어서자 재계는 이건희 회장의 유별난 '위기론'을 지적하기도 했다. 수년간의 호황으로 적극적인 사업 확대에 나서야 할 때에 허리띠를 졸라맨 이건희 회장을 두고 잘못된 선택을 했다는 지적도 나왔다. 그러나 삼성이 비상 경영에 들어간 지 채 1년도 안 된 1997년 우리나라에 IMF 외환 위기가 닥쳐왔다. 수년간의 호황 속에 각 기업들은 은행에서 막대한 자금을 대출받아 사업을 확장하던 시기였다.

1월 가장 먼저 한보철강이 부도를 냈고, 곧이어 한보그룹이 최종 부도 처리되었다. 3월에는 삼미그룹, 4월에는 진로그룹, 7월에는 기아그룹이 사실상 부도를 냈다. 10월에는 쌍방울그룹과 태일정밀이 부도를 냈다. 상당수 기업들이 부도를 내고 사라져 갔다. 당시 김영삼 대통령은 11월 홍재형 부총리와의 전화 통화 이전까지는 외환 위기의 심각성을 모르고 있었다. 우리나라는 OECD 가입 직후 1년 만에 국가 부도를 선언하며 초유의 위기에 빠졌다.

이건희 회장이 위기를 강조하고 1년 만에 IMF가 터진 일을 두고 미리 예측을 했다며 추켜올리는 사람들이 있었다. 순전히 운이 좋았을 뿐이라는 평가 절하도 있었다. 결론부터 말하자면 이건희 회장이 위기를 감지한 바탕은 세계 경제에 관한 꾸준한 연구에 있었다. 예측이 아닌 연구 결과였다.

 일본을 면밀히 지켜봐 온 이건희 회장은 우리나라와 일본의 상관관계를 늘 연구 대상으로 삼았다. 일본은 1986년부터 1991년까지 수출이 급격하게 늘고 부동산과 주식 가격이 이상할 정도로 급등하는 거품 경제를 겪었다. 당시 동경의 땅값이 폭발적으로 오르면서 '동경 땅을 모두 팔면 미국도 살 수 있다'는 말까지 등장했다. 폭발적으로 오른 부동산 가격으로 차익을 실현한 투자자들은 또 다른 부동산을 샀다. 소비도 대폭 늘려 나갔다. 일본 유흥가의 술집은 불야성을 이뤘고, 시중에는 돈이 넘쳐 났다. 일본 기업들도 은행에서 막대한 자금을 빌려 부동산 투자를 하거나, 사업 확장에 막대한 거금을 썼다. 기업들의 주식 가치도 급등했다.

 1991년 한없이 부풀어 오를 것 같던 거품이 마침내 꺼졌다. 부동산 가격이 폭락했고, 대부분의 서민들은 거품 경제의 붕괴로 재산 대부분을 잃어야 했다. 부동산과 주식에 넣어 둔 자산이 폭락하면서 소비도 급격하게 위축되었다. 이후 일본은 10여 년 동안 장기 불황에 들어선다. '잃어버린 10년'의 시작인 것이다.

이건희 회장이 미국 샌디에이고에서 위기를 얘기했던 1996년, 우리나라도 5년 전 일본과 비슷한 상황을 겪는 중이었다. 부동산 가격이 폭발적으로 오르며 땅 부자, 벼락부자가 연일 나타났다. 갑자기 거금을 갖게 된 부자들은 마음껏 돈을 썼고, 시중에 돈이 풀리자 은행들도 신이 났다. 이미 5년 전에 일본이 겪은 길을 우리나라는 똑같이 걸어가고 있었다. 이건희 회장은 '잃어버린 10년'을 대비하기 위해 삼성도 준비를 해야겠다고 생각했던 것이다. 물론 이건희 회장도 국가 부도로 IMF 구제 금융 신청까지 이어질 줄은 몰랐다.

삼성이 위기에 미리 대비하긴 했지만, IMF의 파고를 그대로 넘어갈 수는 없었다. 이건희 회장은 IMF 체제가 시작된 직후인 12월 영빈관 승지원에서 존 코자인 골드만삭스 회장과 면담했다. 존 코자인 회장과 마주 앉은 이건희 회장은 좀처럼 입을 열지 못했다. 한참의 침묵을 깨고 이건희 회장이 말을 꺼냈다.

"삼성전자와 핵심 전자 계열사, 삼성생명을 제외한 삼성그룹의 전 계열사를 구조 조정 대상으로 삼겠습니다. 우리 회사를 분석하고 값을 매겨 처분하는 모든 것을 위임하겠습니다."

이건희 회장의 말은 그것으로 끝이었다. 재무 구조 개선을 위해서라면 핵심 계열사를 제외한 모든 계열사를 구조 조정 대상으로 삼아야 했다. 1993년부터 신경영을 하며 곧 위기가 닥쳐올 것이라는 짐작은 했지만 생각보다 빨랐다. 구조 조정은 뼈를 깎는 아픔이었다. 그만큼 잘만 되면 재무 구조를 개선하고 성장성이 담보되지 않은 사업을 정리할 기회이기도 했다. 위기를 기회로 삼기 위해 이건희 회장은 거의 모든 계열사를 대상으로 구조 조정에 나선 것이다.

1998년 삼성에 구조 조정의 태풍이 불어닥쳤다. 이건희 회장의 지시대로 구조조정본부가 설치되었고, 골드만삭스는 삼성그룹의 모든 계열사와 사업을 놓고 구조 조정에 나섰다. 구조 조정이 끝날 무렵 65개에 달하던 삼성그룹 계열사는 45개로 줄어들었다. 전체 사업 중 총 236개의 사업이 정리되었다. 분사와 매각을 통해 5만 명에 달하는 임직원이 삼성그룹을 떠나야 했다. 삼성전자만 해도 3만여 명이 회사를 떠나야 했다. 삼성은 상당수 인력들의 고용 승계를 약속하고 사업을 정리하려 노력했지만, 수많은 사람들이 직장을 잃어야만 했다. 구조 조정을 거치며 이건희 회장이 의욕적으로 시작했던 사업 두 가지를 접어야 했다. 최고급 오디오 '엠페러'와 명품 카메라를 표방하고 나선 '롤라이' 인수가 그것이다.

삼성전자는 1997년 고가의 하이파이 오디오 시스템 '엠퍼러'를 출시했다. 하이파이급 오디오는 최첨단 기술과 전통이 함께 어우

러져 만들어진다. 어린 시절부터 전자 기기를 좋아했던 이건희 회장은 오디오에도 남다른 애정을 갖고 있었다. 비디오는 아무리 화질이 좋아진다 해도 눈앞에 보이는 사물을 집 안으로 가져올 수는 없다. 오디오는 달랐다. 공연장에서 울려 퍼지는 교향곡을 방 안으로 가져오는 행위는 예술이었다. 이건희 회장은 예술품에 준하는 전자 제품을 만들고 싶었다. 삼성전자가 어느 정도 궤도에 오르자 이건희 회장은 하이파이 오디오 시장 진출을 계획했다.

삼성전자의 오디오 시장 진출은 큰 의미를 가진다. 일각에서는 이건희 회장의 값비싼 취미를 사업화했다는 평가도 있지만, 사실과는 전혀 다르다. 가전 시장에서 오디오는 유일하게 명품 대접을 받는다. 1980년대 명기들은 지금도 오디오 애호가들에게 값비싼 가격에 판매된다. 삼성전자의 부가가치를 극대화하고, 한국의 전자 업체에서 세계적인 전자 업체로 다시 태어나기 위한 발돋움이었던 것이다.

삼성전자는 오디오 사업 진출을 위해 파트너를 찾았다. 매킨토시, B&W, 데논, JBL, 마크레빈슨 등 다양한 회사들이 검토되었다. 삼성전자는 앰프 기술을 도입하기 위해 '마크레빈슨' 브랜드를 갖고 있던 오디오 회사 '마드리갈'과 손을 잡았다. 스피커는 신생 업체인 '헤일즈'와 손을 잡았다. 초기 단계였던 삼성전자는 마드리갈로부터 앰프 회로도를 받고, 헤일즈에게는 스피커 구조 설계를 맡겼다. 이렇게 엠퍼러가 탄생했다.

엠퍼러는 전국 호텔을 순회하면서 출시 발표회를 가졌다. 엠퍼러의 가격은 상당히 비쌌다. 수천만 원에 달했다. 오디오 평론가들의 평은 극단적으로 나뉘었지만, 하이파이 오디오 시장에 진출한 삼성전자의 시도에 높은 평가를 줬다. 해외에서는 냉장고, 세탁기를 만들던 삼성전자가 전문 오디오 시장에 진출했다는 보도가 이어졌다. 엠퍼러는 마크레빈슨, 헤일즈가 판매하던 제품과 모양만 다른 제품이라는 평가도 있었다.

엠퍼러는 출시되자마자 IMF라는 시련을 겪어야 했다. 삼성그룹이 사업 구조 조정에 나서자 결국 사업을 정리해야 했다. 이미 만들어 놓은 제품은 상당히 저렴한 가격에 판매되었다. 오디오 애호가들이 원가 이하로 판매되는 엠퍼러를 일제히 사들이며 사업은 정리되었다.

삼성이 카메라 사업의 일류화를 위해 1995년 인수한 롤라이도 IMF와 함께 정리되고 말았다. 롤라이는 '롤라이 35'라는 카메라를 내놓으며 세계적인 명품 카메라 업체로 자리 잡은 회사다. 삼성은 당시 롤라이에 총 120억 원을 투자했다. 롤라이 인수로 삼성의 카메라 사업에 관심이 집중되었다. 전통을 자랑하는 롤라이에 막대한 자금을 투여한 만큼 작품이 탄생하지 않겠냐는 세간의 관심이었다. 의외로 삼성은 명품 카메라 대신 대중적인 자동카메라를 내놓았다. 카메라 시장에서 초보였던 삼성은 롤라이 인수를 통해 핵심 광학 기술의 상당수를 확보했지만, 인수 후 핵심 인력들이 빠져나가면서 문제가 발생했다. 결국 삼성은 1999년 롤라이를 매각했다.

오디오, 카메라는 모두 이건희 회장이 오랜 시절 취미 생활을 하며 관심을 가졌던 분야다. 전문가적인 식견도 갖고 있었다. 삼성전자가 하기에는 버거운 사업이기는 했다. 메이드 인 코리아에 대한 세계인들의 인식은 여전히 가격 대비 성능이 좋은 제품에 불과했다. 가격을 따지지 않고 물건을 구매할 만한 제품들은 아니었다.

엠퍼러와 롤라이는 분명 실패한 사업이다. 그렇다고 잃기만 하지는 않았다. 두 분야의 사업은 현재 삼성전자의 자산으로 남아있다. 하이파이 오디오 시장에 진출해 본 경험은 TV 사업에서 경쟁사 대비 차별화된 음질을 제공하는 기회가 되었다. 롤라이 역시 카메라 사업에서 귀중한 밑바탕이 되었다. 오디오와 카메라 시장에서 삼성전자의 브랜드는 아직도 미약하다. 하지만 전문가들은 삼성전자의 기술력이 상당한 수준이라고 평한다.

탱크가 점령한 러시아,
"삼성은 러시아를 떠나지 않습니다"

IMF로 인한 구조 조정이 한창이던 1998년은 세계 경제에 겨울이 불어닥친 해였다. 이건희 회장은 아시아 금융 위기를 피해 떠오르는 신흥국 러시아에 집중 투자해 왔다. 러시아는 소비에트 연방 해체 이후 미국, 유럽, 일본 등 전 세계 자본이 집중되고 있는 신규 투자처였다. 냉전 체제가 끝난 러시아는 자본주의 국가 대열에 참여하면서 전 세계의 자본을 빨아들였다. 인구도 많고, 개발될 여지도 많았다. 이건희 회장도 러시아 시장의 잠재력에 매료되었다.

1998년 8월 17일 러시아 정부는 루블화 표시 외채에 대해 90일간의 모라토리엄(대외 채무 지불 유예)을 선언했다. 양극화 시대가 종결되고 장장 7년에 걸친 러시아의 자본주의 실험은 실패로 막을 내렸다. 모라토리엄 선언 후 모스크바 시내는 전쟁터를 방불케 했다. 자금 유통 불가와 자본주의 실패로 대중들이 반기를 들었고, 모스크바 시내는 탱크가 점령했다. 기업들은 러시아를 떠나기 시작했다. 당시 러시아에서 가전제품 1등 브랜드로 자리 잡았던 소니도 2명의 주재원만 남겨 놓고 철수했다.

  삼성그룹과 이건희 회장에게도 결정의 순간이 다가왔다. 철수할 것인가, 남을 것인가. 현지 상황은 긴박했다. 러시아 법인 임직원들의 안전도 문제였고, 막대한 손해도 감수해야 했다. 철수하면 지금까지 투자한 자금을 회수하지 못하고, 남는다고 결정하면 추가 투자에 나서야 했다. 밑 빠진 독에 물 붓기가 될 수 있다는 우려도 제기되었다. 수일간의 고민 끝에 이건희 회장은 경영진들을 불러 모았다. 일단 철수했다가 러시아 정국이 안정되면 다시 진출을 고려해 보자는 경영진들의 의견을 들은 뒤였다. 침통한 표정의 경영진들을 둘러본 이건희 회장이 말을 꺼냈다.

  "삼성은 러시아에서 철수하지 않습니다. 일본 기업들이 짐을 싸서 나갔으니 오히려 기회로 생각하고 공격적으로 투자해 봅시다."

삼성이 러시아에 남는다고 결정하니까 LG도 러시아에 남겠다고 결정했다. 일본 기업들은 소니가 철수하는 것을 보고 다른 기업들도 모조리 철수하고 말았다. 일본 기업들과 우리나라 기업들의 정서는 사뭇 달랐다. 러시아 법인에 주재하는 일본 임직원들은 모두 좌천되었다는 생각에 별다른 사명감 없이 일을 했다. 반면 삼성, LG 임직원들은 러시아 시장에서 죽기 아니면 살기로 일했다. 1등과 2등의 차이라고도 할 수 있을 것이다. 일본은 방심했고, 한국은 일본이라는 명확한 목표가 있었다. 이건희 회장이 삼성은 러시아에 남는다고 결정하자 러시아 법인에서는 한 명의 이탈도 없이 제자리를 지켰다. 일본 기업들이 서로 돌아가게 해 달라고 아우성을 치던 모습과는 사뭇 다른 모양새였다.

모라토리엄의 여파는 러시아의 자존심까지 흔들어 놓았다. 러시아가 자랑하던 '볼쇼이 발레단'은 돈이 없어서 문을 닫기 일보 직전이었다. 미국과 자존심 대결을 벌이던 아이스하키 국가 대표도 예산이 없어 해산 위기에 처했다. 러시아의 정신으로 불리던 '톨스토이 문학상'도 자금 부족으로 취소될 지경이었다. 이건희 회장은 러시아의 자존심을 지키라고 지시했다.

"어려운 상황이지만 미래를 위한 투자라고 생각하고, 러시아의 자존심을 지킬 수 있도록 볼쇼이 발레단 등을 지원하라."

이건희 회장의 지시에 따라 삼성은 이들에게 아낌없는 지원에 들어갔다. 삼성의 도움 덕분에 볼쇼이 발레단은 정상 운영되었고, 아이스하키 국가 대표도 해산되지 않았다. 톨스토이 문학상도 예정대로 진행되었다. 러시아 국민의 자존심을 지킨 것이다. 이 같은 사실이 회자되며 삼성은 러시아인들이 진심으로 사랑하는 브랜드로 자리 잡았다.

모라토리엄 선언으로 어려움을 겪던 러시아는 국제 유가가 고공 행진을 하며 오일 머니로 막대한 부를 벌어들이기 시작했다. 브라질, 인도, 중국과 함께 4대 신흥 경제 대국으로 위상이 높아졌다. 뒤늦게 후회하며 소니를 비롯한 일본 기업들이 돌아왔다. 한때 썰물처럼 모스크바 시내를 빠져나갔던 일본 기업들이 다시 돌아왔지만, 러시아인들의 반응은 차가웠다. 일본 기업들은 볼쇼이 발레단, 톨스토이 문학상 측과 접촉해 삼성이 후원하던 돈의 몇 배를 주겠다고 나섰다. 모두 거절당했다. 볼쇼이 발레단 단장은 일본 기업들의 후원을 거절하며 다음과 같이 말했다. 삼성이 러시아 국민들에게 녹아들어 국민 브랜드로 위치한 배경이다.

"우리에겐 몇 십 배의 후원보다 가장 어려운 시기에 우리의 자존심을 지켜 준 삼성과 형제애를 지켜 가는 것이 더 중요하다."

 모스크바 시내 중심가에는 삼성전자의 제품들을 전시하는 갤러리 삼성이 있다. 일종의 프리미엄 스토어로, 제품 판매보다는 최첨단 기술을 선보이는 곳이다. 현지 젊은이들과 학생들에게 큰 인기를 얻고 있다. 이건희 회장이 강조하는 현지화는 현지에 법인을 세우고 현지인을 고용하는 수준이 아니다. 현지인의 문화와 그들을 이해하는 데서 출발한다. 히트 제품도 중요하지만, 그 나라 국민들의 마음을 사로잡는 것이 가장 중요하다는 생각이다. 현지에서 번 이익은 최대한 현지에서 재투자하는 선순환 구조도 이때 정착되었다.
 이건희 회장이 러시아 시장을 탐낸 이유는 또 하나가 있다. 바로 냉전 시대부터 축적해 놓은 러시아의 기초과학 기술이다. 삼성은 다양한 첨단 기술을 보유하고 있다. 대부분이 응용과학 기술이다. 삼성에게는 물리학, 수학과 같은 기초과학 기술이 부족했다.
 1986년 6월 삼성은 기흥 반도체 단지 내에 삼성종합기술원 기공식을 가졌다. 기공식에는 이병철 선대 회장과 이건희 회장이 참석했다. 삼성종합기술원은 신소재 및 관련 부품, 미래 유망 첨단 제품, 고도 핵심 기술의 종합적인 개발과 연구를 담당하기 위해 만들어졌다. 다음 해 10월 삼성종합기술원이 개원했다. 총 1,250억 원이 투자되었다. 1,000여 명의 연구 인력으로 출발했으며 전자 기기, 정보 시스템, 소재 부품, 반도체 통신, 항공 우주, 화학 등 6개 연구소와 기술정보센터가 설립되었다. 기술정보센터는 국내 19개 관계사 연구소와 해외 2개, 연구 법인 2개, 미국과 일본에 설치된 해외 연구 분소를 연결해 미공개 기술 정보와 학술지, 논문 등 해외 최신 기술 정보를 신속하게 입수, 분석하는 그룹의 정보센터 역할을 담당했다. 개원식에 참석한 이건희 회장은 다음과 같이 말했다.

"지금까지 국내 기술 개발은 미국, 일본의 기술 도입 또는 모방에 그쳤고, 주요 핵심 기술이나 핵심 부품을 선진국에 의존해 왔다. 이 같은 현실을 벗어나기 위해 삼성종합기술원을 개원하게 되었다."

삼성종합기술원은 삼성전자의 미래 먹거리를 찾는 데 주력한다. 시장성은 없지만 삼성전자가 향후 투자할 만한 미래 전략 기술 육성을 담당한다. 연구 개발 진행 도중 상용화가 가능한 기술은 삼성전자로 이전한다. 삼성전자는 해당 기술로 전략 제품을 만들어 상용화에 나선다. 즉, 상용화 이전의 미래 기술은 삼성종합

기술원이 담당하고, 상용화 수준에 이른 기술은 삼성전자가 제품화를 하는 방식이다.

삼성종합기술원이 개원하면서 삼성전자의 응용과학 기술은 수준급에 이른다. 응용과학 기술에서는 선진국을 많이 따라잡았지만, 기초과학 기술만큼은 숙제로 남아 있다. 이런 점을 고려해 모스크바에 설립된 삼성러시아연구소SRC는 원천 기술 개발에 주력하고 있다. 모스크바 시내에 16층짜리 신축 건물의 4개 층을 사용하면서 소프트웨어, 광학, 박막 기술 등 러시아의 기초과학 기술과 삼성의 응용과학 기술 능력을 접목시키는 데 주력하고 있다.

2013년에는 국내 기업 중 최초로 러시아판 실리콘밸리 '스콜코보' 연구 단지에 입주했다. 미국 실리콘밸리에서는 당장 상용화할 응용 기술을 찾아 나섰고, 스콜코보에서는 기초과학을 기반으로 한 원천 기술 확보에 주력하고 있다. 구소련 시절부터 물리학, 화학, 의료 기기 등 기초과학 분야의 우수한 인력이 많다 보니 기초과학 전 분야를 연구하기 위해서 입주한 것이다. 스콜코보혁신센터는 에너지 효율, 우주 항공, 의료 기기, 원자력, 통신 및 정보 기술 등 5대 연구 과제를 중심으로 조성되었다. 삼성전자가 차세대 성장 동력으로 삼은 3대 분야인 에너지, 의료 기기, 통신이 포함되어 있다는 점에서 향후 투자 효과가 기대된다.

삼성자동차의
실패

　　　　　이건희 회장은 거의 모든 사업에서 탁월한 판단력
을 발휘하며 사업을 성공시켰지만, 그가 가장 사랑한 자동차 사업
에서는 실패하고 말았다. 이건희 회장은 자타가 공인하는 자동차
전문가다. 스스로 자동차를 분해하고 조립해 보며 그 속에 숨겨진
엄청난 부가가치를 삼성으로 가져오고 싶었다. 자동차는 이건희
회장의 어린 시절부터의 꿈이었다.

　1987년 12월 삼성그룹 회장에 취임한 직후 이건희 회장은 비서
실에 자동차 진출 방안 수립을 지시했다. 자동차 사업 준비가 본

격적인 궤도에 오른 것은 1990년대 초다. 이건희 회장이 자동차 사업에 진출하려 한다는 얘기가 돌자 당시 자동차 사업을 하던 현대, 대우, 쌍용, 기아 등이 일제히 반발하고 나섰다. 삼성그룹이 반도체로 벌어들인 막대한 자금을 자동차 사업에 투입하면 기존 자동차 산업의 균형이 한순간에 깨질 수 있었다. 정부 역시 삼성의 자동차 사업을 경계했다. 대외적인 여건으로 본다면 이건희 회장은 자동차 사업을 포기해야 했다. 하지만 이건희 회장에게는 두 가지 이유가 있었다.

첫 번째, 일류 국가를 위해서는 자동차 산업이 전체 산업의 가장 위에 위치해야 한다는 것이다. 독일, 일본, 미국 등 선진국 대부분은 자동차 산업이 전체 산업 구조의 제일 윗부분을 차지하고 있었다. 전자 산업은 그 다음이었다. 반면 우리나라는 전자 산업이 산업 구조의 제일 윗부분을 차지하고 있었다. 당시만 해도 자동차 산업은 구조적으로 취약한 상황이었다.

두 번째, 전자와 자동차의 연계였다. 이건희 회장은 1980년대부터 자동차에서 전자 부품의 비중이 커지고 있다는 점을 주목했다. 언젠가는 구동 부품을 제외하곤 전자 부품으로 가득 찰 날이 올 것으로 전망했다. 이미 반도체 사업으로 전자 사업을 궤도에 올린 삼성이라면 미래 자동차 시장에선 시너지 효과를 극대화시킬 수 있다는 확신이 들었던 것이다. 이건희 회장의 의중은 1993년 8월 신경영 직후 언론과 가진 인터뷰에서 잘 드러난다.

"(자동차 사업 진출은) 연구도 많이 하고 관심도 큰데, 안 해야겠다는 이유가 점점 많아진다. 애국심을 갖고 하려는데, 삼성이 이권이나 받는다는 말이 생기면 자금 부담 등 생고생하며 할 필요가 뭐 있겠나. 다만 현재 시점에서 전자는 수출 총액 220억 달러를 달성했지만, 자동차는 고작 30억 달러 수준인 것이 안타깝다. 삼성의 신용과 강점을 살리면 톱 10의 세계적 회사와 합작이 가능할 것이다. 앞으로 자동차에 전기 전자 비중이 커질 텐데 거기에 강점이 있다. 앞으로 살아남을 자동차 메이커는 미국, 일본, 독일, 프랑스 정도이다. 이들 모두 동남아 진출을 바라고 있다. 때문에 생산 기지로 한국이 아주 유리하다. 이것도 2~3년이 기회다. 이 기회를 놓치면 끝이다."

1994년 4월 삼성은 일본 닛산자동차와 기술 제휴 협약서를 체결했다. 같은 해 12월 정부는 삼성의 자동차 사업 진출을 허용했다. 이건희 회장은 상공부에 관련 계획을 제출했다. 이건희 회장은 닛산과의 기술 제휴를 시작으로 오는 2006년까지 엔진, 트랜스미션, 섀시 등 주요 부품 대부분을 독자 설계해 기술 자립화하겠다고 밝혔다. 기술 자립은 반도체 사업에서도 겪어 본 일이었다. 그만큼 자신이 있었다. 현실은 녹록치 않았다. 정부는 삼성의 자동차 사업은 허락했지만 각서를 쓰게 했다. 삼성자동차가 쓴 각서는 다음과 같다.

1. 삼성은 전체 생산하는 자동차의 수출 비중을 1998년 30%, 2000년 40%, 2002년 55%로 확대한다.
2. 2,000cc 미만 자동차는 생산 개시 연도인 1998년부터 80% 이상 국산화, 2,000cc 이상은 70% 이상 국산화를 달성한다.
3. 생산 개시 6년차인 2003년부터 독자 엔진, 트랜스미션, 섀시를 탑재한 독자 모델을 개발해 기술 자립화한다.
4. 부품 산업 기반 육성을 위해 현재 상용차 부품 업체를 집중 육성해 활용하는 한편, 삼성그룹의 전자, 전기, 기계 분야 부품 업체를 집중 육성해 활용한다.
5. 독립 계열 업체의 생산 부품과 범용성 부품을 기존 업체에 영향을 주지 않는 범위 내에서 공급을 희망하는 업체로부터 조달한다.
6. 부품 조달과 관련해 기존 완성차 업체와 계열 업체에 피해가 없도록 하고, 이들에 의한 이의 제기 시 상공자원부 장관의

중재를 받는다.

7. 기존 업체의 현직 및 향후 퇴직자 중 2년 이상 경과하지 않은 인력의 채용을 일체 배제한다.
8. 삼성그룹의 자동차 관련 계열 부품 업체가 기존 완성차 업체의 부품 업체로부터 인력을 스카우트하지 않도록 권유하고, 이들에 대한 이의 제기 시 정부는 필요한 조치를 적극 취한다.

가혹한 조건이었지만 이건희 회장은 모든 조건을 받아들였다. 3년 안에 자동차 생산을 위한 핵심 기술과 인력들을 마련해야 했다. 수출도, 국산화도 자신 있었다. 문제는 사람이었다. 1995년 1월 삼성은 '삼성이 자동차 사업의 주인공을 찾습니다'라는 광고를 내보내며 대대적인 인력 모집에 나섰다. 연구 개발, 생산 기술, 부품 개발, 영업 기획 등 각 부문에 걸쳐 인력 확보에 나섰다. 광고에는 '현재 자동차 업계 및 관련 부품 협력 업체에 근무 중인 사람과 1994년 12월 7일 이후 퇴직한 사람으로서 2년이 경과되지 않은 사람은 지원할 수 없음'이라는 특기 사항이 명기되어 있었다. 각서 때문이다.

각서는 삼성자동차를 진퇴양난에 빠뜨렸다. 심각한 상황이 이어졌다. 다른 조건은 아무래도 좋았지만, 인력 채용이 불가능하다는 점이 문제였다. 이건희 회장을 비롯한 삼성 경영진들은 기술 인력 확보를 위해 해외 동포들을 찾아 나섰다. 각서 때문에 국내 인력은 뽑을 수가 없었다. 닛산의 기술자와 퇴역한 해외 기술자, 계열사 기술 인력 등 가능한 모든 기술 인력들을 끌어들였다. 확보한 인력이 얼마 안 되었다. 닛산에 기술 연수를 보내 인력을 양성하려고도 했다. 닛산이 소극적인 태도를 보여 이마저도 성사되지 않았다.

부품 업체 확보는 더 어려웠다. 1차 부품 업체 100개를 확보하기 위해 국내 업체를 접촉했다. 닛산이 소극적인 태도로 일관했고, 업체들도 납품 물량이 적다 보니 채산성을 맞추기 어렵다고 난색을 표명했다. 증자도 어려웠다. 이건희 회장은 2,000억 원이던 자본금 규모를 3,000억 원으로 늘리려 했다. 이마저도 공정거래법상 출자 제한 규정 때문에 계열사 출자가 사실상 불가능한 상황이었다.

이건희 회장으로서는 각서를 찢어 버리고 싶은 적이 한두 번이 아니었을 것이다. 이로 인해 각서를 파기하자는 의견들도 삼성 내부에서 터져 나왔다. 이대로는 자동차 사업을 시작조차 할 수 없었다.

"정치는 4류, 행정은 3류, 기업은 2류"

결국 일이 터졌다. 1995년 4월 이건희 회장은 북경 시내 조어대釣魚臺 국빈관에서 특파원과 가진 오찬 간담회 중 다음과 같이 말했다.

"우리나라 정치는 4류, 행정은 3류, 기업은 2류다. 행정 규제와 권위 의식이 없어지지 않으면 21세기에는 제 밥도 찾아 먹기 어려울 것이다. 삼성자동차 허가는 부산 시민들의 반발 때문에 내준 것일 뿐이다. 우리나라에서는 반도체 공장 허가 하나 받는 데 무려 1,000

개의 도장이 필요하다. 삼성의 크기나 위치로 보아 더 이상 한국에서 사업하다가는 소리가 나서 어렵겠다. 어느 업종은 다른 나라로 나가면 안 되는데도 나갈 수밖에 없으니 서글픈 생각마저 든다."

각서 때문에 이러지도 저러지도 못하는 상황에서 울컥해서 터져 나온 얘기였지만, 이건희 회장의 말은 우리나라 기업들의 당시 현실을 그대로 반영한 것이었다. 비보도를 전제로 한 이건희 회장의 발언은 엠바고가 깨지면서 언론을 통해 그대로 보도되었다. 기업인들은 공감했고, 정부는 분노했다. 일부 언론은 자동차 사업이라는 큰 수혜를 입고도 이건희 회장이 정부를 비난했다며, 도리를 모르는 기업인으로 몰아세웠다. 시중에는 삼성이 본사를 미국, 일본으로 옮긴다는 소문까지 돌았다.

이건희 회장의 발언 이후 삼성그룹 관련 주식이 일제히 폭락했다. 중국에서 돌아온 이건희 회장은 정부나 정치인을 겨냥한 말이 아니라, 제도 자체가 잘못되었다는 점을 지적한 것이라고 해명했다. 하지만 이미 화살은 시위를 떠난 후였다. 김영삼 대통령은 "전혀 관심도 없다"며 이건희 회장을 무시하기 시작했다. 삼성의 각종 사업도 멈춰 서 버렸다.

북경 발언 직후 삼성은 러시아 로츠베르톨 사로부터 초대형 수

송용 헬기를 도입하기로 하고 국방부와 통상산업부에 도입 신청서를 냈다. 정부는 한 달이 넘게 처리를 해주지 않았다. 당시 여권의 한 고위 관계자는 다음과 같이 말했다.

"민주계 핵심에서 이 회장의 발언을 다시 문제 삼고 나서면서 청와대 민정수석실이 정부 부처에 삼성 관련 사업을 전면 보류하라는 지시를 내렸다. 이후 삼성이 하겠다는 사업마다 허가를 내주지 않았다."

어떤 기업도 국가를 넘어설 수는 없다. 그만큼 국가는 기업에 대한 무소불위의 힘을 갖고 있다. 군사 정권을 타파하고 문민정부를 내세운 김영삼 정부도 마찬가지였다. 이건희 회장의 북경 발언은 삼성그룹 전체에 위기를 가져왔다. 1995년 5월에는 미국 PC 업체 AST리서치 지분 48.25%를 3억 7,800만 달러에 인수하기로 하고 계약을 맺었지만, 해외 투자 승인이 나지 않아 대금을 지급하지 못하는 상황이 발생했다. 삼성전자는 국제적으로 곤란한 처지에 빠졌다. 6개월이 지나서야 겨우 투자 승인이 났다. 그동안 AST리서치의 핵심 인력들은 모조리 빠져나갔다. 결국 삼성은 계약금만 날리고 인수를 포기했다.

자동차 사업을 위한 부지로 정한 부산 신호공단도 말썽이었다. 삼성은 당초 경남 진해와 충남 당진을 염두에 두고 있었다. 정부의 권유와 삼성의 필요에 의해 부산을 선택해야 했다. 당시 부산은 합판, 신발 산업 등이 망하며 경제 전체가 피폐해진 상황이었다. 삼성은 부산 경제를 살리겠다며 신호공단을 선택했고, 결국 정부로부터 사업 허가를 받아 냈다.

부산 신호공단은 갯벌을 메워 만들었다. 공사는 난항이었다. 연약한 지반의 침하를 막으려고 총 1만 7,000여 개의 파일을 박아야 했다. 55만 평의 공장 부지를 조성하는 데 약 6,000억 원이 들었다. 현대, 대우의 자동차 공장보다 3~5배 가까이 많은 돈이 들어갔다. 설상가상 부산시는 평당 분양 가격으로 80만 원 이상을 제시했다. 삼성은 60만 원을 제시했다. 부산시청 공무원들은 아예 일을 손에서 놓았다. 아무도 중재하는 사람이 없다 보니 신호공단 부지 매입은 차일피일 미뤄졌다.

8월에는 다시 미국에서 일이 터졌다. 삼성전자는 미국 오스틴에 반도체 공장 투자를 진행 중이었다. 이번에도 정부가 계속 투자 승인을 내주지 않았다. 북경 발언으로 인한 김영삼 대통령의 분노는 삼성의 반도체 사업에까지 영향을 미쳤다. 결국 이건희 회장은 김영삼 대통령을 만나 북경 발언으로 물의를 빚은 데 대해 사과했다. 오스틴 반도체 공장 투자의 승인도 즉각 결정되었다. 당시 김영삼 대통령과 이건희 회장의 일화는 〈월스트리트 저널〉에서도 심도 깊게 보도했다. 1995년 8월 기사 내용을 살펴보자.

'한국의 김영삼 대통령은 2개의 정부를 다스리고 있다. 하나는 언론 자유를 허락한 민주 정부, 다른 하나는 기업가들이 엄청난 대가를 각오하고 발언해야 하는 독재 정부다. 한국의 정치와 기업 사이의 관계를 외국 투자가들이 이해하는 것은 불가능한 일이다. 김영삼 정부 출범과 더불어 삼성은 자동차, 항공기 등 새로운 분야 진출을 허락받는 등 엄청난 축복을 받았지만, 이건희 회장이 정치를 4류라고 비판한 베이징 발언 이후 삼성의 행운은 사라졌다. 정부 재무 관리들은 자동차 공장 신설을 위한 재원 조달을 억제했고, 정부의 융자 지원은 모두 차단되었다. 주요 사업에 대한 승인도 별다른 이유 없이 지연되었다. 삼성의 경우는 정부와의 돈독한 관계가 얼마나 급속도로 붕괴될 수 있는지를 보여 주고 있다. 현대도 김영삼 정부가 2년 동안 자금 동결과 해외 확장 금지 등 보복 제재 조처를 가했다. 지난 2월에는 선경그룹의 최종현 회장이 김영삼 정부의 산업 정책이 구시대적이라고 비난하고 높은 이자율에 대해서도 개탄했다. 며칠 지나지 않아 한국 정부는 선경그룹 산하 4개

회사에 대한 세무 조사에 착수했다.'

이 같은 어려움을 딛고 삼성자동차는 1998년 3월 SM5를 생산한다. 제품이 출시되자 자동차 전문가들의 호평이 이어졌다. 승차감과 안정성에서도 합격점을 받았다. 이건희 회장은 SM5에 최고급 부품을 고집했다. 이익이 나기 전이라도 우선 최고의 품질을 자랑하는 자동차를 만들어 판을 바꾸고 싶었던 것이다.

IMF로 인한 한파는 매서웠다. 삼성도 모든 사업을 구조 조정 대상에 올려놓고 재무 구조 개선에 나선 상황이었다. SM5에 대한 평가는 좋았지만, 시장 상황이 좋지 않아 잘 팔리지 않았다. 적자가 늘어났다. 삼성 내부에서도 자동차 사업 포기론이 나오기 시작했다. 이건희 회장은 오히려 포기 대신 기아차 인수에 나섰다. 이마저도 부채와 관련한 합의를 좁히지 못해 결국 포기하고 독자 생존의 길을 선택했다.

1998년 말 김대중 정부는 5대그룹의 빅딜에 나선다. 반도체와 자동차는 각각 2개 그룹사에, 석유화학은 1개 그룹사에 몰아주겠다는 것이 빅딜의 큰 그림이었다. 정부가 인위적인 구조 조정에 나서자 5대 그룹은 제각기 계산기를 튕기기 바빴다. 삼성의 경우 반도체는 별 문제가 아니었다. 자동차가 문제였다.

정부는 기아차 매각과 함께 삼성자동차도 정리하고 싶어 했다. 삼성과 대우 간의 빅딜이 준비되었다. 삼성이 자동차를 대우에 넘기고, 대우가 전자 사업을 삼성에 넘기는 것이 주요 골자였다. 이건희 회장은 삼성자동차를 끝까지 지키려 했지만, 정부의 압력은 상당했다. 주력 사업인 전자 사업에까지 악영향을 미칠 소지가 있었다. 두 회사는 두 번에 걸쳐 빅딜에 합의하면서도 부채와 관련된 의견을 좁히지 못했다.

삼성그룹은 결국 삼성자동차의 법정 관리를 신청했다. 부채는 4조 원이 넘었다. 이건희 회장은 부채 해결을 위해 자신이 갖고 있던 삼성생명 주식 400만 주를 내놓았다.

삼성자동차의 실패 사례는 많은 것을 의미한다. 특히 사업 시작부터 실패까지 2대에 걸친 김영삼, 김대중 정부의 강제적인 구조조정, 빅딜이 큰 영향을 미쳤다. 사업 승인을 위해 정부와 쓴 각서와 부산 신호공단은 삼성자동차를 선천성 기형아로 태어나게 했다. 국내 자동차 기업들은 삼성자동차를 왕따로 따돌렸으며, 정부는 결국 삼성자동차를 해외로 입양했다.

빅딜과 관련해서는 지금도 말들이 많다. 대우그룹은 해체되었고, 기아차는 현대차가 인수해 독보적인 자동차 업체로 다시 태어나는 계기가 되었다. LG는 울며 겨자 먹기로 반도체 사업을 포기해야 했다.

  당시 정부는 과잉 투자로 국내 산업 기반이 붕괴될 수 있었기 때문에 빅딜은 꼭 필요한 조처였다고 항변했다. 사실 모든 것은 시장에서 결정되어야 할 문제다. 경쟁력이 없는 사업은 자연히 도태되게 마련이다.

chapter 7

청년 이건희,
창의적 인재를 찾다

삼성 교육의 산실
인력개발원

이건희 회장의 신경영에서 가장 중요하게 생각할 부분은 '인식과 사고의 변화'다. 흔히 삼성을 두고 '관리의 삼성'이라고 한다. 이병철 선대 회장 시대에 '관리의 삼성'은 일사분란하게 움직이며 성장을 거듭해 왔다. 이건희 회장 대에 이르자 '관리의 삼성'은 한계를 드러냈다. 이제는 자율에 맡겨야 했고, 임직원들 스스로가 창의적으로 일하는 방법을 찾아 나서야 했다. 신경영 당시 이건희 회장이 모든 것을 바꿔야 한다고 강조한 것은 '관리의 삼성'을 바꾸자는 의미와도 같았다.

끊임없는 경영 혁신과 복합화, 종합적인 사고도 그에 준하는 것이다. 굳이 수십억 원의 외화를 써가며 해외 유명 도시에서 회의를 진행한 이유가 무엇일까. 직접 눈으로 보고 생각을 하라는 것이다. 이건희 회장이 직접 쓴 단 한 권의 에세이 제목도《생각 좀 하며 세상을 보자》다.

창의적인 생각은 강제해서 되는 것이 아니다. 가장 중요한 것은 생활 자체를 바꿔야 한다. 답답한 도심에 갇혀 살던 사람이라도 주말에 자연을 접하면 수많은 감각과 감정들이 살아난다. 도심에서는 눈살을 찌푸리게 하던 태양도 자연 속에서는 그 눈부심을 느끼게 된다. 도시에서는 비라도 내리면 구두와 바지에 흙탕물이 튈까 걱정하지만, 자연 속에서는 큰 아름드리나무 밑에 서서 비가 내리는 모습을 보며 감상에 젖는다. 최근 도시를 떠나 출퇴근의 불편함을 감수하면서도 전원생활을 고집하는 사람들도 그래서다. 비록 출퇴근에 하루 서너 시간을 빼앗겨도 집 주변을 산책하며 자연을 즐기고 싶어 한다. 혼자 있는 시간과 여유가 많아지면 생각하는 시간도 많아진다. 자연스럽게 창의적인 사고를 키울 수 있다.

신입 사원, 승진자, 임원들을 교육하는 삼성인력개발원도 그렇게 만들어졌다. 도심에서 뚝 떨어진 산기슭에 자리한 이곳은 잘 정돈된 현대 미술관을 연상케 한다. 천정과 벽, 바닥 하나까지도 의미를 담아 놓았다. 삼성인력개발원은 그 자체가 하나의 예술품으로 기획되었다. 내부에 있는 모든 그림과 동상, 설치 미술들은 진품으로 놓였다. 회의실이나 휴게실에 놓인 테이블과 의자들은 전 세계 유명 디자이너들의 작품이다. 모든 작품에는 동판으로 디자이너의 이름과 제작 연도, 간단한 설명이 붙어 있어 박물관을 방불케 한다.

삼성인력개발원의 역사는 1957년 3월로 거슬러 올라간다. 이병철 선대 회장이 신입 사원 공개 채용 및 입문 교육을 진행하던 것에서 시작되었다. 1991년 9월 인력개발원에 '창조관'이 들어서며 지금과 같은 모습을 갖게 되었다. 삼성인력개발원의 핵심이 바로 창조관이다.

창조관으로 들어서면 벽면을 가득 메운 백남준의 작품이 눈에 띈다. 바닥에는 세계 지도가 있다. 자세히 들여다보니 도시 이름 옆에 파란 불빛과 빨간 불빛이 반짝거린다. 파란 불빛은 삼성이 진출한 도시, 빨간 불빛은 앞으로 진출해야 할 도시를 뜻한다.

창조관에 들어서서 가장 먼저 보이는 공간은 엑설런스 홀Excellence Hall이다. 배 모양으로 생긴 엑설런스 홀은 배를 타고 세계로 향하는 삼성인을 표현했다. 공간 하나에도 의미를 담아 놓았다. 엑설런스 홀은 '인재와 기술을 바탕으로 최고의 제품과 서비스를 창출하여 인류 사회에 공헌한다'는 삼성의 경영 이념을 구현하는 공간이다.

엑설런스 홀에는 매년 1월 미국 라스베이거스에서 열리는 세계 최대 전자 전시회 'CES'와 9월 독일 베를린에서 개최되는 'IFA'에서 소개된 최첨단 제품들이 전시된다. 새로운 트렌드를 접하고 영감을 얻기 위한 장소다. 엑설런스 홀 한쪽에는 삼성전자의 제품들로 구성된 최첨단 홈시어터가 있다. 창조관에 온 사람이라면 누구나 앉아서 제품들을 만지고 사용할 수 있다. 전시라기보다는 일종의 체험 공간에 가깝다. 엑설런스 홀 바로 위층에는 삼성 명예의 전당이 자리해 삼성의 역사를 한눈에 볼 수 있다.

창조관 곳곳에는 회의실과 교육장이 있다. 각 교육장에는 강사들이 대기할 공간과 소규모 그룹으로 토론을 할 수 있는 미니 회의실이 있다. 특이한 점은 교육장의 모든 벽면이 유리로 되어 있다는 점이다. 반투명한 유리는 소통을 의미한다. 교육장은 모두 인테리어가 제각기 다르다. 획일화된 회의실에서 벗어난 것이다. 설치된 조명과 의자 테이블은 모두 유명 디자이너들의 작품이다.

신입 사원 교육장은 바닥의 카펫으로 초록색 풀을 형상화했다. 파릇파릇한 신입 사원들의 패기와 열정을 카펫으로 형상화한 모습이다. 신입 사원 교육장 옆의 복도는 대낮에도 환하게 불을 켜 놓았다. 막 교육을 마친 신입 사원들이 환한 미래를 향해 걸어가라는 의미라고 한다.

프랑크푸르트 선언을 했던 베를린의 캠핀스키 호텔의 방도 창조관의 '캠핀스키 룸'에 그대로 옮겨 놓았다. 소품 하나까지 당시와 동일하다. 삼성은 프랑크푸르트 선언 이후 캠핀스키 호텔에 다시 들러 당시 방에 있던 모든 집기를 몽땅 사 왔다. 삼성에게는 잊지 말아야 할 역사인 것이다. 화면에서는 이건희 회장의 특강이 재생된다. 당시 위기감으로 인해 절박한 이건희 회장의 목소리가 울려 퍼진다. 창조관은 외부 VIP들에게 소개되지만, 캠핀스키 룸은 공개하지 않는다. 사진 촬영도 금지된다. 일종의 성지처럼 여긴다.

창조관 아래 로비를 지나 안쪽으로 들어서면 원을 8등분한 중앙 정원이 나타난다. 로댕, 마이욜과 함께 근대 3대 조각가 중 한 사람으로 불리는 에밀 앙투안 부르델의 '활 쏘는 헤라클레스'가 정원 왼쪽 편에 놓여 있다. 당장이라도 화살을 날릴 듯이 활을 뒤로 한껏 잡아당긴 헤라클레스의 모습에서는 역동적인 삼성의 기상을 느껴진다.

창조관 곳곳은 미술관을 방불케 한다. 브루델과 로댕의 작품부터 'LOVE'라는 조형물로 유명한 로버트 인디애나의 작품들까지 만날 수 있다. 창조관뿐만 아니라 교육생들의 숙소도 유명 예술가들을 테마로 만들어졌다. 숙소동 2~6층의 각 층마다 예술가들의 이념을 담았다. 2층은 비디오 아티스트 백남준을 테마로 만들어졌으며, 3층은 팝 아티스트 앤디 워홀을 테마로 만들어졌다. 3층 벽면에는 앤디 워홀의 작품 '마를린 먼로'가 붙어 있다. 4층은 벨기에의 초현실주의 화가 르네 마그리트를 테마로 했다. 초현실주의 작가답게 바닥에는 구름이 그려져 있고, 천정에는 뒤집어진 상태의 스탠드가 붙어 있다. 5층은 파블로 피카소, 6층은 바실리 칸딘스키를 테마로 만들어졌다.

이처럼 삼성인력개발원은 '생각'을 하고 영감을 가질 수 있도록 만들진 공간이다. 예술가들의 감성을 생활 속에서 받아들이면서 혁신을 위한 영감을 얻기 위해서다. 신경영을 생활화하고 몸에 익히기 위한 조치인 것이다.

삼성에게 이건희 회장의 신경영은 경영 혁신이 아닌 문화 혁신에 가깝다. 삼성인력개발원에 근무하는 인력들은 대부분 인사 전문가들이다. 그들은 이건희 회장의 경영 철학을 분석하고 체계화해 임직원들에게 공유하는 역할을 한다. 이건희 회장의 '메기론', '1등과 2등의 차이' 등을 가르친다. 그들은 삼성 고유의 경영 체계를 만들고 있다.

이건희 회장은 경영의 방향을 결정하기 전에 전문가들의 얘기를 주의 깊게 듣고 연구한다. 이후 방향이 결정되면 모든 경영진과 임직원들이 목표를 수행하기 위해 총력을 기울인다. 이를 위해서는 이건희 회장의 경영 철학을 공유하는 작업이 필수다. 물론 삼성의 획일화로 평가하는 사람도 있다. 방향이 결정되면 뒤를 돌아보지 않고 앞으로 전진하는 경영진들의 모습은 분명 그렇게 보인다. 하지만 방향을 결정하기 전까지의 과정은 밖에서 생각하는 것과는 사뭇 다르다. 삼성은 투자 결정 전에 어느 기업보다 숙고한다. 수조 원에 달하는 시설 투자가 많다 보니 한번 투자를 잘못하면 회사가 휘청거리게 된다.

삼성그룹을 방문하는 외국 기업의 경영진들은 모두 삼성인력개발원과 그곳에서 하는 교육에 큰 관심을 갖는다. 회사의 최고 결정권자와 경영진이 경영 철학을 공유하고, 다시 임직원들과 공유하는 삼성 특유의 교육 문화는 이제 전 세계 기업들이 벤치마킹의 대상으로 삼고 있는 것이다.

SBC와
'신경영 달걀'

청년
이건희

삼성그룹의 사내 방송은 다른 기업들의 방송국과 상당히 다르다. 임직원들을 위한 프로그램을 만드는 것은 물론 해외의 유명 다큐멘터리를 구입해 사내에서 방영하기도 하고, 주요 경영진들을 인터뷰하기도 한다. 사내 행사를 특집 방송으로 보도하기도 한다. 사내 오디션 프로그램 〈슈퍼스타 S〉 등이 그것이다. 다른 기업들과 달리 특파원 제도도 운영한다. 주요 거점 지역에는 사내 방송국 직원들이 특파원으로 생활하며 현지 법인 및 주요 기업 등에 대한 소식을 전달하고 정보를 모은다. 사내 방송에 대한 이건희 회장의 애정은 대단하다. 1993년 신경영 당시 인사, 관리, 재무 조직들의 규모를 줄였지만, 사내 방송 인력들은 오히려 확대했다.

1993년 7월 이건희 회장이 사내 방송을 맡은 PD 10여 명을 일본으로 호출했다. 갑작스런 이건희 회장의 호출에 SBC의 PD 10여 명은 오후 비행기를 타고 일본으로 향했다. 이건희 회장은 호텔에 막 도착해 짐을 풀고 있는 PD들을 자신의 방으로 불렀다. 이미 늦은 밤이었다. 이건희 회장의 방문을 두드리자 잠옷 차림의 이건희 회장이 나타났다. 회장의 잠옷 차림에 순간 놀랐지만, 이건희 회장은 다들 옷과 마음가짐을 편안하게 하고 이야기해 보자고 제안했다.

이건희 회장은 지난 6월 세탁기 불량 비디오를 만든 SBC PD들을 칭찬하고 격려했다. 사내 방송은 아주 큰일을 했다. 뭐가 잘못되었는지도 모르던 임직원들에게 품질 경영을 위한 동기 부여를 해준 것이다. SBC에 대한 칭찬과 격려가 끝나고 이건희 회장이 말했다.

"세계 최고의 사내 방송을 만들고 싶다. 영국 BBC가 만드는 다큐멘터리의 수준을 다들 알 것이다. 내가 원하는 것은 우리 SBC가 BBC 수준의 방송을 만드는 것이다."

목표는 BBC였다. 영국의 국영 방송인 BBC는 시청자 수 기준 세계 최대 방송국이다. BBC의 경영 목표는 정보를 통해 인간의 삶을 풍요롭게 하고 즐거움을 주는 것이다. BBC는 1, 2, 3, 4 채널과 아동, 어린이, 월드 뉴스 등을 운영하고 있다.

이건희 회장이 주목한 것은 다큐멘터리와 문화 채널을 주로 방영하는 BBC 4였다. 삼성 임직원들은 전 세계에 근무하고 있었지만, 각자의 정보를 공유할 만한 시스템은 없었다. 해외 각 법인에서 벌어지는 일과 현지 문화만 소개해도 훌륭한 콘텐츠가 될 수 있다는 것이 이건희 회장의 생각이었다. 이건희 회장은 단순히 사내 방송을 회사 홍보나 하도록 내버려 두고 싶지 않았다. 자율적으로 문제의식을 갖고 움직이는 사내 방송을 만들고 싶었다. 언론이 정치, 경제, 사회를 감시하듯 사내 방송은 회사 전체를 감시하고 문제의식을 가졌으면 했다.

PD들이 다양한 의견을 내놓았다. 회장도 함께 이야기에 빠져들었다. 사내 방송으로는 혁신적인 아이디어도 나왔다. 이건희 회장이 서울 본사에서 진행되는 행사를 전국 사업장에 동시에 내보낼 방법이 없냐고 묻자 한 PD가 위성 중계 아이디어를 내놓았다.

삼성은 전국 80여 개의 사업장을 갖고 있었다. 당시 사내 방송은 서울이나 지방 사업장에서 하는 행사를 촬영한 후 비디오테이프로 만들어서 전국 사업장으로 배포했다. 이건희 회장은 서울이나 지방 사업장에서 하는 행사를 실시간으로 전국 사업장에 방송하고 싶어 했다. 지금이야 인터넷 생중계를 통해 전 세계 어디서든 보고 들을 수 있지만, 당시에는 위성 중계밖에 방법이 없었다. 위성 대여 비용이 상당했기 때문에 KBS, MBC 등의 방송사들도 국가 대표들의 중요 경기 등에만 위성 중계를 도입하고 있었다.

밤늦은 시간까지 이야기가 계속되었다. 이건희 회장은 시종일관 신중하게 PD들의 이야기를 들었다. 얘기가 어느 정도 정리될 무렵 이건희 회장이 말을 꺼냈다.

"내가 여러분들의 이야기를 잘 들어 보니 지금 우리 사내 방송에 필요한 것은 특파원인 것 같다. 사업장과 법인이 전 세계에 흩어지다 보니 취재에 대한 어려움도 있고, 현지 사업장에 대한 내용을 서로 공유하지 못하는 경우가 많아진다. SBC에 특파원 제도를 운영해 보는 것이 어떨까 한다. 주요 도시 위주로 특파원들을 보내서 현지 법인은 물론 그곳의 문화, 시장 상황, 경쟁 기업 등에 대해 취재해 방송으로 만들어 보자."

이건희 회장의 말은 사내 방송국 직원들에게는 꿈같은 일이었다. 당시 기업들의 사내 방송국은 한직이었다. 그저 회사의 행사를 방송으로 만들어 내보내거나, 경영진들의 월례사 정도를 방송하는 게 고작이었다. 제작비도 얼마 안 돼 해외 다큐멘터리를 짜깁기해 내놓는 터에 특파원 제도는 언감생심 말을 꺼내기도 어려웠다. 이건희 회장이 특파원 제도를 신설하고 독립적인 업무 영역까지 허락하겠다는 것은 상당한 파격이었다. 위성 방송 시스템도 적극 고려해 보겠다고 밝혔다. 실시간으로 전국에 동일한 방송과 메시지를 내보낸다면 비용은 그리 크게 중요하지 않다는 생각이었다.

1994년 1월 3일 삼성그룹은 시무식을 국내 기업 중 최초로 80개 전 사업장에 위성 방송으로 생중계했다. 서울 호텔신라 다이너스티 홀에서 이건희 회장과 사장단, 임원 500명이 참석한 가운데 시무식이 거행되었다. SBC는 호텔신라에 중계차를 설치해 삼성 본관으로 방송을 보냈다. 삼성 본관에서는 다시 광케이블을 통해 성수전화국으로 방송을 전송했다. 성수전화국은 태평양 상공에 떠 있는 위성을 통해 시무식 장면을 다시 송출했다. 이날 위성 방송을 통한 시무식 실황 중계는 서울, 수원, 대구, 구미, 창원, 제주 지역까지 방영되었다. 전국 80개 사업장에서 동시 방영된 것이다. 이후 SBC는 해외에서도 위성을 이용해 주요 회의를 생중계하는 등 삼성그룹 인재 양성의 중추적인 역할을 한다.

최근 SBC는 20년 전의 신경영 상황을 다큐멘터리와 영화로 만들어 사내에 전달하고 있다. 삼성그룹 경영진과 간부 사원 대다수는 1993년 당시 신경영을 직접 몸으로 체험하고 변화의 물결에 동참했던 사람들이다. 최근 입사한 2030 세대들은 신경영을 책과 교육을 통해 접했을 뿐이다. 신경영 당시 이건희 회장과 경영진들이 가진 절박한 위기감을 이해하지 못하는 것이다. 초일류 기업을 만들기 위해 노력했던 과거와 달리 젊은 세대 직원들은 이미 초일류 기업이 된 삼성에 입사하여 일하고 있다. 당시의 위기감과 절박함은 찾아볼 수 없다. 이건희 회장과 삼성 경영진이 '제2의 신경영'을 강조하는 이유이다.

2012년 말 이건희 회장의 취임 25주년을 맞아 SBC는 독일 프랑크푸르트를 비롯한 유럽 전역을 다니며 신경영의 발자취를 취재해 〈신경영 로드〉라는 다큐멘터리를 선보였다. 다큐멘터리는 2007년 삼성전자 독일 프랑크푸르트 법인 후원에 세운 '신경영 달걀'을 소개했다.

달걀 모양의 조형물은 이건희 회장의 지시로 만들어졌다. 이건희 회장은 2007년 TV 시장 세계 1위를 차지한 데 이어 휴대폰 사업에서 숙적 모토로라를 꺾고 세계 2위를 차지하자 질적 성장 전환의 모태가 된 신경영 선언을 기념할 조형물 설치를 주문했다. 양적 성장이 아닌 질적 성장을 위해 '마누라와 자식 빼고는 다 바꾸자'고 목소리를 높였던 이건희 회장의 신경영이 마침내 삼성전자를 세계 초일류 회사로 만든 것을 기념하는 조형물이었다.

이건희 회장의 주문 이후 삼성그룹 내부에서 다양한 의견이 제시되었다. 삼성그룹에 새 생명을 불어넣었다는 의미에서 달걀 모양의 조형물을 만들기로 결정했다. 각 달걀에는 삼성을 세계적인 기업으로 만든 '신경영'을 상징하는 코드를 숨겨 놓았다. 이렇게 3개의 달걀 모양 조형물이 만들어져 독일 법인 후원에 세워졌다.

가장 큰 달걀에는 '1938 삼성 본사 창립 70주년(1938 70 Years of Samsung Korea)'이라는 문구가 붙었다. 중간 크기 달걀에는 '1972 삼성 유럽 지사 설립 36주년(1972 36 Years of Samsung Europe)'이라는 설명문이 새겨졌다. 가장 작은 달걀에는 '1993 프랑크푸르트 선언 15주년(1993 15 Years of Frankfurt Declaration)'이라고 적어 넣었다.

삼성 창립 70주년을 기념하는 큰 달걀은 크기에 비밀을 담았다. 이 달걀의 지름은 1938mm로 삼성그룹의 창업 연도를 의미한다. 중간 크기 달걀에는 삼성의 유럽 진출 연도를 담고 있다. 이 달걀의 표면적은 1,972평(6,519㎡)으로 유럽 진출 연도를 나타낸다. 가장 작은 달걀에는 무게에 비밀을 담았다. 1,993돈(3.75g)의 무게를 갖고 있는 이 달걀은 신경영이 선포된 1993년을 의미한다. 이 같은 사실은 삼성그룹 내부에서도 알고 있는 직원들이 드물었다. 2008

년에 독일 법인 후원에 조형물을 세우면서 이건희 회장이 후일 다시 한 번 신경영의 의미를 되새겨야 될 때가 있을 것이라며 조용히 묻어 두었기 때문이다.

이건희 회장의
인사 철학

이건희 회장은 인재에 대한 욕심이 대단하다. 중앙일보 이사 시절부터 손수 발견한 우수한 인재가 있다면 어떤 수를 써서라도 삼성으로 데려 왔다. 선친 이병철 선대 회장 역시 꼭 필요한 인재가 있다면 우선 집으로 초대해서 함께 식사를 하며 친해진다. 그런 다음 다시 직접 찾아가서 수차례에 걸친 설득을 통해 영입하곤 했다. 이병철 선대 회장은 삼성의 경영 이념 중 하나를 '인재제일'로 삼았다. 《삼국지》에서 유비가 제갈량을 모사로 영입하기 위해 세 번에 걸쳐 찾아간 고사에서 유래한 '삼고초려三顧草

盧'라는 네 글자는 이병철 선대 회장이 줄곧 붓을 들어 쓰던 글씨였다. 이건희 회장도 아들인 이재용 부회장에게 자신이 갖고 있던 '삼고초려도'를 선물하기도 했다.

이건희 회장은 삼성에 필요한 인재가 있다면 일본까지 찾아가는 정성을 보였다. 1960년대 말 이건희 회장은 일본 전자 업계의 핵심 인재였던 마쓰우라 히데오 고문을 초빙한다. 마쓰우라 히데오는 산업 디자이너로, 전자 제품을 전문으로 디자인하는 사람이었다. 마쓰우라 히데오는 처음 삼성전자 영입을 거절했다. 이건희 회장은 수차례 일본에 들르고 집에 초대해 함께 저녁을 먹으며 설득했다. 결국 그는 삼성전자에 합류했다. 이건희 회장은 그를 파격적으로 대우했다. 경영진에 준하는 월급과 통역, 집, 가정부, 그가 원하는 자료를 수집하는 별도의 팀까지 마련해 줬다.

이건희 회장이 초빙한 고문들에게 원한 것은 삼성 임직원들에 대한 교육이었다. 삼성에서 일을 하기보다 회사 내부의 문제점을 찾아 임직원들을 가르쳐 주기를 원한 것이다. 일본인 고문은 이건희 회장의 기대보다 더 큰 역할을 해줬다. 양에서 질의 경영으로 변화를 촉구한 신경영 역시 이건희 회장이 영입한 일본인 고문 후쿠다 다미오의 '후쿠다 보고서'에서 촉발되었다고 할 수 있다.

이건희 회장의 선친 이병철 선대 회장은 《명심보감》에 있는 '의 인막용 용인물疑人莫用 用人勿疑'라는 글을 즐겨 썼다. 사람이 의심스럽거든 쓰지 말고, 일단 썼으면 의심하지 말라는 말이다. 이병철 선대 회장이 그랬고, 이건희 회장이 그랬다. 삼성가의 오랜 철칙 같은 인사 철학이다. 대를 이어 가며 이 말은 그대로 지켜졌다.

이건희 회장은 신경영 당시 '양의 경영도 무시할 수 없다'고 직언한 이수빈 비서실장을 경질시키고 현명관 회장에게 비서실장을 맡겼다. 이수빈 회장은 비서실을 떠나 삼성생명을 맡았다. 자신의 뜻에 반해 비서실장 자리에서 물러나게 했지만, 경영인으로서의 신뢰는 여전히 보여 준 조치이다. 일단 썼으면 의심하지 않고 맡기는 것이다.

이건희 회장에게도 싫어하는 인물들이 있다. 거짓말 하는 사람, 변명하는 사람, 잘못을 인정하지 않는 사람, 남의 뒷다리를 잡는 사람이 그들이다. 이건희 회장이 직접 자작해 소개한 우화를 들어 보자. 이건희 회장은 우화를 통해 네 가지 유형의 잘못된 인재상을 소개했다.

"우화를 하나 소개할까요. 늑대가 나타났다고 늘 거짓말을 했던 양치기 소년 이야기를 다들 아실 겁니다. 그런데 이 소년이 나중에 저승에 갔습니다. 염라대왕이 왜 거짓말을 밥 먹듯 했느냐고 물었지요. 그러자 소년은 '너무 심심해서 죽겠더라고요. 이해해 주세요' 라며 변명을 늘어놓았습니다. 게다가 '내 친구는 나보다 훨씬 더 거짓말을 많이 했는데도 사람들이 모르고 있어요'라고 남의 뒷다리를 잡기까지 했다고 합니다. 이 이야기 속에는 인재가 되려는 사람이 금기시해야 할 네 가지가 모두 들어 있습니다. 바로 첫 번째 거짓말, 두 번째 변명, 세 번째 잘못을 인정하지 않는 억지, 네 번째 뒷다리 잡기입니다. 제가 가장 싫어하는 타입의 인물 유형입니다. 직장인으로 성공하려면 네 가지 중 어느 하나에도 해당되지 않아야 합니다."

누구나 실수를 하면 거짓말로 덮고 싶어 한다. 실패하면 변명으로 얼버무리려 한다. 자신의 잘못은 나 때문이 아니라며 남에게 미루고 싶어 한다. 손해를 보면 혼자 손해 보기가 두려워 남의 뒷다리를 잡는 경우가 대부분이다. 거짓말은 더 큰 거짓말을 불러온다. 처음에는 작은 거짓으로 시작하지만, 나중에는 자신이 감당하지 못할 정도로 커진다. 결국 자신은 물론 회사마저도 위험하게 된다. 솔직하게 말하면 간단하게 처리될 문제도 거짓말을 하는 사람에게는 기회가 오지 않는다. 실패를 변명으로 얼버무리면 계속된 실패를 가져오고 만다.

이건희 회장이 항상 '경험'을 중요하게 생각하는 것은 경험의 본질이 실패이기 때문이다. 우리는 실패를 했을 때 "좋은 경험 했다"고 말한다. 성공했을 때는 "잘했다"고 말한다. 수많은 실패는 다양한 경험을 만들고, 경험은 실패를 되풀이하지 않게 해준다. 반면 실패했다고 변명을 하는 사람에게는 더 이상 기회가 없다. 실패를 인정하지 않기 때문에 똑같은 실패를 되풀이하는 일만 남는다.

자신의 잘못을 남에게 미루는 사람은 회사 내부의 암에 가깝다. 경영진이 자신의 잘못을 인정하지 않고 직원들에게 미룬다면 회사 내부의 신뢰는 땅바닥에 떨어진다. 잘못은 억지로 덮을 수 없다. 잘못을 인정하지 않는 억지는 주변 사람들을 감염시킨다. 결국은 모두가 잘못을 인정하지 않고 억지만 부린다. 조직 전체가 감염되면 더 이상 손쓸 방법이 없다.

남의 뒷다리를 잡는 사람은 이건희 회장이 가장 싫어하는 사람이다. 신경영 당시에도 이건희 회장은 뒷다리 잡는 사람을 경계하라며 다음과 같이 말했다.

"뛸 사람은 뛰어라. 걸을 사람은 걸어라. 뛸 수 있는 능력이 없는 사람이나 걸을 수 있는 능력이 없는 사람은 그대로 앉아서 쉬어도 된다. 다만 뛰려는 사람, 걸으려는 사람 뒷다리는 잡아당기지 말아라. 그래야 나는 앉아서 쉬어도 뛰는 사람, 걷는 사람 덕에 발전해서 먹고 산다. 뒷다리 잡는 사람은 내가 집어내겠다. 책임을 아래로 미루는 사람, 책임과 도덕성이 없는 사람은 삼성에서 제일 먼저 쫓아낼 것이다."

거짓, 변명, 억지, 뒷다리 잡기 등을 경계한 이건희 회장이지만, 실패한 사람에게는 관대했다. 이건희 회장은 한 번 실패를 겪은 사람이라 해도 변명을 하거나 잘못을 남에게 미루지 않는 이상 다시 기회를 준다. 오히려 실패를 겪었던 사람이라면 자신이 부족했던 점을 연구해 다음번에는 실패할 확률을 줄일 것으로 본다. 이러한 자세는 수많은 인간 군상을 연구하며 얻은 결과라 할 수 있다. 이건희 회장이 학창 시절부터 연구하고 만났던 1류의 사람들은 모두 실패의 시기를 갖고 있었다.

한 번도 실패하지 않은 사람이라면 바로 내일 실패할 수도 있다. 실패를 한 뒤에야 그 사람의 진가가 나타난다. 지금까지 실패 없는 삶을 살아왔다면 막상 실패했을 때 그 실패를 거울삼아 다시 일어설지 주저앉을지 모른다. 반면 수많은 실패를 경험한 사람은 실패를 거울삼아 다시 일어나는 힘을 갖고 있다. 같은 실패를 하지 않기 위해 노력하고, 노력은 성공의 원동력이 된다. 회사를 떠난 사람도 다시 중용하는 이건희 회장의 인사 철학도 여기에 있다.

"회장님,
3년만 시간을 더 주십시오"

이건희 회장의 인재관에서 또 하나 주목해야 할 점은 과거에 연연하지 않는다는 것이다. 선대 회장이 삼성을 한 번 떠난 사람은 다시 쓰지 않았던 것과 달리, 이건희 회장은 최선을 다해 일하다 어쩔 수 없이 회사를 떠나야 했던 인재들을 다시 기용했다. 삼성 출신 전문경영인 중 가장 존경받는 윤종용 고문도 그중 한 사람이다.

윤종용 고문은 경북 영천 출신으로, 경북사대부고와 서울대 전자공학과를 졸업했다. 윤종용 고문은 1966년 대학교 졸업과 함께 삼성에 입사하여 1969년 삼성전자로 자리를 옮기고 지난 2008년 퇴직했다. 총 40여 년 동안 삼성전자에 근무했다.

1986년 윤종용 고문은 20년 가까이 다니던 삼성전자에 사표를 냈다. 윤종용 고문은 VCR 사업을 맡고 있었다. 당시 삼성전자는 질보다 양으로 승부수를 걸어 왔다. 윤종용 고문은 회사 경영진으로부터 VCR의 생산량을 10배 가까이 늘리라는 지시를 받았다. 제품의 품질을 높이는 것이 보다 중요하다는 의견을 여러 차례 냈지만 번번이 묵살되었다. 안 그래도 불량품이 많은 처지에 생산량을 갑자기 10배로 늘리면 불량품이 속출할 것이 뻔했다. 윤종용 고문은 품질을 보증하지 못할 바에는 차라리 회사를 떠나겠다며 사표를 썼다.

삼성을 떠난 윤종용 고문에게 필립스가 찾아왔다. 이미 필립스는 수년 전부터 윤종용 고문에게 눈독을 들이고 있었다. 결국 윤종용 고문은 네덜란드로 건너가 필립스에 새 둥지를 튼다.

1987년 삼성그룹을 승계한 이건희 회장은 그룹 회장 취임 직후 윤종용 고문을 찾았다. 당시 삼성전자의 VCR 사업은 고질적인 품질 문제로 고전 중이었다. 양의 승부는 무의미했다. 이대로 둔다면 더 이상 삼성전자 제품을 아무도 사지 않게 될 것이다. 이건희 회장은 윤종용 고문을 간곡하게 설득해 다시 영입하고 VCR 사업을 맡겼다.

VCR 사업을 맡은 윤종용 고문은 이건희 회장의 전폭적인 지원 아래 품질 개선에 나섰다. 수차례 품질 개선에 나섰지만, 별반 효과를 얻지 못했다. 당시 부장이던 윤종용 고문은 VCR 생산 라인을 모두 정지시켰다. 전 생산 라인을 세우고 전체 공정을 검토하여 불량의 원인을 찾는 데 총 3개월이 걸렸다. 3개월 후 다시 생산 라인이 가동되며 불량률은 크게 줄어들었다. 윤종용 고문은 여기에 그치지 않고 조립 라인을 단축시켜 생산량을 늘렸다. 삼성전자는 양과 질을 모두 챙긴 것이다.

윤종용 고문은 1996년 삼성전자 대표이사를 맡았다. 1999년에는 부회장으로 승진했다. 승진 직후 윤종용 고문은 VCR 시절의 한을 푼다.

1999년 윤종용 고문은 북미 지역 VCR 시장 공략을 위해 가전사업부와 전략 회의를 가졌다. 회의에선 DVD 플레이어가 화제가 되었다. 가정용 비디오 시장에 막 등장한 DVD 플레이어는 값은 다소 비싸도 VCR보다 화질이 좋았다. 영화관과 흡사한 극장식 사운드까지 제공하다 보니 영화 마니아들은 DVD 플레이어를 이용해 가정에 영화관을 꾸미기도 했다. 비디오테이프와는 달리 오랫동안 보존도 가능해서 VCR에서 DVD로 옮겨 가는 소비자들이 많았다. 시장이 문제였다. 미국, 일본, 유럽 등 일부 선진 시장을 제외하곤 대부분 VCR을 이용하는 국가가 많았다. 비디오테이프의 가격이 DVD보다 저렴했기 때문이다. 특히 대여 시장의 경우 VCR이 압도적으로 많았다. DVD는 영화를 소장한다는 성격이 강했다.

  수 시간의 회의가 진행되는 도중 VCR에 집중하자는 쪽과 DVD로 방향을 선회하자는 쪽이 팽팽하게 맞섰다. 조용히 양쪽 얘기를 듣던 윤종용 고문의 머릿속에 한 가지 생각이 지나갔다. 생각을 정리한 윤종용 고문이 임직원들에게 말을 꺼냈다.

  "VCR과 DVD를 하나의 기기에 같이 넣어 보는 것이 어떻겠는가. 어차피 대여를 위해서 VTR을 사용하고, 영화를 소장하기 위해서 DVD를 사용한다면 TV에 두 가지 기기를 연결해야 한다. 둘을 하나의 기기에 넣는다면 가격은 비싸지겠지만, 두 가지 기기를 따로 사기보다는 경제적일 것 같다."

  윤종용 고문의 말이 끝나자 회의 석상은 조용해졌다. 곧 삼성전자는 VCR과 DVD 플레이어를 하나로 만드는 작업에 들어갔다. 시제품이 나오자 윤종용 고문이 삼성전자 경영진에게 지시했다.

  "두 가지 제품이 하나에 들어 있는 만큼 VCR이 고장 나도 제품이 고장 난 것이고, DVD가 고장 나도 제품이 고장 난 것이다. 결국 품질이 가장 중요하다."

이렇게 VCR+DVD 콤보가 세상에 탄생하게 되었다. 삼성전자는 VCR+DVD 콤보로 VCR과 DVD 시장을 석권했다. 경쟁사들도 VCR과 DVD를 한 기기로 넣었다. VCR로 회사를 떠났던 윤종용 고문이 VCR로 승부수를 본 셈이다.

이건희 회장의 용인술이 빛난 또 하나의 사례를 살펴보자. 제일기획 사장을 맡았던 배종렬 사장이 주인공이다.

배종렬 사장은 한국은행 조사부를 거쳐 1976년 삼성물산 기획실 과장으로 입사했다. 1987년 말까지 LA와 뉴욕 법인장, 국내 영업 및 기획 담당 상무이사를 역임하고 삼성전자와 회장 비서실에서 근무했다. 신경영 당시에는 비서실 차장을 맡아 '질 경영'의 이론적 토대를 마련했다. 1994년에는 삼성전자 부사장으로 자리를 옮겨 본격적인 신경영 활동에 나선다. 1년 뒤에는 중앙일보 부사장을 맡았고, 1997년 제일기획 대표이사 부사장을 맡는다.

배종렬 사장은 신경영 당시 '좌 종렬(배종렬 사장), 우 학수(이학수 부회장)'라고 불릴 정도로 이건희 회장에게 크게 신임받았다. 가끔씩 이건희 회장 앞에서 농담을 건네기도 했다. 이건희 회장은 기분 좋게 웃으며 배종렬 사장에게 "정말 그런 일이 있었냐"라며 되묻기까지 할 정도였다.

1997년 제일기획은 1분기와 2분기 역성장을 기록한다. 지난해 큰 폭으로 성장했던 제일기획은 모든 성장이 멈췄다. 경영상의 문제도 있었지만 IMF로 인한 여파가 컸다. 신경영의 주역이던 배종렬 사장은 직장 생활 최대의 위기를 맞았다. 계열사 중에서도 특히 실적이 좋지 않아 제일기획 대표이사 교체설까지 흘러나왔다. 이건희 회장이 배종렬 사장을 불렀다. 모두들 이건희 회장이 배종렬 사장을 교체할 것으로 생각했다. 참담한 기분으로 이건희 회장 앞에 선 배종렬 사장은 뜻밖의 말을 꺼냈다.

"제가 아직 회사를 생각한 만큼 제대로 못 만들었습니다. 3년만 더 시간을 주시면 꼭 제일기획을 최고의 회사로 만들어 보겠습니다."

배종렬 사장은 단 한 마디의 변명도 하지 않았다. IMF로 인한 여파였다고 변명할 수도 있었을 것이다. 배종렬 사장은 변명 대신 자신의 잘못이라고 인정했다. 회사를 제대로 경영했다면 IMF가 터졌다 해도 실적을 낼 수 있다는 것이 배종렬 사장의 생각이었다. 이대로 물러설 순 없었다. 그에게는 3년이라는 시간이 필요했다. 잘나가던 회사를 맡았다가 실적이 나빠져 회장 앞에 선 배종렬 사장이 3년의 시간을 더 달라고 한 것도 대단하지만, 이건희 회장의 대답이 더 대단했다. 이건희 회장은 실적에 대한 문책 대신 빙긋 웃으며 말했다.

"그래, 3년이면 되겠지. 더 해보게."

회장실을 나온 배종렬 사장은 제일기획에 철저한 '질의 경영'을 도입했다. 다음 해 제일기획은 매출 목표를 6,000억 원 가까이 낮춰 잡았다. 200여 개에 달하던 광고주 수는 150여 개로 줄었다. 최소 30억 원 이상의 대형 광고주 위주로 클라이언트를 재편했다. 광고주에 대한 서비스의 질은 더욱 높이고, 회사 내부의 결속력을 높였다. 양을 버리고 철저하게 질을 선택한 것이다.

1997년 하반기 제일기획의 실적을 살펴보면 매출은 하락했는데 이익은 큰 폭으로 늘었다. 회사의 내실을 챙기면서 이익률을 높이는 데 주력했기 때문이다. IMF의 여파로 국내 광고 시장 전체 매출은 한동안 정체를 겪었다. 제일기획 역시 마찬가지였지만 내용 면에서는 전혀 달랐다. 1998년 광고 업계 전체가 마이너스 성장을 기록했지만, 제일기획은 흑자를 냈다. 같은 해 광고 업계 최초로 기업 공개에도 성공하며 광고 기획사에 대한 인식도 새롭게 바꿨다.

이건희 회장은 배종렬 사장에게 4년 동안 제일기획을 맡겼다. 이건희 회장은 배종렬 사장에 대한 믿음과 신뢰로 3년이라는 시간을 더 준 것이다. 그동안 제일기획의 영업 이익은 10배 가까이 성장하며 광고 업계 부동의 1위로 자리 잡았다. 배종렬 사장은 제일기획을 광고 업계 1위로 만들어 놓으며 이건희 회장의 믿음에 화답한 것이다. 배종렬 사장은 2001년 삼성물산 총괄 담당 대표이사로 자리를 옮겼다.

발렌베리와 삼성

청년
이건희

2003년 이건희 회장은 아들 이재용 부회장 등과 함께 스웨덴 스톡홀름에 있는 인베스터Investor 사를 방문해 발렌베리 Wallenberg 가문의 경영자들을 직접 만나고 돌아왔다. 157년 동안 존속하고 있는 발렌베리 가문의 역사를 배우기 위해서였다.

발렌베리 가문은 무려 157년의 역사를 자랑한다. 소유하고 있는 기업들은 이름만 들어도 누구나 알 정도의 글로벌 기업들이다. 매년 막대한 돈을 벌어들이는 발렌베리 가문은 스웨덴 국내총생산 GDP의 약 37%를 차지한다. 매년 발렌베리 가문의 영향력은 커지고 있다. 스웨덴 인구의 4.5%에 달하는 40여만 명이 발렌베리 가문의 기업에서 근무한다. 스웨덴 경제 대부분을 발렌베리 가문이 장악하고 있어도 비난하는 여론은 찾아보기 힘들다.

지배 구조는 상당히 단순하다. 지주 회사인 인베스터 산하에 나머지 기업들이 편입되어 있다. 발렌베리 가문의 오너들은 스톡홀름엔스킬다은행SEB의 최고경영자를 맡고 인베스터를 통해 나머지 기업들을 지배한다. 특이한 점은 오너들이 SEB와 인베스터를 지배하고, 나머지 기업 대부분은 전문경영인들에게 맡긴다는 것이다. 자율 경영이 원칙이다. 발렌베리 일가는 번갈아 가며 가문의 주요 기업인 SEB, 일렉트로룩스, 사브, 인베스터의 회장직을 맡는다. 형제가 나란히 회장과 부회장을 맡은 경우도 있다.

발렌베리 가문에서 경영자가 되려면 일련의 통과 의례를 거쳐야 한다. 일단 해군사관학교를 졸업하고 군에 복무해야 한다. 해외에서 유학하고, 발렌베리 가문과 상관없는 글로벌 금융 회사에서 일하며 국제적인 감각과 인맥을 쌓아야 하는 조건을 충족시켜야 한다. 현재 발렌베리 가문을 이끌고 있는 마르쿠스 회장은 해군사관학교를 졸업하고 미국 조지타운 대학에서 유학했다. 스웨덴으로 돌아와선 해군에서 중위로 복무했다. 해외 근무 이력도 화려하다. 미국 시티뱅크, 독일 도이체방크, 영국 SG워버그, 홍콩 시티그룹에서 경력을 쌓고 발렌베리 가문으로 복귀했다.

또 하나 특이한 점은 발렌베리 가문의 사람들은 각 기업의 주식을 개인적으로 보유하지 않는다는 점이다. 주식은 모두 지주사인 인베스터가 갖고 있다. 인베스터는 '크누트 앤 앨리스 발렌베리 재단', '마리앤느 앤 마르쿠스 발렌베리 재단', '마르쿠스 앤 아말리아 발렌베리 재단' 등 3개의 재단이 소유한다. 발렌베리 가문 사람들은 각 재단의 이사로 등재되어 있다. 발렌베리 가문 사람들은 대부분 재단과 그룹에서 근무한다. 개인적으로 주식을 소유하지 않고 있어서 매달 월급을 받아 생활한다. 발렌베리 가문이 엄청난 재력을 자랑하는 부를 갖고도 밖으로 그 재산 규모가 드러나지 않는 까닭이다.

이 같은 지배 구조는 스웨덴 특유의 차등의결권 제도 때문에 유지 가능하다. 3개의 재단이 보유한 인베스터의 주식은 23.3%에 불과하지만, 의결권은 50%에 달한다. 같은 주식이라 해도 의결권 수가 다르기 때문에 인베스터는 적대적 인수 합병에서 안전하게 보호된다. 즉, 오너 일가가 지배 구조를 걱정할 필요가 전혀 없는 셈이다. 발렌베리 가문은 차등의결권을 위해 이익 대부분을 법인세로 납부하고 있다. 정부가 오너 일가의 차등의결권을 인정해 기업 지배권을 안전하게 지켜 주는 대신 회사 이익금의 85%를 법인세로 납부하기로 한 것이다.

거액의 법인세로 스웨덴의 국부를 늘려 주는 것과 함께 사회 환원도 발렌베리 가문의 특징 중 하나다. 인베스터 산하의 기업들은 이익을 배당 형태로 인베스터에 보낸다. 인베스터는 다시 공익 재단으로 기부하고, 재단은 소속 기업들의 연구 개발, 대학, 기초 과학 연구 등에 투자한다. 결국 순환하는 투자는 다시 발렌베리 산하의 기업으로 환원된다.

발렌베리 가문 산하에는 금융, 국방, 중공업, 통신, 기계, 의료 등 19개 기업이 있다. 19개 기업은 스웨덴을 비롯한 유럽 전역의 100여 개 기업에 직간접적인 영향력을 행사한다. 세계 최대 통신 장비 업체인 에릭슨, 스웨덴 2위 은행인 스톡홀름엔스킬다은행, 세계 2위 가전 업체 일렉트로룩스, 스웨덴항공, 방위 산업 업체 사브, 건설 장비 업체 아틀라스콥코 등이 발렌베리 가문이 소유한 기업들이다. 모두 세계 최고의 경쟁력을 자랑한다.

발렌베리 가문은 주로 산하 기업들의 장기적인 의사 결정을 맡는다. 구조 조정, 인수 합병, 투자, CEO 선임 등을 오너들이 맡고, 세부적인 경영은 모두 전문경영인들이 맡는다. 회사를 살리기 위해서는 오너 자신들의 손해도 기꺼이 감수한다. IT 버블이 붕괴되었을 당시 에릭슨은 파산 위기에 몰렸다. 발렌베리 가문은 신규 투자 자금을 끌어들이기 위해 에릭슨에 대한 차등의결권을 포기한 바 있다. 결국 에릭슨은 정상화되었고, 세계 최고 통신 장비 회사의 위치를 공고히 했다. IT 버블로 미국의 노텔이 역사 속으로 사라졌다는 점을 감안하면 발렌베리 가문의 저력이 실감 난다.

발렌베리 가문의 강력한 오너십은 장기적인 투자에서도 빛을 발한다. 산하 기업 중 하나인 제약회사 아스트라제네카는 1988년 위장약 '로섹'을 내놓으며 세계 제약 업계의 선두 기업으로 자리매김했다. 로섹은 1960년대 중반부터 연구되어 20년이 넘게 투자한 결과이다.

발렌베리 가문의 모습은 삼성과 흡사한 점이 많다. 가족 기업이라는 점부터 스웨덴과 대한민국의 국내총생산 상당 부분을 차지한다는 점, 오너의 지배력이 절대적이라는 점 등이 그렇다. 경영 스타일도 비슷하다. 삼성도 이건희 회장이 전체적인 큰 그림을 그리고, 세부적인 경영은 전문경영인들이 맡고 있다.

경영적인 측면에서 두 회사는 비슷한 점이 있지만, 두 나라 국민들의 인식은 다르다. 발렌베리 가문은 가족 기업으로 부를 독점하고 있어도 스웨덴 국민들에게 가장 존경받는 가문으로 자리 잡았다. 차등의결권으로 지배 구조를 지켜 주는 대신 발렌베리 가문은 이익의 대부분을 국가에 환원하고 있기 때문이다. 반면 삼성은 매년 수조 원에 달하는 투자와 수만 명에 달하는 일자리 창출, 이익 공유에도 불구하고 부를 독점한다는 비난에 시달리고 있다.

삼성은 발렌베리 가문과 흡사한 지주사 체제로 전환을 고려한 적이 있다. 하지만 지금의 순환 출자 구조를 해결하기 위해서는 천문학적인 비용이 든다. 여기에 특혜 시비도 있다. 오너 일가의 지배 구조를 보장하기 위해서는 차등의결권이 필요한 상황인데, 연일 재벌 해체 이야기가 오가는 상황에서 차등의결권은 풀지 못할 난제인 셈이다.

이익 공유에 대한 인식도 두 나라는 큰 차이가 있다. 발렌베리 가문이 사회에 환원하는 이익 중 상당수는 연구 개발에 사용된다. 국내에선 연구 개발 비용을 사회에 환원하는 비용이라고 인식하지 않는다. 이건희 회장의 고민도 여기에 있다. 삼성 특유의 '오너+전문경영인' 체제를 지키며 국민들에게 존경받고, 더 나아가 함께 살아갈 상생의 길은 이건희 회장에게도 남겨진 숙제다.

"가난의 대물림 해결,
삼성이 나서 보자"

청 년
이 건 희

통계청에 따르면 가구당 소득 수준이 높을수록 사교육비 지출액이 크다. 자녀들의 성적에도 큰 차이를 보인다. 월평균 소득 700만 원 이상 가구는 학생 1인당 사교육비를 44만 원 가까이 지출한다. 소득 100만 원 미만 가구는 학생 1인당 사교육비를 6만 8,000원 정도 쓴다. 한국개발연구원KDI의 다른 통계를 살펴보자. 통계에 따르면 가구 소득이 100만 원 상승하면 자녀들의 영어 점수는 2.9점, 수학 점수는 1.9점이 높아진다. 결국 가계 소득이 높은 가정의 자녀들이 주요 대학에 진학하는 현상이 생긴다.

예전 사교육을 금지했을 때만 해도 대학 등록금이 없어 대학에 진학하지 못하는 경우가 대부분이었다. 지금은 아예 대학 입시 문턱에 들지도 못한다. 대학 입시는 이미 중학교부터 결정된다. 강남 8학군을 비롯한 부유층들이 모여 사는 지역의 고등학교는 사교육 비중도 높고, 학생들의 기본 성적도 높다. 공교육만으로 대학 입시에 성공하는 사례가 드물다 보니 사교육은 가히 열풍이다.

교육이 부의 대물림을 상징하며 부동산 가격도 춤을 추고 있다. 지식사회가 고도화될수록 교육을 많이 받은 사람들이 부를 거머쥘 가능성이 높아진다. '개천에서 용 나던 시대'는 이미 옛말이 되어 버렸다. 정부 역시 가난의 대물림을 심각한 사회 문제로 인식하고 있다. 문제를 해결하기 위해 각종 방안을 내놓지만 여의치 않다. 교육 수준을 하향 평준화할 수는 없기 때문이다. 강남 8학군 수준으로 전국 학교 수준을 끌어 올리려 해도 교육열 자체가 다르다. 정부의 힘만으로는 해결할 수 없는 것이다. 문제는 이와 같은 상황이 기업들에게도 결코 좋지 않다는 점이다.

지식사회에서 가장 중요한 것은 창의적 인재다. 획일화되지 않고 다양한 경험을 체득한 인재들이 필요하다. 어린 시절부터 학교와 학원을 번갈아 다니며 초등학생부터 명문 대학교를 목표로 10여 년 동안 공부만 거듭하는 것이 우리 아이들의 현실이다. 대학교에 가도 달라지는 게 없다. 취업을 위해서는 또다시 4년 동안 공부를 해야 한다. 모두 학자가 되려는 것도 아닌데 10여 년이 넘게 오로지 공부에 모든 것을 바쳐야 한다.

같은 교과 과정을 같은 방법으로 공부하다 보면 획일화된 인재들만 나온다. 상황이 이렇다 보니 명문대 출신이 즐비한데도 기업들은 인재가 없다며 한탄한다. 그렇다고 명문대를 나오지 못한 가난한 집 아이들에게 기회를 주지도 않는다. 우리 기업들이 처한 현실이다.

이건희 회장은 인적 자원 개발을 위해 다양한 시도를 했다. 삼성그룹은 타 기업들보다 지방대 출신들이 많은 편이다. 고졸 출신의 사장도 있고, 전문대 졸업 후 4년제 대학교에 편입해 학위를 받고 입사해 사장까지 된 인물들도 많다. 특히 고졸자에 대한 이건희 회장의 관심과 인사 실험은 주목할 만하다.

1998년 구조 조정 이후 대외 활동을 거의 하지 않던 이건희 회장은 1999년 〈아시아위크〉의 웨인 모리슨 편집국장과의 인터뷰로 모습을 드러냈다. 이건희 회장은 당시의 심경과 함께 인적 자원 개발에 대해 연구하고 있다고 밝혔다.

"현재 일선 경영은 전문경영인에게 대부분 위임했으며, 21세기를 위한 전략적 사안에만 집중할 생각이다. 특히 인적 자원 개발 문제로 고심하고 있다. 획일화된 인재가 아닌 특이한 재능을 가진 사람들을 적극 발굴해 삼성에 채용할 생각이다. 이를 위해 학업 성적도 우수하면서 남다른 취미를 갖고 있는 고교 3학년들을 유심히 관찰하고 있다."

이미 이건희 회장은 1995년부터 학력, 성별, 장애 유무 등을 따지지 않는 '열린 채용'을 실시하며 채용 문화 혁신에 앞장선 바 있다. 여기에 더해 1999년부터는 고졸 채용을 연구하고 나선 것이다. 선친인 이병철 선대 회장은 기업을 크게 일구어 일자리를 많이 만드는 것이 나라를 부강하게 만들고 우리 사회를 건강하게 만든다고 생각했다. 이건희 회장은 좀 더 근본적인 대책을 강구하고 있다.

2012년 삼성은 처음으로 고졸 공채를 실시했다. 종전까지 고졸은 대부분 생산직에 근무하는 것이 일반적이었다. 생산직에서 사무직으로 전환하거나 임원까지 승진하는 사례도 있었지만, 출발점은 대학교 졸업생들과 달랐다. 가끔 대학생 대상의 3급 신입 공채 시험에 합격하는 고등학교 졸업생도 아주 드물게 있긴 했다. 당시 이건희 회장은 신년사를 통해 앞으로 새롭게 시작되는 기업 간의 경쟁에서 이기기 위해서는 우수한 인재를 키우는 길밖에 없다고 강조했다.

> "앞으로 예상치 못한 변화들이 나타난다. 기존 사업은 성장이 정체되고, 신사업은 생존의 주기가 빠르게 단축된다. 동종 사업의 경쟁에서 이종 경쟁으로, 기업 간 경쟁에서 기업군 간의 경쟁으로 확대되고 있다. 이런 상황에서는 무엇보다 중요한 것이 경쟁력이다. 경쟁력은 안에서는 사람과 기술, 밖에서는 사회의 믿음과 사랑에서 나온다. 우수한 인재를 키우고 차별화된 기술을 확보하는 일과 함께 사회로부터 믿음을 얻고 사랑받을 수 있도록 노력해야 한다."

고졸 공채는 우수 인재를 육성하는 한편, 사회의 믿음과 사랑을 받기 위해 실시된 계획이었다. 단순한 기부를 통해 먹거리를 해결해 주는 것이 아니라, 스스로 먹거리를 만들어 가난의 대물림을 해결해야 한다는 의중이었다.

삼성은 첫 고졸 공채를 통해 600명을 뽑겠다고 밝혔다가 당초 계획을 변경해 100명을 늘렸다. 기업이 당초 계획을 바꿔 채용 규모를 늘린 것도 화제였지만, 그 이유가 뛰어난 능력과 감동이었다는 점에서 더 큰 화제를 불러일으켰다.

삼성의 고졸 공개 채용을 통해 삼성화재 사무직 취업에 성공한 여모 씨(28세)는 부친의 사업 실패로 수업료가 없어 고교 2년을 중퇴했다. 그는 아르바이트를 하며 검정고시를 거쳐 대학에 합격했다. 여 씨는 대학에 가기 위해 10년 동안 갖은 아르바이트를 하며 돈을 벌었지만, 결국 등록금을 마련하지 못해 진학을 포기하고 고졸 공채에 지원했다.

삼성전자 소프트웨어 직군에 합격한 김모 씨는 어린 시절 모친이 암 투병 이후 사망했다. 병원비 부담으로 경제적 어려움이 이어져 대학 진학을 포기하고 공업고등학교에 진학했다. 김 씨는 투병 중 강한 인내심과 평정심을 보여 준 모친을 생각하며 학업을 이어 갔다. 김 씨의 성적은 상위 23% 수준이다. 고교 우수 학생으로 선발되어 기계과 대표로 일본 연수에도 참여한 바 있었다. 당시 고졸 채용을 담당했던 삼성전자 인사팀장 원기찬 부사장은 다음과 같이 말했다.

"감동적이었다. 어리지만 뚜렷한 가치관과 삶에 대한 열정은 면접관들 모두 자신을 되돌아보는 기회가 되었다. 어려운 환경에도 굴하지 않고 꿈과 희망을 향해 부단히 노력하는 모습은 삼성에게도 꼭 필요한 인재상이었다. 정말 우수한 인재란 어떤 인재인가. 이 물음에 답을 하기 위해 채용 규모를 100명 늘리기로 했다."

여기에서 더 나아가 이건희 회장은 재단 중심의 공익 사업에서 직접 실천하는 사회 공헌 사업을 강조했다. '토양이 좋은 곳에서 나무가 잘 자라듯 기업이 커지기 위해서는 사회가 튼튼해야 한다'는 생각에서 출발한 조치였다.

삼성은 소외 계층의 고용을 적극 확대하기 위해 '함께 가는 열린 채용'을 도입했다. 지방대생의 채용 비율을 전체 신입 사원의 35%까지 확대했다. 저소득층 청소년들을 대상으로 학업 지원, 진학, 장학 지원, 취업으로 이어지는 희망의 사다리 프로그램도 마련했다. '함께 가는 열린 채용' 실시 후 삼성 내부에서는 함께 일하는 직원의 출신 학교를 묻지 않는 것이 불문율로 되었다. 같은 학교 동문끼리 모임을 갖지도 않는다.

절정을 이루는 것은 '드림클래스dream class' 사업이다. 삼성이 직접 나서서 가난의 대물림을 끊어 보자는 사업이다. 장학금 대신 대학생들이 직접 아이들을 가르치고, 진학과 진로의 길잡이를 해주자는 사업이다. 이건희 회장은 드림 클래스 사업을 시작하며 '삼성이 먼저 시작하고, 다른 기업들이 동참할 수 있도록 노하우를 쌓아 공개하라'고 지시했다.

드림클래스는 가정 형편이 어려운 학생들에게 금전적인 지원을 하지 않는다. 대신 등록금 문제로 어려움을 겪고 있는 대학생들에게 장학금을 주고, 그 대학생들이 다시 중학생들을 가르치는 새로운 형태의 사회 공헌 사업이다. 금전적인 기부와 재능 기부의 장점을 결합한 것이다.

사회적 기업 육성을 위해서는 '글로벌 투게더' 사업을 추진하고 있다. 전국에 있는 공부방을 지원하고 다문화 가정, 저소득층을 지원한다. 다른 기업들이 동참할 수 있도록 삼성이 사회적 기업 설립 과정에서 겪은 어려움을 매뉴얼로 만들기도 했다.

이건희 회장의 남겨진 숙제

공자는 《논어》의 〈이인里仁〉 편에서 '아침에 도를 들으면 저녁에 죽어도 좋다朝聞道 夕死可矣'고 말한 바 있다. 여기에서 공자가 말하는 '도를 듣는다'는 표현은 진리 또는 인간으로서의 도리를 깨닫는 것을 의미한다. 우리가 삶에 대한 태도와 진리를 깨우치는 것은 이렇듯 중요한 것이다.

신경영 당시 삼성에서는 경영진들이 아동심리학을 공부한 적이 있다. 이건희 회장은 경영진들에게 다음과 같이 말했다.

"집에 가면 자식들이 중학생만 돼도 얘기가 안 통한다고 답답해할 것이다. 그런데 자식들을 이해해 보려 노력한 적이 있는가. 아동심리학이라도 공부해 본 적이 있는가. 나는 공부했다. 여러분들도 해야 된다. 나 자신부터 변해야 가족을 변하게 할 수 있고, 우리 사회를 변하게 할 수 있다."

일생을 통틀어 사물과 사람에 대해 끝없는 연구를 거듭해 온 이건희 회장다운 말이다. 누군가를 이해하려면 그 사람을 이해할 수 있는 준비를 먼저 해야 한다는 것을 이건희 회장은 늘 강조했다.

이건희 회장은 어린 시절 사물에 대한 연구를 했고, 청년 시절에는 사람에 대한 연구를 했다. 삼성에 입사한 뒤에는 기업에 대해 연구했고, 삼성그룹 경영을 맡은 뒤에는 사업에 대한 연구를 했다. 지금도 이건희 회장의 연구는 계속되고 있다. '모든 기업은 언젠가 사라진다'는 대명제 아래 '어떻게 하면 사라지지 않을 것인가'라는 연구의 답을 지금도 찾고 있다.

이건희 회장은 사라지는 시기를 늦출 방법은 찾았다. 그것이 신경영이었다. 하지만 영속하는 기업은 이건희 회장이 내놓은 신경영이라는 해답만으로는 부족하다. 이건희 회장의 과거는 1등을 쫓아가는 데 있었다. 수많은 전자 제품과 자동차를 직접 뜯어 보며

1등 상품이 되기 위해 어떻게 해야 할까를 연구했고, 선두 기업들이 이미 써놓은 정답지를 들여다보며 열심히 쫓아갔다.

과거 삼성은 큰 시행착오 없이 주어진 문제를 풀어 갔다. 반도체는 일본과 미국이 이건희 회장의 참고서였고, TV는 소니, 스마트폰은 애플과 노키아가 써놓은 정답을 따라갔다. 그 결과 삼성전자는 역대 전자 기업들이 달성하지 못한 목표를 달성했다. 반도체를 시작으로 TV, 스마트폰 등 최첨단 제품 분야 거의 모두를 석권했다. 이제는 먼저 정답을 써내야 하는 처지가 되었다. 더 이상 참고할 참고서가 없어진 것이다. 주어진 문제를 이제 삼성은 직접 풀어야 한다.

이건희 회장이 '실패를 두려워하지 않는 삼성인의 문화를 만들자'고 말하는 까닭은 바로 이것 때문이다. 실패했다고 포기하면 자산이 되지 않는다. 오답을 내는 것과 답을 아예 적지 않는 것은 그래서 큰 차이가 있다.

이건희 회장은 사물을 종합적으로 보고 사업의 본질을 파악할 수 있는 경영진들을 길러 내기 위해 평생에 걸쳐 노력해 왔다. 단순한 이론가와 달리 이건희 회장은 행동으로 자신의 모든 것을 꺼내 놓았다. 바로 신경영이다. 어린 시절부터 스스로 터득해 갖춘 소양을 신경영이라는 방법론으로 풀어낸 것이다.

신경영 당시 이건희 회장은 '양의 경영'에서 '질의 경영'을 선언했다. 설탕, 밀가루, 비료 등을 만들던 대량 생산의 시대가 전자 제품, 자동차 등의 공산품 시대로 바뀌고 있다는 점을 짚어 내 글로벌 기업과의 경쟁을 위한 채비에 나섰던 것이다.

질의 경영은 삶을 대하는 자세와도 같다. 수십 년간 우리나라 사회를 지배했던 더 빨리, 더 많이 문화가 양의 경영 시대였다면, 질의 경영 시대에는 늦더라도 더 좋은, 가장 좋은 제품과 서비스를 찾는 것이다. 이와 더불어 질의 경영 시대에는 전 세계 기업들과의 경쟁이 있었다. 후발 주자였던 삼성을 위해 이건희 회장이 찾은 답이었다.

20년이 지난 현재 삼성은 전혀 다른 위치에 서 있다. 20년 전 초일류 기업이 되겠다며 전 세계 기업들을 웃게 만들었던 삼성은 이제 그 기업들을 웃으며 내려다보고 있다. 문제는 질의 경영으로는 여기가 한계라는 것이다. 이건희 회장이 내린 결론도 그렇다.

이건희 회장이 신경영 20주년을 맞은 2013년 6월 7일 40만 명에 달하는 삼성그룹 임직원들을 위해 써 내려간 이메일에는 질의 경영 이후 삼성이 가야 할 방향을 명확하게 제시하고 있다. 지난 수년 동안 이건희 회장이 고민을 거듭했던 내용들이다. 초일류 기업의 자리를 지키기 위한 참고서인 셈이다. '격格의 경영', '창조', '상생' 3가지가 그것이다. 잠시 이건희 회장이 임직원에게 보낸 이메일 중 일부를 살펴보자.

"지금 우리는 새로운 변화의 물결을 맞이하고 있습니다. 개인과 조직, 기업을 둘러싼 모든 벽이 사라지고 경쟁과 협력이 자유로운 사회, 발상 하나로 세상이 바뀌는 시대가 되었습니다. 앞으로 우리는 1등의 위기, 자만의 위기와 힘겨운 싸움을 해야 하며, 신경영은 더 높은 목표와 이상을 위해 새롭게 출발해야 합니다.

지난 20년간 양에서 질로 대전환을 이루었듯이 이제부터는 질을 넘어 제품과 서비스 사업의 품격과 가치를 높여 나가야 합니다. 실패가 두렵지 않은 도전과 혁신, 자율과 창의가 살아 숨 쉬는 창조 경영을 완성해야 합니다. 열린 마음으로 우리의 창조적 역량을 모읍시다.

우리의 이웃, 지역사회와 상생하면서 다 함께 따뜻한 사회, 행복한 미래를 만들어 갑시다. 이것이 신경영의 새로운 출발입니다. 어떠한 어려움에도 흔들리지 않는 영원한 초일류 기업, 자랑스러운 삼성을 향한 첫발을 내딛고 다시 한 번 힘차게 나아갑시다."

이건희 회장은 '질의 경영'을 넘어선 새로운 가치로 '격格의 경영'을 내세웠다. 지난 20년 동안 품질은 이미 당연한 얘기가 되었다.

이제는 사업의 품격과 가치를 중요시해야 한다는 것이다.

신경영 시절 내내 강조했던 '변화와 혁신'은 '창조'로 바뀌었다. 새로운 사업을 발굴하고 새로운 시장을 만들지 못하면 삼성이 추월한 기업들의 뒤를 따라 누군가에게 추월당하고 말 것이라는 위기감이 드러나는 대목이다.

'경쟁'은 이제 새로운 가치인 '상생'에게 자리를 넘겨줘야 할 때가 되었다. 수많은 기업들이 합종연횡을 거듭하고, 예전에는 경쟁했던 기업이 협력하고, 협력했던 기업이 적으로 돌아서는 일이 매일같이 생기고 있다. 대기업이라 해서 모든 계열사가 성공하던 과거와 달리 구글, 페이스북 등 특정 분야의 강자들이 연일 나타나고 있다. 삼성도 혼자서 모든 것을 다할 수는 없다. 연일 협력사 지원 대책을 내놓으며 '강소기업' 육성에 나서고 있는 까닭이다. 수많은 강소기업과 함께 세계 시장을 공략해야 하는 시대가 온 것이다.

이 모든 것에 앞서는 것은 여전히 사람이자 인재다. 기업은 사람으로 시작해서 사람으로 끝난다. 21세기에는 정보의 홍수 시대다. 수많은 정보를 습득하고 항상 고민하는 사람, 쉬운 것도 어렵게 쳐다보고 복잡한 것일수록 단순하게 생각하는 사람, 고민하고 연구한 것을 단호하게 실행할 수 있는 사람이 이건희 회장이 평생 동안 찾고 있는 인재상이다. 그의 삶과도 닮아 있는 인재상이다.

지금까지 우리는 너무나 많은 인재를 놓쳐 왔다. 획일화된 교육으로 창의적 사고가 막혀 버린 아이들을 비롯해, 가정 형편이 어려워 두뇌는 명석하지만 기회를 잡지 못한 아이들, 모든 것이 풍족해 스스로 노력하는 동기가 부족한 아이들은 오늘도 버려지고 있다. 인재는 찾아 쓰는 방법도 있지만, 만들어 쓰는 방법도 있다. 이건희 회장이 남다른 인재 육성에 힘을 기울이는 이유다.

결국 이건희 회장의 남겨진 숙제는 사람이다. 창의적인 인재는 어떻게 생겨나는 것일까. 무한한 호기심과 깊은 사고, 끝없는 배움의 열정, 그리고 모든 사물을 서로 다른 시각에서 볼 수 있는 통찰력에서 생겨난다. 이건희 회장의 어린 시절과 청년 시절에 그 답이 있다.

창의적인 인재는 어떻게 생겨나는 것일까.
이건희 회장의 어린 시절과 청년 시절에
그 답이 있다.

청년 이건희

삼성 신경영을 구상하다

초판 1쇄 발행 2013년 6월 28일
초판 2쇄 발행 2014년 6월 10일

지은이 명진규

펴낸이 박세현
펴낸곳 팬덤북스

기획위원 김정대·김종선·김옥림
영업 전창열
편집 김종훈·이선희
디자인 강진영

주소 (우)121-250 서울시 마포구 성산동 275-60번지 교홍빌딩 305호
전화 070-8821-4312 | **팩스** 02-6008-4318
이메일 fandombooks@naver.com
블로그 http://blog.naver.com/fandombooks

등록번호 제25100-2010-154호

ISBN 978-89-94792-65-1 13320